Martin Haberer

Taschenatlas Gehölze

Taschen-atlas

320 Gehölze
für Garten und Landschaft

325 Farbfotos

Ulmer

Inhalt

Oben: *Larix kaempferi*, siehe Seite 20.
Rechts: *Liquidambar styraciflua*, siehe Seite 110.

Umschlagbilder
Unten: *Acer palmatum*, siehe Seite 38.
Oben: *Abies koreana*, siehe Seite 11.
Links: *Clematis*, siehe Seite 68.

Impressum

Die Deutsche Bibliothek – CIP-Einheitsaufnahme
Ein Titeldatensatz für diese Publikation ist bei Der Deutschen Bibliothek erhältlich

ISBN 3-8001-5310-6

Wollgrasweg 41,
70599 Stuttgart (Hohenheim)
www.ulmer.de
info@ulmer.de
Lektorat: Andrea Rausch, Hermine Tasche
Herstellung: Silke Reuter
Printed in Germany
Druck und Bindung: Printer, Trento
Printed in Italy

Vorwort

Nach dem großen Erfolg des Werkes „Farbatlas Zierpflanzen", der 600 Pflanzenbeschreibungen in Wort und Bild aus vier verschiedenen Bereichen enthielt, wurde dem Wunsch vieler Leser entsprochen, diese Bereiche zu trennen und diese jeweils in erweiterter Form zu veröffentlichen. Vorgesehen sind fünf Bände mit jeweils über 330 Pflanzen, die besonders wichtig für die gärtnerische Verwendung sind. Jede Art wird mit einem Farbbild vorgestellt und beschrieben. Farbbild und stichwortartige Beschreibung bilden eine Einheit. Im Text werden Herkunft, die wichtigsten botanischen Merkmale, Hinweise zur Verwendung und Pflege erwähnt. Auf ähnliche Arten und Sorten wird verwiesen.

Vor allem ist diese Serie als Hilfe für den Nachwuchs im Gartenbau und der Floristik gedacht. Deshalb sind die wissenschaftlichen Namen der Pflanzen und ihrer Familienzugehörigkeit wichtig. Auf die Angabe der Autoren wurde verzichtet.

Recht herzlich danken möchte ich Herrn Roland Ulmer und seinen Mitarbeitern. Darunter sei Frau Hermine Tasche besonders erwähnt, sie stand mir immer mit Rat und Tat zur Seite.

Nürtingen, im März 2001
Martin Haberer

Einführung

Die Gewächse in diesem Werk sind in alphabetischer Reihenfolge nach Gattungen und Arten geordnet. Aus praktischen Erwägungen wurden in diesem Band die Nadelgehölze einschließlich Ginkgo gesondert behandelt.

In der gärtnerischen Praxis ist der Gebrauch der botanischen Namen üblich. Daneben sind auch die gebräuchlichen deutschen Namen aufgeführt. Die Familienzugehörigkeit ist jeweils angegeben. Für die wichtigen Aspekte der Unterscheidungsmerkmale wurde eine Anzahl von besonderen Zeichen entwickelt, die in einem speziellen Datenblock zusammengefasst wurden.

Systematische Übersicht

Die wissenschaftliche Benennung der Pflanzen mit mindestens zwei Namen, also Gattungs- und Artnamen (binäre Nomenklatur), geht auf den schwedischen Naturforscher Carl von Linné zurück, der 1753 sein Werk über die Klasssifizierung des Pflanzenreiches veröffentlichte. Seine Arbeiten sind heute noch Grundlagen für die Systematik.

Demnach wird das Pflanzenreich in 17 Abteilungen gegliedert. In diesem Farbatlas sind davon nur Pflanzen aus folgenden gärtnerisch wichtigen Abteilungen aufgeführt:

16. Abteilung: *Gymnospermae,* Nacktsamer, (dazu zählen die Koniferen)
17. Abteilung: *Angiospermae,* Bedecktsamer.

Jede Abteilung ist weiterhin gegliedert in Klassen, Ordnungen und Familien. Innerhalb der Familie erfolgt die Gliederung nach Gattungen, Arten, Unterarten und Sorten. Die Sorten entstanden durch Züchtung oder Auslese in der Kultur. Die Sortennamen werden in einfache Anführungszeichen gesetzt, z.B. 'Dania'.

Weitere in diesem Buch verwendete Abkürzungen und Zeichen:

subsp: *Subspecies* = Unterart mit von der Art abweichenden Merkmalen

var.: *Varietät* = Varietät mit abweichenden Merkmalen

Syn: *Synonym* = überholter Nebenname

×: Kreuzung zweier nah verwandter Gattungen oder Arten

- Höhe/Breite in Metern
- Blatt- bzw. Nadellänge/Breite in cm
- Immergrüne Nadeln oder Blätter
- Wintergrüne Nadeln oder Blätter
- Sommergrüne Nadeln oder Blätter
- Blütezeit (Monate in römischen Ziffern)
- Nadelanzahl pro Kurztrieb
- Winterschutz erforderlich
- Giftige Pflanze

Gehölze im Überblick

Bäume und Sträucher bilden das Gerüst jeder Pflanzung – sei es im Garten oder in der freien Landschaft. Sie bilden verholzende Triebe oder Stämme und können viele Jahre alt werden. Darunter sind viele Arten, die als Nutzpflanzen Verwendung finden.

Nadelgehölze sind entwicklungsgeschichtlich wesentlich älter als Laubgehölze. Sie sind den Nacktsamern, den *Gymnospermae,* zuzuordnen. Ihre Blüten sind in der Regel unscheinbar. Die weiblichen Blütenanlagen haben eine einfache Bauweise, sind also ungeschützt. Die männlichen Pollen werden meist in eigenen Anlagen auf der gleichen Pflanze (einhäusig), oder auf einer anderen Pflanze (zweihäusig) in großen Mengen gebildet. Sie werden vom Wind weit verbreitet, man spricht hier von Windblütlern. Als die Nadel-

Cydonia oblonga, siehe Seite 81.

bäume die Erde beherrschten, gab es noch keine Insekten. Auffällige Blütenfarben waren also zum Anlocken überflüssig.

Die Früchte der Koniferen (Zapfenträger) sind auffälliger, meist handelt es sich um Zapfen, zwischen deren Schuppen die Samenanlagen liegen. Diese Samen sind geflügelt, können also auch vom Wind verbreitet werden. Größere Samen werden auch von Tieren geschätzt, die dabei zur Verbreitung beitragen. (Zirbel-Kiefer, Pinie u.a.). Eine Besonderheit sind die Früchte der Wacholder – hier sind einige Fruchtschuppen zusammengewachsen, sie bilden die Beerenzapfen.

Die Eiben gehören wegen ihrer besonderen Früchte zwar zu den Nacktsamern, aber nicht zu den Koniferen. Ihre Früchte bestehen aus einem farbigen Samenmantel (Arillus), der essbar ist und zur Anlockung von Vögeln dient. Der eigentliche Samenkern ist darunter verborgen und steckt in einer harten Schale. Die Vögel verzehren die Früchte, können aber die Schalen nicht knacken. Der eigentliche Same wird wieder ausgeschieden und weit verbreitet.

Dass diese Methoden der Bestäubung und Samenverbreitung auch heute noch erfolgreich sind, beweisen die riesigen Vorkommen der Nadelbäume.

Wegen ihrer Anspruchslosigkeit an Boden und Klima sind sie in höheren Berglagen, aber auch im hohen Norden anzutreffen, wo es kalt ist. Andererseits sind sie auch in trockenen und wärmeren Gebieten (Mittelmeerraum usw.) verbreitet. Nadelgehölze haben meist immergrüne Assimilationsorgane, die zu Nadeln oder Schuppen reduziert sind. Durch ihre geringe Größe, aber auch durch Wachsschichten und versenkte Spaltöffnungen wurde die Verdunstung auf ein Minimum reduziert. Aus diesem Grund sind sie in der Lage, Trockenheit und Hitze sowie auch Kälte zu ertragen.

Hohe **Nadelbäume** sind nur für größere Gärten, Parkanlagen oder für die freie Landschaft geeignet, sie werden im Garten in wenigen Jahren zu groß. Dafür kommen eher die klein bleibenden Arten und Sorten in Betracht. Viele sind für Vorgärten und zur Grabbepflanzung hervorragend verwendbar.

Die **Laubgehölze** gehören zu den Bedecktsamern, den *Angiospermae*. Deren weibliche Blütenanlagen sind im Fruchtknoten verborgen – also geschützt vor Witterungseinflüssen. Der männliche Pollen wird in besonderen Blütenanlagen oder in der gleichen Blüte (Zwitterblüte) erzeugt und muss durch den Wind oder durch Insekten auf die weiblichen Narben gelangen. Die Blüten der Windblütler haben eine einfache Bauweise (Ahorne, Sanddorn) und sind unscheinbar. Sie erzeugen daher eine Menge Pollen. Die auffälligeren Blüten der Insektenblütler dienen zur Anlockung. Neben Farben werden auch Düfte und Nektar zu diesem Zweck eingesetzt. Besondere Mechanismen sollen die Selbstbestäubung verhindern oder erschweren.

Die Pollenbildung ist weitaus geringer, die Bestäubung ist aber genauso erfolgreich. Im Laufe der Jahrmillionen haben sich immer raffiniertere Blütenformen gebildet und die Bestäuber haben sich darauf eingestellt. Pflanze und Tiere sind dadurch voneinander abhängig geworden. Aus den Tropen sind ganz besondere Blütenformen bekannt. Dort treten auch Fledermäuse, Mäuse, Schmetterlinge usw. als Bestäuber auf.

Die Früchte der Laubgehölze sind unterschiedlich ausgebildet. Als Verbreiter treten Wind (Birke, Ahorn) und viele Tiere auf, die Beeren verzehren (z.B. Vögel). Das Fruchtfleisch wird verdaut, die Samen aber an anderer Stelle wieder ausgeschieden. Dort keimt der Same weit entfernt von der Mutterpflanze und hat hier meist günstigere Entwicklungschancen.

Heimische Laubbäume sind seit vielen Jahrhunderten an das jeweilige Klima angepasste Gewächse und sind am geeigneten Standort anspruchslos. Sie gehören vorwiegend in die freie Landschaft. Die Blüten sind meist wenig auffällig, doch bei manchen Arten findet man im Herbst eine schöne Färbung des Laubes.

Fremdländische Laubbäume sind Arten aus aller Welt, die in unseren Gärten und Parks anzutreffen sind. Häufig sind sie anspruchsvoll an Klima und Standort. Manche Arten und Sorten fallen durch besonderen Wuchs oder farbige Blätter auf. Die Färbung kann ganzjährig oder nur beim Austrieb im Frühling, besonders aber im Herbst, beobachtet werden.

Herbstfärbung
Wenn die Tage kürzer werden, und die Temperaturen sinken, ist dies für viele Gehölze das Signal, die Blätter abzuwerfen und dadurch die Verdunstung zu verringern. Alle verwertbaren Stoffe werden abgebaut und eingelagert. Zunächst wird das Blattgrün abgezogen. Die bis dahin vom Chlorophyll überlagerten Farbstoffe kommen nun für kurze Zeit zur Wirkung. Je nach Vorkommen von Karotin, Anthocyan oder Xanthophyll ist die Färbung der Blätter orange, rot oder gelb. Nach einigen Tagen werden auch diese Farbstoffe abgebaut und die braunen Blätter fallen zu Boden.

Sträucher bilden keine Stämme, sondern entwickeln viele Triebe aus der Basis.

Heimische Sträucher sind in der Natur am Waldrand oder in der Feldhecke zu finden und bieten vielen Tieren Schutz und Nahrung. Ihre Wurzeln können den Boden befestigen und dadurch Erosionen verhindern. Dies ist besonders in Hanglagen oder an Flussufern wichtig. In den Bergen dienen einige Arten als Lawinenschutz.

Gewächse für Schattenlagen zeichnen sich häufig durch breite Blätter aus, während in der Sonne und an trockenen Standorten die Blätter kleiner sind. Einen wirksamen Verdunstungsschutz bieten weiterhin die Ausbildung von Dornen, Stacheln oder dickerer Blätter.

Die prächtigen **Blütensträucher** stammen aus aller Welt, vorwiegend aus den gemäßigten Zonen und blühen besonders reich, je nach Art im Frühling, Sommer oder sogar im Winter. Einige Arten benötigen einen hohen Pflegeaufwand und Winterschutz. Sie sind ausschließlich für Gärten und Parks geeignet.

Immergrüne Laubgehölze sind vorwiegend in Gebieten mit wintermildem Klima und hoher Luftfeuchtigkeit zu Hause. Sie behalten ihre Blätter viele Jahre lang, können aber in Mitteleuropa bei Trockenheit im Sommer und Winter leiden. Man pflanzt sie daher vorwiegend im Schatten auf humosen Böden.

Halbsträucher sind Arten, deren Triebe nur an der Basis verholzen, die krautigen Triebspitzen können daher im Winter leiden. Sie müssen im Frühling stark zurückgeschnitten werden. Unsere Beetrosen gehören in diese Gruppe.

Flächendeckende Gehölze werden heute in großer Zahl verwendet. Viele von ihnen sind immergrün und sehen daher ganzjährig ordentlich aus. Sie beschatten und festigen den Boden und lassen Wildkräutern wenig Entwicklungsmöglichkeiten. Viele Arten vereinfachen die Bodenpflege.

Schling- und Kletterpflanzen haben eine besondere Beachtung verdient. Die meisten sind Waldpflanzen, die an größeren Gehölzen hinaufklettern, bis sie genügend Licht erhalten, das für die Bildung von farbenprächtigen Blüten und Früchten ausreicht. Je nach Klettertechnik können die Pflanzen vertikale Flächen mit oder ohne Gerüst begrünen.

Taxus baccata, im Park von Powis Castle.
Siehe auch Seite 32.

Nadelgehölze

Abies alba
Weiß-Tanne
Pinaceae, Kieferngewächse

Heimat: Mittel- und Südeuropa.
Wuchs: Breit pyramidal, Seitenäste waagerecht abstehend.
Ältere Bäume mit Storchennestkrone. Borke grau, glatt, schuppig.
Blatt: Nadeln dunkelgrün, stumpf, kammförmig gescheitelt, 3 cm lang, unterseits mit zwei weißen Längsstreifen und scheibchenförmiger Basis.
Blüte: Einhäusig, männliche Kätzchen gelb, weibliche Blüten zäpfchenförmig, grün; IV–V.
Frucht: Fruchtzapfen 10–14 cm lang, aufrecht stehend, nach der Reife zerfallend.
Standort: Tiefgründige Böden, hohe Luftfeuchtigkeit, Halbschatten.
Verwendung: Nur in Parks, im Einzelstand oder als Waldbaum. Wichtig als Bindegrün.
Sonstiges: Auf verschiedene Pilze und Schädlinge achten, rauchgefährdet.

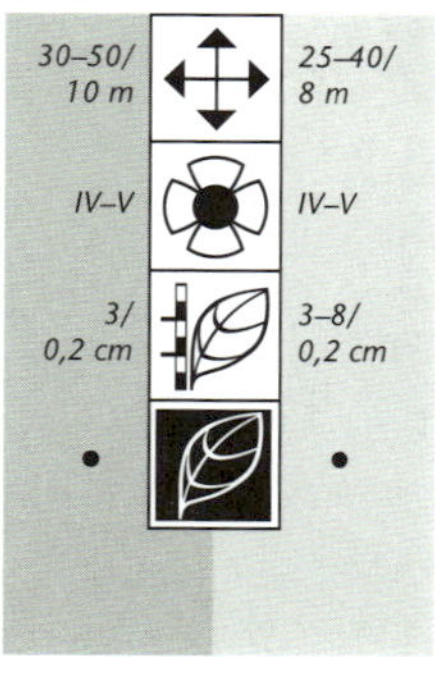

Abies concolor
Kolorado-Tanne, Grau-Tanne
Pinaceae, Kieferngewächse

Heimat: Westliches Nordamerika.
Wuchs: Breit aufrecht, kegelförmig. Borke hellgrau mit Harzbeulen.
Blatt: Nadeln blaugrün, bis 7 cm lang, leicht gebogen.
Blüte: Einhäusig. Unscheinbar, ♂ rot, ♀ grün; IV–V.
Frucht: Zapfen braun, aufrecht, 8–15 cm lang, zerfällt am Baum.
Standort: Trockenheit vertragend, sonnig.
Verwendung: Für größere Gärten und Parkanlagen in Einzelstellung.
Weitere Sorten und Arten: 'Compacta', Zwergform bis 2 m Höhe. *A. concolor* var. *lowiana*, blauere Nadeln.
Sonstiges: Frosthart.

Abies koreana
Koreanische Tanne, Korea-Tanne
Pinaceae, Kieferngewächse

Heimat: Korea.
Wuchs: Schwach, pyramidenförmig. Borke grau, rau.
Blatt: Nadeln dunkelgrün, bürstenförmig angeordnet, 1–2 cm lang.
Blüte: Einhäusig. Unscheinbar, ♂ gelb, ♀ violett; IV–V.
Frucht: Viele aufrechte Zapfen, in der Jugend violett, 5–7 cm.
Standort: Halbschatten, humose, saure Böden.
Verwendung: Einzelstellung, für kleinere Gärten.
Sorten: 'Horstmanns Silberlocke', unterseits silbrige Nadeln.
Sonstiges: Als Veredlung schwächer wachsend, trägt aber früher Zapfen.

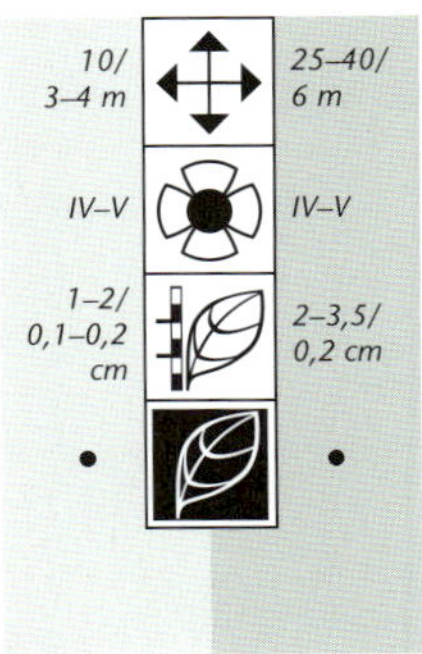

Abies nordmanniana
Nordmanns-Tanne
Pinaceae, Kieferngewächse

Heimat: Kaukasus, Kleinasien.
Wuchs: Großer Baum, rasch wachsend, 25–30 m, in der Heimat auch bis 60 m. Borke schwarzgrau, plattig ablösend.
Blatt: Nadeln dunkelgrün, dicht stehend, glänzend, 2–4,5 cm lang.
Blüte: Unscheinbar, ♂ rot, ♀ gelbgrün; IV–V.
Frucht: Aufrechte, braune Zapfen, bis 15 cm.
Standort: Halbschatten
Verwendung: Parkbaum
Sonstiges: Wird als Weihnachtsbaum in speziellen Kulturen angebaut.

Abies procera
(Syn. Abies nobilis)
Edel-Tanne
Pinaceae, Kieferngewächse

Heimat: Westliches Nordamerika.
Wuchs: Schlank, kegelförmig, in Amerika bis 60 m, bei uns nur 20 m hoch. Borke braun, oft mit Harzbeulen versehen.
Blatt: Nadeln bläulich grün, dicht stehend, bis 3,5 cm lang, nach oben gebogen.
Blüte: Einhäusig. Männliche Blüten auffällig rot gefärbt, IV–V.
Frucht: Zapfen bis zu 8 cm dick, aufrecht, purpurbraun, bis 25 cm lang.
Standort: Kalkfreie, humose Böden in sonniger Lage.
Verwendung: Einzelstand in größeren Gärten und Parks.
Sorten: 'Glauca', blausilbrige Nadeln, wichtig für die Adventsbinderei (Bild).

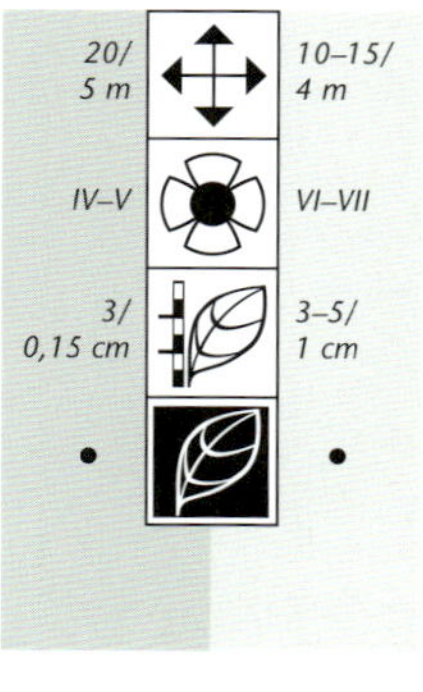

Araucaria araucana
Chilenische Araukarie, Andentanne
Araucariaceae, Araukariengewächse

Heimat: Chile, Südwest-Argentinien.
Wuchs: Aufrecht, Krone erst kegelförmig, später schirmförmig. Graue Schuppenborke. In Chile bis 35 m hoch.
Blatt: Dreieckig, steif, stechend mit dachziegelartiger Überlappung.
Blüte: Zweihäusig, männliche Blüten braun, 2–12 cm lang, weibliche Blüten kugelig, gelbgrün, V.
Frucht: Kugelig, bis 20 cm groß.
Standort: Sonnige, geschützte Lagen in humosem Boden.
Verwendung: Einzelstand in Parks, in der Jugend frostfrei überwintern.
Arten: Weitere Arten nur als Kübelpflanzen.
Sonstiges: Benötigt unbedingt Winterschutz.

Cedrus atlantica
Atlas-Zeder
Pinaceae, Kieferngewächse

Heimat: Algerien, Marokko (Atlasgebirge).
Wuchs: Breit aufrecht mit pyramidaler Krone, im Alter schirmförmig. Borke grau und rau.
Blatt: Bläulich grüne Nadeln in Büscheln an Kurztrieben zu 40–50.
Blüte: Einhäusig. Männliche Blüten zylindrisch, gelbbraun, 5 cm, weibliche Blüten grünrot; IX.
Frucht: Zapfen rotbraun, eiförmig, 5–7 cm, zerfällt nach der Reife am Baum.
Standort: Nährstoffreiche, durchlässige Kalkböden in sonniger Lage.
Verwendung: Einzelstand in Parks in geschützter Lage.
Sorten: 'Glauca', wichtigste und härteste Form mit blauen Nadeln (Bild). 'Glauca Pendula', blaue Hängeform, eindrucksvoll im Alter.
Sonstiges: Benötigt Winterschutz.

Cedrus atlantica		Cedrus libani
20–40/ 12 m		10–20/ 10–20 m
IX		IX–X
2/0,1 cm		2,5–3/ 0,1 cm
•		•
40–50		10–15

Cedrus libani
Libanon-Zeder
Pinaceae, Kieferngewächse

Heimat: Libanon, Syrien, Südtürkei.
Wuchs: Breit kegelförmiger Baum, im Alter sehr eindrucksvoll. Borke grau, rau.
Blatt: Nadeln dunkelgrün, zu 10–15 an Kurztrieben.
Blüte: Einhäusig. Männliche Blüten blassgelb, 3–5 cm lang, weibliche Blüten grünlich; IX–X.
Frucht: Fassförmiger Zapfen, 7–10 cm lang, harzig.
Standort: Sonnig bis halbschattige Lagen , humose Böden.
Verwendung: Einzelstand in größeren Gärten und Parks.
Weitere Sorten und Arten: 'Sargentii', Zwergform bis 1,5 m hoch. *C. libani* subsp. *stenocoma* mit säulenförmigem Wuchs, besonders winterhart. *C. deodara* mit grün bis blaugrün gefärbten Nadeln. Gipfeltrieb überhängend. Winterschutz.
Sonstiges: Winterschutz erforderlich.

Chamaecyparis lawsoniana
Lawsons Scheinzypresse
Cupressaceae, Zypressengewächse

Heimat: Westliche USA.
Wuchs: Schmal kegelförmiger Baum, Spitzen überhängend. Borke violettbraun, Stamm glatt. Äste abstehend.
Blatt: Schuppenförmig, dachziegelartig überlappend.
Blüte: Einhäusig. Männliche Blüten karminrot, weibliche Blüten unscheinbar, IV.
Frucht: Kugelige Zäpfchen, bis 1 cm dick, braun.
Standort: Humusreiche Böden im Halbschatten.
Verwendung: Einzelstellung, Hecke (auch geschnitten), für Gärten und Parks.
Sorten: 'Alumii', dichte, blaugrüne Säule, 8–10 m. 'Lane', kegelförmig, gelb, 5–6 m.
Sonstiges: Für nicht zu trockene Standorte.

C. lawsoniana		C. nootkatensis
20–50/ 5 m	Wuchs	20–30/ 5 m
IV	Blüte	IV–V
0,3/ 0,5 cm	Blatt	0,6/ 0,4 cm
•	immergrün	•

Chamaecyparis nootkatensis
Nutka-Scheinzypresse
Cupressaceae, Zypressengewächse

Heimat: Westliches Nordamerika von Alaska bis Kalifornien.
Wuchs: Hoher, kegelförmiger Baum. Zweige hängend. Borke braungrau, löst sich in dünnen Platten ab.
Blatt: Schuppenförmig, stachelspitzig, blaugrün, Duft unangenehm.
Blüte: Einhäusig, männliche Blüten gelb, weibliche Blüten bläulich, IV–V.
Frucht: Kugeliges Zäpfchen mit Höckern, 1 cm.
Standort: Luftfeuchte Standorte in humosen Böden und halbschattiger Lage.
Verwendung: Einzelstand in Parkanlagen, auch für Hecken.
Sorten: 'Pendula', besonders auffällige Sorte mit hängendem Wuchs (Bild).

Chamaecyparis obtusa

Feuer-Scheinzypresse,
Hinoki-Scheinzypresse
Cupressaceae, Zypressengewächse

Heimat: Japan, Taiwan.
Wuchs: Hoher, breit kegelförmiger Baum, Äste abstehend. Borke rotbraun, gefurcht.
Blatt: Schuppig, dunkelgrün, vorne einwärts gekrümmt.
Blüte: Einhäusig. Unscheinbar, gelbgrün, IV.
Frucht: Zapfen kugelig, 1 cm.
Standort: Humose, saure Böden in geschützter Lage.
Verwendung: Halbschatten in Einzelstellung.
Sorten: 'Nana Gracilis', Muschel-Scheinzypresse, 2 m, kegelförmig (Bild).
Sonstiges: Muschelförmige Triebe, langsamer Wuchs.

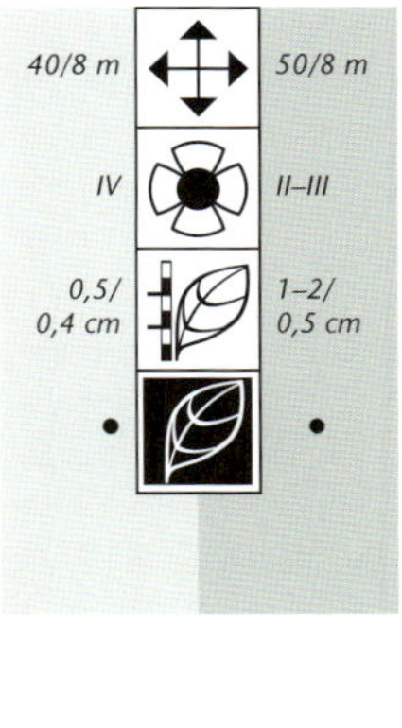

Cryptomeria japonica

Sicheltanne
Taxodiaceae, Sumpfzypressengewächse

Heimat: Japan, China.
Wuchs: Schmal kegelförmiger, hoher Baum, Zweige hängend. Borke rotbraun, löst sich in langen Streifen.
Blatt: Pfriemlich, sichelartig gekrümt, grün.
Blüte: Einhäusig, männliche Blüten gelblich, 6 mm, weibliche Blüten kugelig, II–III.
Frucht: Kugeliger Zapfen, 2–3 cm lang, braune Schuppen mit Dornen.
Standort: Saure, humose Böden mit ausreichender Feuchtigkeit, Halbschatten.
Verwendung: Einzelstellung in Parkanlagen.
Sorten: 'Vilmoriniana', Zwergform, 1 m, breit kugelig.
Sonstiges: Geschützte Plätze erforderlich.

× Cupressocyparis leylandii

Leylandzypresse
Cupressaceae, Zypressengewächse

Heimat: Kreuzung aus *Cupressus macrocarpa* × *Chamaecyparis nootkatensis.*

Wuchs: Rasch wachsender, säulenförmiger Baum, in der Heimat bis 50 m. Borke dunkel rotbraun mit Längsfurchen.

Blatt: Flache Schuppenblätter.

Blüte: Unauffällig, gelb; IX.

Frucht: Kleine Zapfen, 2 cm, braunviolett.

Standort: Sonnig-halbschattige, nährstoffreiche Gartenböden.

Verwendung: Hohe Schnitthecken, Sichtschutz, Gruppen in Parkanlagen.

Sorten: 'Leighton Green', gelblich grün, lockere Säule.

Sonstiges: Für wintermilde Gebiete.

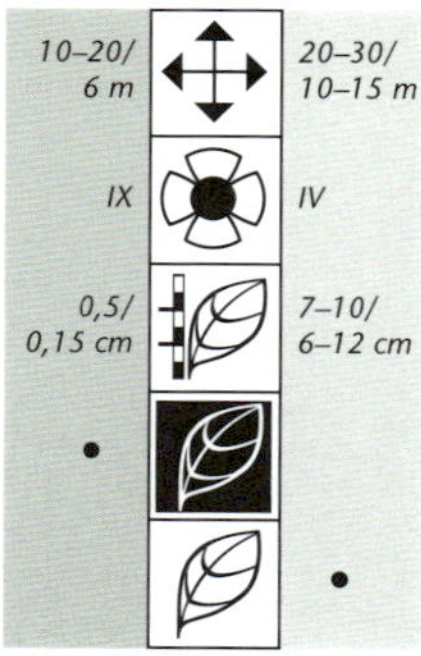

Ginkgo biloba

Ginkgo, Silberaprikose
Ginkgoaceae, Gingkogewächse

Heimat: Südost-China.

Wuchs: Sommergrüner Baum mit breit aufrechter Krone, auffällige Kurztriebe. Borke grau, längsrissig und gefurcht.

Blatt: Fächerförmig mit parallelen Adern, oft in der Mitte gespalten, Herbstfärbung gelb.

Blüte: Zweihäusig, männliche Blüten kätzchenförmig, 5 cm, gelblich; weibliche Blüten unscheinbar; IV. In Büscheln an den Kurztrieben.

Frucht: Grün, später gelb, saftig fleischig, 2 cm, Duft nach Buttersäure, Kern verholzt.

Standort: Sonnig bis halbschattig, normale Gartenböden.

Verwendung: Guter Straßenbaum, nur männliche Exemplare verwenden, Parks, Gärten.

Sorten: 'Pendula', Hängeform.

Sonstiges: Der Ginkgo ist ein prähistorisches Relikt. Dieser Nacktsamer ist viel älter als die Koniferen.

Juniperus chinensis
Chinesischer Wacholder
Cupressaceae, Zypressengewächse

Heimat: Japan, China, Mongolei.
Wuchs: Kegelförmiger Wuchs. Äste aufsteigend bis waagerecht. Borke graubraun, längsrissig.
Blatt: Schuppen- und Nadelblätter, blaugrün.
Blüte: Unscheinbar, meist zweihäusig, männliche Blüten gelblich; III.
Frucht: Blau bereifter Beerenzapfen, 0,5 cm groß.
Standort: Sonnig, trocken, in durchlässigen Gartenböden.
Verwendung: Stadtklimafest, für Haus-, Heide- und Steingärten.
Sorten: 'Blaauw', trichterförmiger Wuchs, bis 2,5 m, graugrün (Bild). 'Hetzii', breit und blau, 4 m. 'Old Gold', bronzegelb, 1,2 m hoch, 3 m breit.
Sonstiges: Viele verschiedene Wuchsformen und Farben.

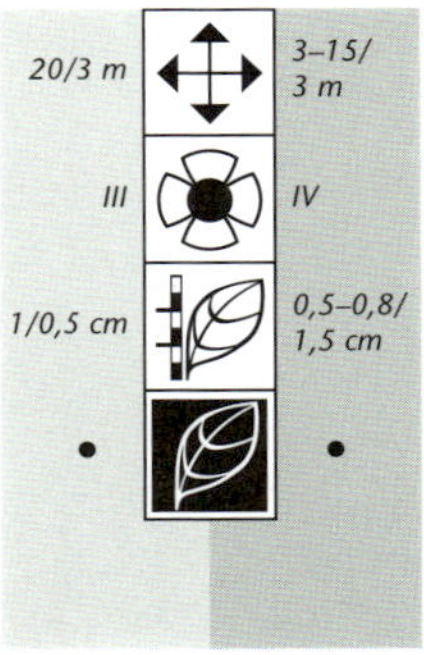

Juniperus communis
Gewöhnlicher Wacholder
Cupressaceae, Zypressengewächse

Heimat: Europa, Asien, Amerika und Nordafrika.
Wuchs: Vielgestaltiger Strauch oder Baum. Borke rötlich braun, längsstreifig, dünn.
Blatt: Stechende Nadeln grauweiß, bis 2 cm.
Blüte: Zweihäusig, unscheinbar gelblich, IV.
Frucht: Schwarzblau bereifte Beerenzapfen, 0,6 cm, reift im 2. oder 3. Jahr.
Standort: Sonnige, trockene, aber magere Böden. Kommt auf Kalk und im Moor vor.
Verwendung: Für Heide- und Steingärten in sonnigen Lagen.
Weitere Sorten und Arten: 'Hibernica', Irischer Säulen-Wacholder, schmale Säulenform, 5 m. *J. communis* subsp. *alpina,* Zwerg-Wacholder mit niederliegendem Wuchs, heimisch. *J. sabina* kriechender bis aufrechter Wuchs; zur Flächenbefestigung; heimisch; giftig!
Sonstiges: Anspruchslos, Früchte verwertbar.

Juniperus communis 'Hornibrookii'
Teppich-Wacholder
Cupressaceae, Zypressengewächse

Heimat: Cultivar.
Wuchs: Flach ausgebreitet, mattenförmig, 0,2–0,3 m hoch, aber 2–3 m breit.
Blatt: Nadeln graugrün, spitz, stechend, 5 mm lang.
Blüte: Zweihäusig, unscheinbar; IV–V.
Frucht: Schwarze, runde Beerenzapfen, selten zu sehen.
Standort: Durchlässige, arme Böden in voller Sonne.
Verwendung: Heide- und Steingärten, Bodendecker.
Sorte: *J. communis* 'Repanda', ähnlich, aber mit weichen Nadeln.
Sonstiges: Anspruchslos, winterhart.

J. communis 'Hornibrookii'		J. horizontalis
0,2–0,6/ 2–3 m		0,3/ 1,5–2 m
IV–V		IV
0,5 cm		0,5/ 0,5 cm
•		•

Juniperus horizontalis
Kriech-Wacholder
Cupressaceae, Zypressengewächse

Heimat: Nordamerika bis Alaska.
Wuchs: Niederliegend, teppichbildender, weithin kriechender Strauch. Zahlreiche, kurze Triebe. Borke graubraun.
Blatt: Schuppig, nicht stechend, blaugrün.
Blüte: Zweihäusig, unscheinbar, gelblich; IV.
Frucht: Blau bereifter Beerenzapfen, 0,5 cm.
Standort: Humose, durchlässige Böden in sonniger Lage.
Verwendung: Wichtiger Flächenbegrüner für Böschungen, Mauerkronen, Gräber.
Sorten: 'Glauca', wertvollste Sorte mit stahlblauer Färbung (Bild).
Sonstiges: Anspruchslos.

Juniperus squamata
Schuppen-Wacholder
Cupressaceae, Zypressengewächse

Heimat: Himalaja, China, Taiwan.
Wuchs: Niederliegender Strauch. Borke rostbraun, löst sich in Schuppen ab.
Blatt: Nadelförmig, dicht stehend, grau-weiß, stechend.
Blüte: Unscheinbar, zweihäusig; IV.
Frucht: Rotbraun, elliptisch, 6–8 mm, reift im 2. Jahr.
Standort: Sonnig und trocken.
Verwendung: Stein- und Heidegärten. Zwergsorten für Friedhof und Grab.
Sorten: 'Meyeri', 4 m, weiß-blau. 'Blue Carpet', blau, ganz flach, 15 cm. 'Blue Star', 40 cm (Bild).
Sonstiges: Vielseitig verwendbare Sorten, viele mit Zwergwuchs.

Juniperus squamata		Juniperus virginiana
5/3 m	Höhe/Breite	30/2 m
IV	Blüte	IV
0,6/ 0,2 cm	Blatt	1/0,5 cm
•	immergrün	•

Juniperus virginiana
Virginischer Wacholder, Rotzeder
Cupressaceae, Zypressengewächse

Heimat: Nordamerika.
Wuchs: Bis 30 m hoher Baum mit schmaler Krone, Äste abstehend. Borke rötlich braun, geht in Streifen ab.
Blatt: Schuppenförmig zugespitzt, blaugrün.
Blüte: Ein- oder zweihäusig, unscheinbar; IV.
Frucht: Kugelig bis oval, blau bereift, 6 mm. Werden zahlreich gebildet.
Standort: Sonnige Plätze in durchlässigen, mageren Böden.
Verwendung: Stein- und Heidegärten, Parkanlagen.
Sorten: 'Canaertii' (Bild), schlank säulenförmig, dunkelgrün. 5–10 m hoch. 'Burkii', breit aufrecht, blaugrün, 3 m.
Sonstiges: Das Holz wird zur Herstellung von Bleistiften verwendet.

Larix decidua
Europäische Lärche
Pinaceae, Kieferngewächse

Heimat: Mittel- und Nordeuropäische Gebirge (Alpen, Karpaten).
Wuchs: Kegelförmige, schlanke Krone, waagerecht ausgebreitete Äste. Zweige hängen senkrecht herab. Junge Triebe gelblich. Borke grau- bis rotbraun, tiefrissig.
Blatt: Nadeln hellgrün, 3 cm lang, zu 30–40 in Büscheln, gelbe Herbstfärbung.
Blüte: Einhäusig, männliche Blüten gelb, weibliche Blüten zapfenförmig, rot, III–IV.
Frucht: Braune Zapfen bis 4 cm lang, Schuppen am Rand nicht umgerollt.
Standort: Lehmige Kalkböden in voller Sonne, Gebirgsbaum.
Verwendung: Einzeln oder in Gruppen in Gärten und Parks
Sorten: 'Pendula', bis zu 10 m hohe Hängeform.
Sonstiges: Nadeln fallen im Herbst ab.

Larix kaempferi
Japanische Lärche
Pinaceae, Kieferngewächse

Heimat: Japan.
Wuchs: Kegelförmige Krone, Äste waagerecht und bogig ansteigend, Triebe rötlich. Borke rotbraun, tief gefurcht.
Blatt: Nadeln 2–4 cm lang, bläulich grün, zu 40–50 in Büscheln an den Kurztrieben, goldgelbe Herbstfärbung.
Blüte: Einhäusig, männliche Blüten gelb, weibliche Blüten im Vorfrühling rot mit grün; II–IV.
Frucht: Zapfen bis 4 cm lang, eirund, Zapfenschuppen nach außen umgebogen.
Standort: Humose Böden in voller Sonne.
Verwendung: Einzeln oder in Gruppen in Gärten und Parks, auch als Schnitthecke.
Sorten: 'Blue Ball', breitkugeliger Busch. 'Wolterdingen', Zwergform.
Sonstiges: Nadeln fallen im Herbst ab.

Larix decidua	Larix kaempferi
35/15 m	*30/15 m*
III–IV	*II–IV*
3/0,1 cm	*4/0,1 cm*
•	•
30–40	*40–50*

Metasequoia glyptostroboides

Urweltmammutbaum,
Chinesisches Rotholz
Taxodiaceae, Sumpfzypressengewächse

Heimat: China (Provinzen Sichuan, Hubei).
Wuchs: Kegelförmige Krone, Stamm am Grund verbreitert. Wächst etwa 1 m pro Jahr. Borke fuchsrot bis graubraun, faserig, am Stamm tiefe Einbuchtungen.
Blatt: An Kurztrieben Nadeln hellgrün, kammförmig gescheitelt, Herbstlaub kupfern.
Blüte: Einhäusig, männliche Blüten an hängenden Blütenständen, weibliche Blüten endständig, gelbgrün; IV–V.
Frucht: Kugeliger, lang gestielter Zapfen, 2,5 cm, braun.
Standort: Humose Standorte im Halbschatten. Verträgt auch Überschwemmungen.
Verwendung: In Gärten und Parkanlagen im Einzelstand.
Sonstiges: Die Art wurde erst 1941 entdeckt, 1948 erfolgten die ersten Anzuchten in Europa.

Metasequoia		Microbiota
35/ 7–10 m		0,3–0,6/ 1,5 m
IV–V		V
3,5/ 0,3 cm		0,5/ 0,3 cm
		•
•		

Microbiota decussata

Zwerglebensbaum
Cupressaceae, Zypressengewächse

Heimat: Südostsibirien.
Wuchs: Niederliegender, dicht verzweigter Strauch.
Blatt: Schuppenförmig, 2–5 mm lang, gelbgrün, im Winter bronzerot.
Blüte: Einhäusig, unscheinbar, gelblich.
Frucht: Zäpfchen endständig, kugelig bis 6 mm dick, enthält nur 1 Samen.
Standort: Durchlässige, humose Böden in Sonne und Schatten.
Verwendung: Größere Steingärten, Böschungen, auch für Tröge.
Sonstiges: Braucht viel Platz.

Picea abies

Gewöhnliche Fichte, Rot-Fichte
Pinaceae, Kieferngewächse

Heimat: Nord-, Mittel- und Südosteuropa.
Wuchs: Hoher Baum mit spitz kegelförmiger Krone, Äste meist abwärts gerichtet. Borke rotbraun, in dünnen Schuppen abblätternd.
Blatt: Nadeln dunkelgrün, 2 cm, spitzig, vierkantig, nur mit „Fähnchen" ablösbar.
Blüte: Einhäusig, männliche Blüten gelb; weibliche Blüten zapfenförmig, rot, IV–V.
Frucht: Zylindrischer Zapfen braun, 10–16 cm lang, 4 cm breit, hängend, fällt bei Reife ganz ab. Samen geflügelt.
Standort: Lehmig humose, durchlässige Böden in halbschattiger Lage.
Verwendung: Waldbaum, Lieferant von Bauholz und Weihnachtsbäumen.
Sorten: Sehr zahlreich, z.B.: 'Inversa', Hängeform. 'Columnaris', Säulenform.
Sonstiges: Empfindlich gegen Bodenverdichtungen, Nadeln versauern den Boden!

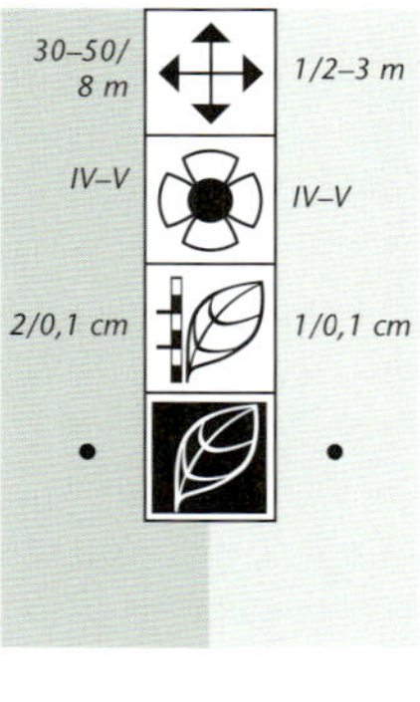

Picea abies 'Nidiformis'

Nest-Fichte
Pinaceae, Kieferngewächse

Heimat: Züchtung, um 1904 bei Hamburg entdeckt.
Wuchs: Halbkugelig, abgeflacht, in der Mitte eingesenkt. Es wird kein Mitteltrieb gebildet, die Äste stehen schräg nach außen.
Blatt: Nadeln hellgrün, 7–10 mm lang, gescheitelt an hellbraunen Trieben.
Blüte: Einhäusig, männliche Blüten gelb; weibliche Blüten zapfenförmig, rot; IV–V.
Standort: Frische, humose Gartenböden in voller Sonne.
Verwendung: Einzeln für Steingärten, Gräber, Tröge.
Sorten: Noch kleiner werden 'Little Gem', 40 cm. 'Echiniformis', Igel-Fichte, 30 cm; besticht durch runde, geschlossene, unregelmäßig wachsende Form.

Picea breweriana
Mähnen-Fichte, Siskiyou-Fichte
Pinaceae, Kieferngewächse

Heimat: Südwestliche USA.
Wuchs: Breit aufrechter Baum, Äste waagerecht abstehend. Borke graubraun, rau, Zweige bis 2 m herabhängend.
Blatt: Nadeln blaugrün, 2–3 cm, stumpf.
Blüte: Einhäusig, männliche Blüten purpurn, weibliche Blüten rot; V.
Frucht: Zapfen jung purpurrot, später braun, 8–10 cm lang.
Standort: Humose Gartenböden bei ausreichender Feuchtigkeit, sonnig.
Verwendung: Solitär in Gärten und Parkanlagen; nur größere Exemplare pflanzen, da die Schönheit im Alter zunimmt.
Sonstiges: Einmalig schöner Baum.

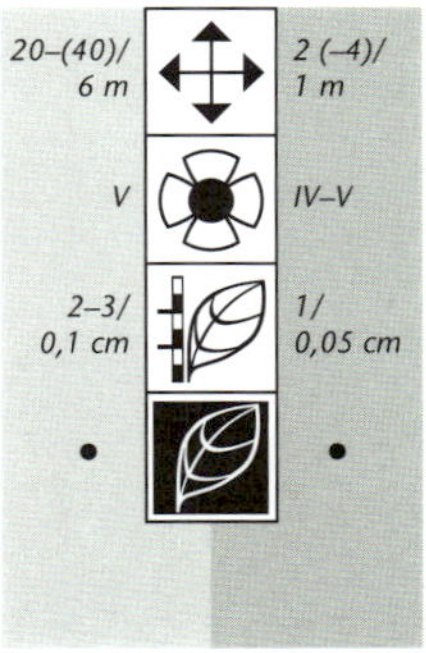

Picea glauca 'Conica'
Zuckerhut-Fichte
Pinaceae, Kieferngewächse

Heimat: Die Weiß-Fichte, *Picea glauca,* stammt aus dem östlichen Nordamerika. 1904 wurde an einer Pflanze als Mutation die Zuckerhut-Fichte entdeckt.
Wuchs: Streng kegelförmig, bis 4 m Höhe.
Blatt: Nadeln hellgrün, weich, 1 cm.
Blüte: Einhäusig, männliche Blüten gelb; weibliche Blüten zapfenförmig, rot; IV–V.
Standort: Durchlässige, humose Böden in sonigen Lagen.
Verwendung: Einzeln oder in Gruppen in Gärten und Parks.
Sorten: 'Echiniformis', Kissen-Fichte, 50 cm. 'Laurin', Zwergzuckerhut, 60 cm.
Sonstiges: Auf Spinnmilben achten.

Picea omorika
Serbische Fichte
Pinaceae, Kieferngewächse

Heimat: Jugoslawien, im Tara-Gebirge des Drina-Gebietes.
Wuchs: Schmale, kegelförmige Krone. Kulturpflanzen werden breiter. Borke dunkelbraun, Äste kurz, fast waagerecht gebogen.
Blatt: Nadeln dunkelgrün, unterseits blauweiß, 2 cm lang.
Blüte: Einhäusig, männliche Blüten gelb; weibliche Blüten zapfenförmig, rot; V.
Frucht: Zapfen 5–6 cm lang, 1 cm dick.
Standort: Tiefgründige, durchlässige und mineralreiche Böden. Sonnige Lage.
Verwendung: Einzeln, Gruppen oder Hecken, sogar für Schnitthecken geeignet.
Sorten: 'Nana' bis 3 m hoch, dichter.
Sonstiges: Keine Staunässe, wird dann braun und stirbt ab. Abhilfe durch Dränage und magnesiumhaltige Düngergaben.

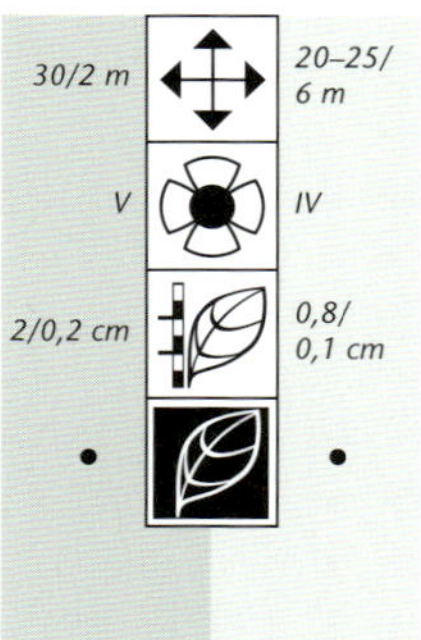

Picea orientalis
Kaukasus-Fichte
Pinaceae, Kieferngewächse

Heimat: Kaukasus, Kleinasien.
Wuchs: Schmal kegelförmig mit dichter Krone. In der Heimat 40–60 m. Borke dunkelbraun, dünn, schuppig.
Blatt: Nadeln kurz und dicht stehend, dunkelgrün, glänzend.
Blüte: Einhäusig, männliche Blüten rot, weibliche Blüten rotviolett; IV.
Frucht: Braune, sehr schmale Zapfen, 5–8 cm lang.
Standort: Sonnige bis halbschattige Lagen auf durchlässigen Böden.
Verwendung: Einzelstand in Gärten und Parks.
Sorten: 'Aurea', Gelbe Orient-Fichte, im Austrieb gelb, 15 m.
Sonstiges: Auffällige Art.

Picea pungens
Blau-Fichte, Stech-Fichte
Pinaceae, Kieferngewächse

Heimat: Mittlerer Westen der USA.
Wuchs: Breit kegelförmige Krone; dichte, waagerecht ausgebreitete Äste; bis 50 m. Borke braun, dick, rauschuppig.
Blatt: Nadeln spitz, mattgrün bis silbergrau.
Blüte: Einhäusig, männliche Blüten rötlich, weibliche Blüten grün; IV–V.
Frucht: Zapfen hellbraun, 7–11 cm lang, mit Harztropfen, Zapfenschuppen gewellt.
Standort: Normaler Gartenboden, auch in trockenen Lagen, sonnig.
Verwendung: Einzelstand, besonders die blauen Gartensorten.
Sorten: 'Glauca', Sämling. 'Koster', veredelte Blau-Fichte, silberblau (Bild).
Sonstiges: Veredelte Pflanzen müssen in der Baumschule aufgebunden werden; auf Sitkalaus-Befall achten.

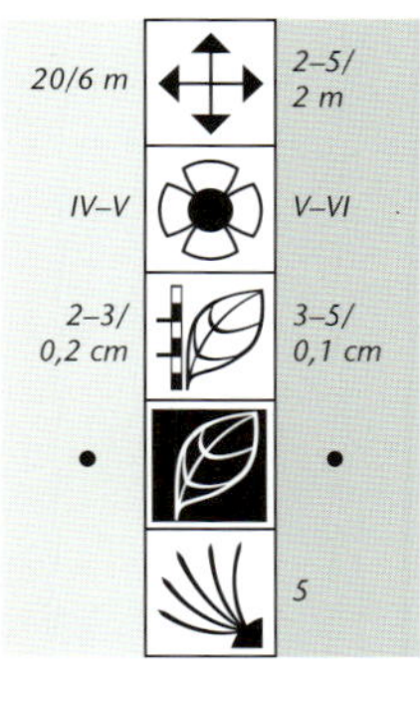

Pinus aristata
Grannen-Kiefer
Pinaceae, Kieferngewächse

Heimat: USA, südliche Rocky Mountains.
Wuchs: Aufrechter Baum bis 15 m, bei uns mehr buschig wachsend. Borke rostbraun, im Alter gefurcht.
Blatt: Nadeln zu 5, dunkelgrün mit weißen Harzflocken.
Blüte: Einhäusig, männliche Blüten gelb; weibliche Blüten rot, auffällig; V–VI.
Frucht: Zapfen zylindrisch, 6–8 cm, braungrau, Schuppen mit grannenförmigem Dorn.
Standort: Vollsonnige und trockene Lagen, in der Natur in den Bergen vorkommend.
Verwendung: Einzelstand in Gärten und Parks, auch für Kübel geeignet.
Sonstiges: Nahe verwandt mit *P. longaeva* von den White Mountains, wo über 4000 Jahre alte Exemplare vorkommen. Hat keine Harzflocken.

Pinus cembra

Zirbel-Kiefer
Pinaceae, Kieferngewächse

Heimat: Hochgebirge Mitteleuropas (Berglagen der Zentralalpen).
Wuchs: Hoch wachsender Baum mit pyramidaler Krone. Äste ansteigend. Borke rotbraun bis grausilbrig, längsrissig.
Blatt: Nadeln zu 5, an den Zweigenden pinselartig gehäuft, blaugrün, 6–12 cm.
Blüte: Einhäusig, männliche Blüten rötlich; weibliche Blüten gelb; V–VI
Frucht: Eiförmige Zapfen, 6–8 cm, braun, reif im 3. Jahr, Zirbelnüsse essbar.
Standort: Sonnige Lagen und humose Böden.
Verwendung: Einzelstand in Gärten und Parks, möglichst auf sauren Böden.
Sorten: 'Globe', kompakte Zwergform, 2 m.
Sonstiges: Nadeln vergilben in kalkhaltigen Böden.

Pinus cembra		Pinus mugo
10–25/ 5 m		*2–5/4 m*
V–VI		*VI–VII*
5–10/ 0,1 cm		*3–4/ 0,1 cm*
•		•
5		*2*

Pinus mugo

Krummholz-Kiefer, Berg-Kiefer, Latsche
Pinaceae, Kieferngewächse

Heimat: Kalkalpen bis zum Balkan, Apennin.
Wuchs: Niederliegend, Äste knieförmig gebogen, aufstrebend. Borke graubraun, rau.
Blatt: Nadeln zu 2, sichelförmig gebogen, oft waagerecht abstehend, grün.
Blüte: Einhäusig, männliche Blüten gelb, auffällig; weibliche Blüten grünrot; IV.
Frucht: Zapfen kegelförmig, braun, hängend oder abstehend, 3–7 cm lang.
Standort: Kalkgebiete in sonnigen und halbschattigen Lagen.
Verwendung: Gärten und Parkanlagen, hoher Platzbedarf. Weniger Platz brauchen: *P. mugo* subsp. *mugo,* Ostalpen, nur 2–3 m. *P. m.* subsp. *pumilio,* nur 150 cm.
Sorten: 'Mops', 100 cm. 'Gnom', 1,50 m. Für Heide-, Stein und Dachgärten, Gräber. Hecken.

Pinus nigra
Schwarz-Kiefer
Pinaceae, Kieferngewächse

Heimat: Europa, in verschiedenen Sippen.
Wuchs: Krone erst kegel-, später schirmförmig. Äste waagerecht abstehend. Borke schwarzbraun, tiefrissig.
Blatt: Nadeln zu 2, dunkelgrün, 8–16 cm lang.
Blüte: Einhäusig, männliche Blüten gelb, weibliche Blüten klein und grün; V.
Frucht: Zapfen braun, 4–9 cm lang.
Standort: Warme Lagen, kalkreiche Böden in voller Sonne.
Verwendung: Einzeln oder in Gruppen in Parks und im Forst.
Sorten/Arten: 'Pygmaea', Zwergform, kugeliger Wuchs. *P. nigra* subsp. *nigra,* Österreichische Schwarz-Kiefer, Südeuropa (Bild).
Sonstiges: Wärmeliebend, Sippen aus dem Mittelmeergebiet brauchen Winterschutz.

Pinus nigra		Pinus parviflora
40/ 8–15 m		8–12/ 5 m
V		V
8–16/ 0,2 cm		5–7/0,1 cm
•		•
2		5

Pinus parviflora
Mädchen-Kiefer
Pinaceae, Kieferngewächse

Heimat: Japan.
Wuchs: Hoher Baum, erst kegelförmig, später ausladend. Borke schwarzgrau, kleinschuppig.
Blatt: Nadeln zu 5, bläulich grün, gekrümmt, an den Zweigenden gehäuft, 5–7 cm.
Blüte: Einhäusig, männliche Blüten purpurn, weibliche Blüten rötlich; V.
Frucht: Waagerecht abstehend, eiförmig, 5–10 cm lang, braunrot.
Standort: Sonnige Lagen in humosen Böden.
Verwendung: Einzelstand in Parks. Für Gärten eher die Sorten geeignet.
Sorten: 'Glauca', 5–9 m, blauweiße, gebogene Nadeln, wichtigste Form (Bild).
Sonstiges: Nadeln vergilben bei stark alkalischen Böden.

Pinus pumila
Ostasiatische Zwerg-Kiefer
Pinaceae, Kieferngewächse

Heimat: Sibirien bis Japan.
Wuchs: Strauchförmig, niederliegend, die Enden aufstrebend. Vieltriebig. Borke graubraun.
Blatt: Nadeln zu 5, dunkel blaugrün, 5–10 cm lang.
Blüte: Einhäusig, männliche Blüten rot, sehr auffällig; IV–V.
Frucht: Junge Zapfen purpur, später dunkelbraun, 4 cm.
Standort: Sonnig, auf sauren, durchlässigen Böden (in den Bergen bis zur Schneegrenze).
Verwendung: Für Gärten und Parks, Steingärten.
Sorten: 'Glauca', Blaue Kriech-Kiefer, 1,50 m, blaugraue Nadeln, wichtigste Sorte.
Sonstiges: Schöner Kontrast zur Blütezeit, Kostbarkeit.

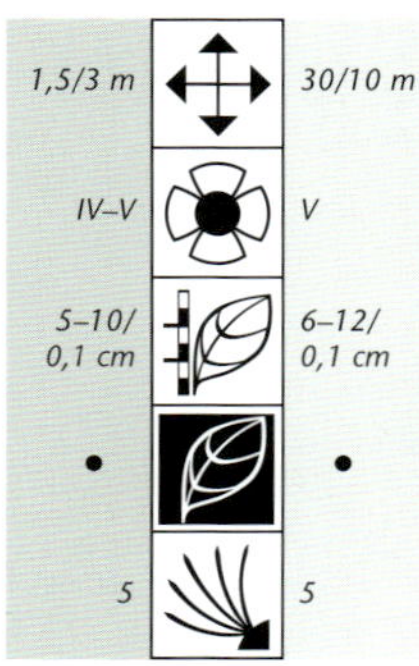

Pinus strobus
Weymouths-Kiefer, Strobe
Pinaceae, Kieferngewächse

Heimat: Östliches Nordamerika.
Wuchs: Hoher Baum bis 30 m, in der Heimat bis 70 m, Krone locker kegelförmig. Äste ansteigend. Borke erst graubraun und glatt, später dunkelbraun, tief gefurcht.
Blatt: Nadeln zu 5, blaugrün, 8–12 cm lang, weich, in Büscheln stehend.
Blüte: Männliche Blüten gelb, weibliche Blüten rötlich; V.
Frucht: Zapfen gestielt, 10–20 cm lang, stark harzig.
Standort: Sonnige Plätze in durchlässigen, humosen Gartenböden.
Verwendung: Einzeln in großen Gärten und Parks.
Sorten: 'Radiata', schwächer wachsend, 3–5 m (Bild).
Sonstiges: Auf Blasenrost achten, daher den Zwischenwirt *Ribes* (Johannisbeere) fernhalten. Holz ist sehr brüchig.

Pinus sylvestris

Föhre, Wald-Kiefer,
Gewöhnliche Kiefer
Pinaceae, Kieferngewächse

Heimat: Europa bis Sibirien und Kleinasien.

Wuchs: Aufrecht, Krone erst kegel-, später schirmförmig. Borke rotbraun, fein geschuppt, später dick und längsgefurcht.

Blatt: Nadeln zu 2, blau- bis graugrün, gedreht, 3–7 cm lang.

Blüte: Einhäusig, männliche Blüten gelb, weibliche Blüten rotbraun; V–VI.

Frucht: Gestielte Zapfen, hängend, oval kegelförmig, graubraun, 3–8 cm.

Standort: Nährstoff- und kalkarme Böden in voller Sonne. Verträgt Hitze und Kälte, aber auch Trockenheit und feuchte Moorböden.

Verwendung: Parkanlagen, Forst; Sorten für Hausgärten.

Sorten: 'Watereri', Silber-Kiefer mit eirundlichem Wuchs, 4 m (Bild).

Sonstiges: Besonders anspruchslos.

Pinus wallichiana

Tränen-Kiefer
Pinaceae, Kieferngewächse

Heimat: Himalaja.

Wuchs: Hoher Baum (30–50 m) mit lockerer, breit kegelförmiger Krone. Äste waagerecht. Borke grau bis schwarzbraun, längsrissig, feinschuppig.

Blatt: Nadeln zu 5, weich, blaugrün, 15–20 cm lang, bogig überhängend.

Blüte: Männliche Blüten rot, weibliche Zapfen hellbraun, 15–25 cm lang; V.

Standort: Auf nährstoff- und kalkarmen Böden in sonnigen Lagen. Winterschutz.

Verwendung: Geschützte Lagen in großen Gärten und Parkanlagen.

Sorten: 'Densa', dichter und schmaler Wuchs.

Sonstiges: In der Jugend vor kalten Winden schützen.

Pinus sylvestris	Pinus wallichiana
30/ 8–12 m	15–25/ 10 m
V–VI	V
3–7/ 0,2 cm	12–20/ 0,1 cm
•	•
2	5

Pseudotsuga menziesii
Douglasie
Pinaceae, Kieferngewächse

Heimat: Westliches Nordamerika.
Wuchs: Schlanke, kegelförmige Krone, in der Heimat bis 100 m hoch. Borke graubraun, gefurcht, junge Triebe mit Harzbeulen.
Blatt: Nadeln nach Zitrone duftend, weich, frischgrün, 3–4 cm lang.
Blüte: Männliche Blüten gelb, weibliche Zäpfchen rot; IV–V.
Frucht: Zapfen braun, bis 10 cm lang, mit dreizackigen Deckschuppen.
Standort: Durchlässige, tiefgründige, mäßig saure Böden in freier Lage.
Verwendung: Park- und Forstbaum mit raschem Wuchs.
Sorten/Arten: 'Elegans', blaugrüne Nadeln, schwächer im Wuchs (Bild). *P. menziesii* var. *glauca,* waagerecht ausgebreitete Zweige, graugrün.
Sonstiges: Wichtigster Bauholzlieferant in Amerika. Auf Wollläuse achten.

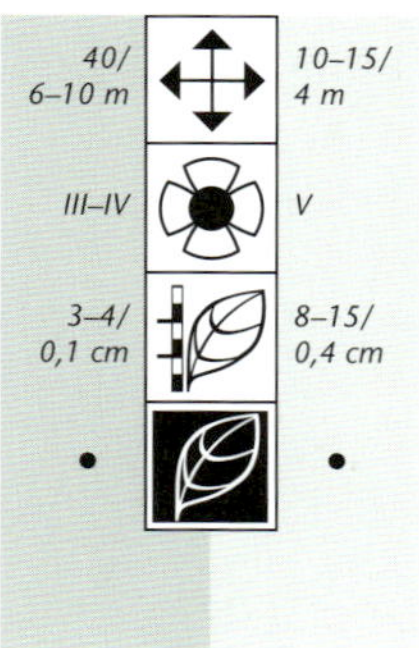

Sciadopitys verticillata
Schirmtanne
Sciadopityaceae, Schirmtannengewächse

Heimat: Japan.
Wuchs: Schmal kegelförmiger, hoher Baum, Astquirle waagerecht abstehend. Borke glatt, graubraun, später abfasernd.
Blatt: Doppelnadeln 8–15 cm lang, glänzend dunkelgrün, an Triebenden gehäuft.
Blüte: Einhäusig, männliche Blüten gelb, weibliche Blüten bräunlich; V.
Frucht: Zapfen aufrecht, eilänglich, 7–12 cm lang, braunrote Deckschuppen.
Standort: Sandig humose, nährstoffreiche Böden im Halbschatten.
Verwendung: Einzelstellung, gut zu *Rhododendron.*
Sonstiges: Leidet in kalkreichen Böden.

Sequoiadendron giganteum
Mammutbaum
Taxodiaceae, Sumpfzypressengewächse

Heimat: USA: Kalifornien, zwischen 1400 und 2500 m Höhe ü. d. M.
Wuchs: Mächtige Bäume mit kegelförmiger Krone, bis 85 m Höhe bekannt. Borke dick, schwammig, rotbraun, stark gefurcht.
Blatt: Nadeln pfriemförmig, bläulich grün, 1,2 cm lang.
Blüte: Einhäusig, männliche Blüten blassgelb, weibliche Blüten grün; IV–V.
Frucht: Eiförmiger, brauner Zapfen, 4–8 cm lang.
Standort: Tiefgründige, humose Böden in geschützter Lage.
Verwendung: Parkanlagen, möglichst im Weinbauklima.
Verwandte Art: *Sequoia sempervirens,* Küsten-Mammutbaum, Winterschutz erforderlich.
Sonstiges: Besonders rascher Wuchs.

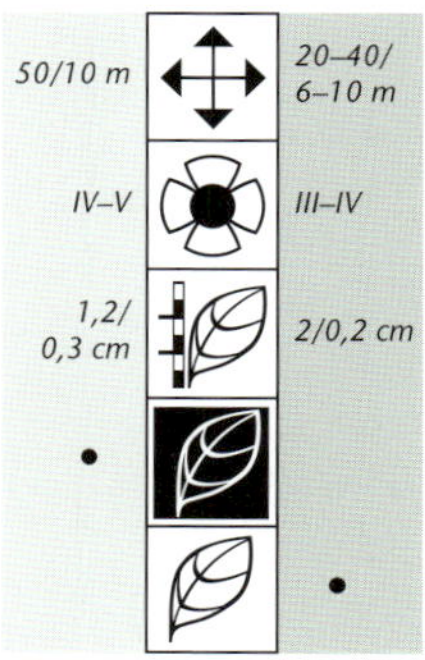

Taxodium distichum
Sumpfzypresse
Taxodiaceae, Sumpfzypressengewächse

Heimat: Südliches Nordamerika.
Wuchs: Stamm durchgehend mit kegelförmiger Krone, im Wasser Atemwurzeln. Borke rotbraun, löst sich in schmalen Streifen ab.
Blatt: Frischgrüne Nadeln an Kurz- und Langtrieben, 1–2 cm lang, Herbstfärbung!
Blüte: Einhäusig, männliche Blüten an gelben Kätzchen; weibliche Blüten grün; III–IV.
Frucht: Zapfen braun, kugelig, 2 cm groß.
Standort: Feuchte und sogar nasse Plätze, gedeiht auch in humosen Böden.
Verwendung: Einzeln in Parks, an und in Teichen. Dort Bildung von Wurzelknien.
Sonstiges: Chloroseerscheinungen in kalkhaltigen Böden. Im Winter kahl.

Taxus baccata
Gewöhnliche Eibe
Taxaceae, Eibengewächse

Heimat: Nordafrika, Europa bis Vorderasien.
Wuchs: Großstrauch bis baumförmig, erst kegelförmige, später breitrunde Krone. Borke rotbraun, abfasernd.
Blatt: Nadeln dunkelgrün, flach, 1–3,5 cm lang, unterseits hellgrün.
Blüte: Zweihäusig, männliche Blüten gelblich, weibliche Blüten grün, unscheinbar; III.
Frucht: Grüne Samen sind von ungiftigem roten Samenmantel (Arillus) umschlossen, 1 cm.
Standort: Saure, humose Böden im Halbschatten und Schatten.
Verwendung: Einzeln oder in Gruppen in Parks und Gärten, auch als Schnitthecke.
Sorten: 'Fastigiata', Säulen-Eibe, 3–5 m. 'Repandens', Kissen-Eibe, 50 cm, 2 m breit.
Sonstiges: Nie an Kinderspielplätzen verwenden, ganze Pflanze ist stark giftig!

Taxus baccata		Taxus × media
10–20/ 6–12 m	Wuchs	3–4/ 2–3 m
III	Blüte	III
3/0,2 cm	Blatt	2,5–3/ 0,3 cm
•	immergrün	•

Taxus × media
Becher-Eibe
Taxaceae, Eibengewächse

Heimat: Kreuzung zwischen *T. baccata* × *T. cuspidata*.
Wuchs: Breit säulenförmig, oben oft breiter als an der Basis. Borke rotbraun.
Blatt: Nadeln 2,5–3 cm lang, dunkelgrün, senkrecht vom Trieb abstehend.
Blüte: Zweihäusig, unscheinbar; III.
Frucht: Grüne Samen sind von rotem Arillus umgeben, 1 cm groß.
Standort: Durchlässige, humose Böden im Halbschatten.
Verwendung: Für Schnitthecken geeignet, sonst einzeln oder in Gruppen in Gärten.
Sorten: 'Hicksii', wichtigste Sorte, reich fruchtend. 'Strait Hedge', Schnitthecke.
Sonstiges: Alle Teile mit Ausnahme des Arillus sind giftig!

Thuja occidentalis
Abendländischer Lebensbaum
Cupressaceae, Zypressengewächse

Heimat: Nordamerika.
Wuchs: Baum mit kegelförmiger Krone, Gipfeltriebe immer aufrecht stehend. Borke braunrot, längsrissig, löst sich in dünnen Streifen ab.
Blatt: Schuppenblätter mattgrün, im Winter bräunlich, Duft aromatisch.
Blüte: Einhäusig, Blüten unscheinbar; IV–V.
Frucht: Längliche Zapfenfrüchte, 8–12 mm lang, hellbraun.
Standort: Nährstoffreiche, auch feuchtere Plätze in voller Sonne und Schatten.
Verwendung: Hohe Schnitthecken, Einzelstellung in Gärten und Parks. Nicht für Kinderspielplätze, da ganze Pflanze giftig!
Sorten: 'Smaragd', frischgrün und säulenförmig, ideale Heckenpflanze.
Sonstiges: Auf Pilzkrankheiten achten.

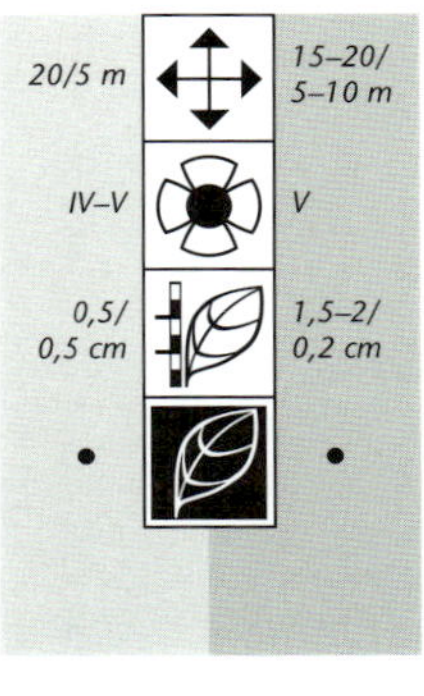

Tsuga canadensis
Hemlocktannne
Pinaceae, Kieferngewächse

Heimat: Nordöstliche USA: Appalachen.
Wuchs: Aufrecht, locker, breit kegelförmige Krone, Gipfeltrieb überhängend. Borke grau bis rotbraun, längsrissig. Äste waagerecht abstehend.
Blatt: Nadeln 8–18 mm lang, oberseits eine Reihe kurzer Nadeln, unterseits weiß.
Blüte: Einhäusig, männliche Blüten gelb, weibliche grün, unscheinbar; V.
Frucht: Kleine, braune, eiförmige Zäpfchen, 1,5–2 cm lang.
Standort: Durchlässige, saure, humose Böden im Halbschatten.
Verwendung: Einzeln oder in Gruppen. Als geschnittene Hecke möglich, aber zu schade.
Sorten: 'Nana', bis 1 m hoch. 'Pendula', 4–5 m hohe Hängeform.
Sonstiges: Verträgt keine windigen Lagen, ebenso keine Trockenheit.

Laubgehölze

Acer campestre
Feld-Ahorn
Aceraceae, Ahorngewächse

Heimat: Europa, Kleinasien.
Wuchs: Breit aufrecht, oft mehrstämmig, Krone rundlich. Borke graubraun, feine Längsrisse. Triebe oft mit Korkleisten.
Blatt: 3- bis 5-lappig, gegenständig angeordnet, bis 10 cm.
Blüte: Grün in Trauben; V.
Frucht: Geflügelt, paarweise angeordnet, braun, 3 cm lang. Spaltfrucht.
Standort: Warme, kalkhaltige Böden, Trockenheit vertragend.
Verwendung: Felder, Waldrand, Hecken (auch geschnitten), Gärten, Parks, Straßenrand.
Sorten: 'Elsrijk', ovale Krone, guter Straßenbaum.
Sonstiges: Gelbes Herbstlaub.

Acer japonicum
Japanischer Ahorn
Aceraceae, Ahorngewächse

Heimat: Bergwälder Japans.
Wuchs: Breiter Großstrauch.
Blatt: Hellgrün, fiederschnittig mit 7–11 Lappen, 10–15 cm lang, rotes Herbstlaub.
Blüte: Rotgelb, wenig auffällig; V.
Frucht: Geflügelt und behaart. Spaltfrucht.
Standort: Humose, kalkarme Böden im Halbschatten.
Verwendung: Einzelstellung für Vorgärten und an Terrassen.
Sorten: 'Aconitifolium', leuchtend rotes Herbstlaub (Bild). 'Aureum', gelbe, im Herbst orangefarbene Blätter, empfindlich.
Sonstiges: Geschützte Lagen.

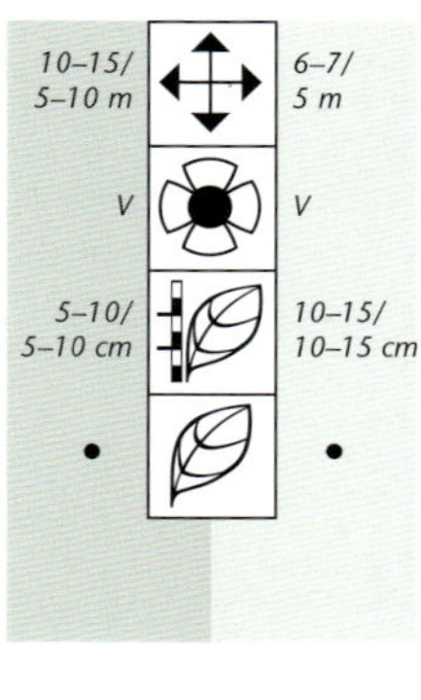

Acer monspessulanum
Französischer Ahorn
Aceraceae, Ahorngewächse

Heimat: Südeuropa, Westasien, Mittelmeergebiet.

Wuchs: Sparriger, hoher Baum. Borke dunkel, flach längsrissig gefeldert.

Blatt: Dreilappig, derb ledrig, 3–6 cm breit, gelbes Herbstlaub.

Blüte: Gelbliche Trugdolden, überhängend; V.

Frucht: Flügelfrüchte parallel, hellbraun.

Standort: Trocken und warme Plätze auf Kalk.

Verwendung: Gärten und Parks in sonnigen Lagen.

Sonstiges: Ideal im Weinbauklima.

Acer monspessulanum		Acer negundo
8–10/ 4–5 m	Wuchs	*10–15/ 6–10 m*
V	Blüte	*III–IV*
3–5/ 4–6 cm	Blatt	*15–20/ 15 cm*
•	Laub	•

Acer negundo
Eschen-Ahorn
Aceraceae, Ahorngewächse

Heimat: Östliches und mittleres Amerika.

Wuchs: Rasch wachsend, oft mehrstämmig, Holz brüchig. Borke grau, längsrissig.

Blatt: 5- bis 9-zählig gefiedert, gelbe Herbstfärbung, Jungtriebe bereift.

Blüte: 2-häusig hängende Trugdolden vor dem Blattaustrieb, männliche Blüte rosa; III–IV.

Frucht: Flügel einwärts gekrümmt, in dichten Büscheln. Spaltfrucht.

Standort: Sonnig-halbschattig, humose, leicht feuchte Böden.

Verwendung: Einzelstellung in größeren Gärten und Parks in Wassernähe.

Sorten: 'Aureo-Variegatum', gelb-grünes Laub. 'Flamingo', Blätter grünweiß, Austrieb rosa. 'Odessanum', ganzjährig gelbes Laub, schwächerer Wuchs.

Sonstiges: Bruchgefährdet, daher kein Straßenbaum. Wunden vor Pilzbefall schützen.

Acer palmatum
Fächer-Ahorn
Aceraceae, Ahorngewächse

Heimat: Japan und Korea.
Wuchs: Breitbuschig, bei uns 5–8 m hoch, viele Sorten nur bis 2 m.
Blatt: Fächerförmig, grün, 5- bis 11-lappig, tief eingeschnitten, 5–10 cm breit. Im Herbst leuchtend rote Färbung.
Blüte: Traube, unscheinbar, rot und weiß; V–VI.
Frucht: Spaltfrucht, 1–2 cm lang, braun, geflügelt.
Standort: Tiefgründige, humose Gartenböden, leichter Schatten.
Verwendung: Unbedingt einzeln pflanzen.
Sorten: Sehr viele Sorten bekannt. 'Atropurpureum', Blätter trübrot, im Herbst leuchtender, 5- bis 11-lappig. 'Dissectum', Blätter grün, fein geschlitzt, 2–3 m. 'Dissectum Ornatum', fein geschnittene rote Blätter, 1–2 m.
Sonstiges: Vermehrung durch Aussaat, die Sorten durch Veredlung.

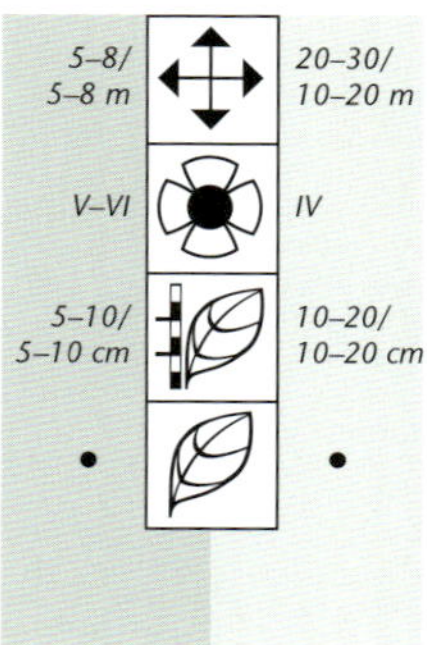

Acer platanoides
Spitz-Ahorn
Aceraceae, Ahorngewächse

Heimat: Europa, Kleinasien bis Kaukasus.
Wuchs: Rundlich eiförmige Krone, gerader Stamm. Borke längsrissig, Zweige mit rotbraunen, gegenständig angeordneten Knospen.
Blatt: Spitz, 5- bis 7-lappig, bis 20 cm groß, glänzend grün, Herbstlaub orange, Blattstiel mit weißem Milchsaft.
Blüte: Gelbgrün in aufrechten Doldentrauben vor dem Laubaustrieb; IV.
Frucht: Fast waagerecht geflügelt, braun, hängen in Büscheln zusammen.
Standort: Eher trockene Böden mit mäßigem Kalkgehalt in voller Sonne.
Verwendung: Wald, Waldrand, guter Straßenbaum.
Sorten: 'Cleveland', 'Emerald Queen', kompakter als die Art, für Straßenränder. 'Drummondii', weißer Blattrand. 'Faassen's Black', schwarzrotes Laub, nicht vergrünend.
Sonstiges: Schäden durch Rußtaupilze und Teerfleckenpilze.

Acer platanoides 'Globosum'

Kugel-Spitz-Ahorn
Aceraceae, Ahorngewächse

Heimat: Cultivar.
Wuchs: Kugelige Krone, 5–7 m hoch, 5 m breit, meist als Hochstamm veredelt. Borke längsrissig, Zweige mit rotbraunen, gegenständig angeordneten Knospen.
Blatt: Spitz, 5- bis 7-lappig, bis 18 cm groß, glänzend grün, Herbstlaub orange, Blattstiel mit weißem Milchsaft.
Blüte: Gelbgrün in aufrechten Doldentrauben vor dem Laubaustrieb; IV.
Frucht: Spaltfrucht, fast waagerecht geflügelt, braun, hängen in Büscheln zusammen.
Standort: Eher trockene Böden in voller Sonne.
Verwendung: Guter Straßenbaum, an Parkplätzen, im Einzelstand.
Sonstiges: Benötigt keinen Schnitt.

Acer platanoides 'Globosum'	Acer pseudoplatanus
5–7/ 5–6 m	25–40/ 15–20 m
IV	V–VI
8–20/ 8–20 cm	8–20/ 8–20 cm
•	•

Acer pseudoplatanus

Berg-Ahorn
Aceraceae, Ahorngewächse

Heimat: Europa und Kleinasien.
Wuchs: Breite Kronenbildung, er kann bis 400 Jahre alt werden. Stamm gerade mit abblätternder Schuppenborke. Grüne Knospenschuppen.
Blatt: 5-lappig, mattgrün, gelbe Herbstfärbung.
Blüte: Nach dem Laubaustrieb in hängenden, gelbgrünen Trauben; V–VI.
Frucht: Geflügelt, stumpfwinkelig gespreizt.
Standort: Sonnige bis halbschattige Lagen der Bergwälder (Schluchtwälder). Liebt daher kühle und frische Böden.
Verwendung: Nicht ideal für das Stadtklima, besser für Parks und die freie Landschaft.
Sorten: 'Atropurpureum', rote Blattunterseite.

Acer rubrum
Rot-Ahorn
Aceraceae, Ahorngewächse

Heimat: Östliches Nordamerika.
Wuchs: Rasch wachsender Baum mit lockerer Krone. Borke im Alter plattig, grau.
Blatt: 3- bis 5-lappig, 6–10 cm lang, mit orangeroter Herbstfärbung.
Blüte: Leuchtend rot, herabhängende Stiele, auffällig; III–IV.
Frucht: Geflügelt, in Büscheln.
Standort: Guter Wuchs in sauren, humosen Böden in voller Sonne.
Verwendung: Einzelstellung in Parks und größeren Gärten, großartige Wirkung im Herbst.
Sorten: 'Red Sunset', mittelgroßer Baum mit besonders leuchtender Herbstfärbung.
Sonstiges: Empfindlich gegen Hitze.

Acer rubrum		Acer rufinerve
15–20/ 6 m		*8–10/ 3–4 m*
III–IV		*V–VI*
6–10/ 8 cm		*6–15/ 10 cm*
•		•

Acer rufinerve
Rotnerviger Ahorn, Rostbart-Ahorn
Aceraceae, Ahorngewächse

Heimat: Japan.
Wuchs: Breitkroniger, oft mehrstämmiger Strauch bis Baum, Triebe grün, weiß gestreift, Jungtriebe weißlich bereift.
Blatt: 3-lappig, 6–15 cm breit, bläulich grün, im Herbst orangerot, gegenständig angeordnet, Adern rostbraun behaart.
Blüte: Gelbgrün, in aufrechten, rostrot behaarten Trauben; V.
Frucht: Flügelfrüchte paarig, stumpfwinkelig gespreizt, anfangs behaart.
Standort: Humose, leicht saure Böden in sonniger Lage.
Verwendung: Einzeln in Hausgärten und Parks.
Sonstiges: Standort sollte nicht austrocknen.

Acer saccharinum
Silber-Ahorn
Aceraceae, Ahorngewächse

Heimat: Nordamerika.
Wuchs: Aufrechter bis schiefer Stamm, Krone hoch gwölbt, bei uns bis 25 m. Borke grau, glatt, oft mit vielen Stammaustrieben. Zweige überhängend.
Blatt: Hellgrün, bis 15 cm lang, tief 5-lappig geschlitzt, im Herbst goldgelb.
Blüte: Klein, männliche Blüten grüngelb, weibliche Blüten gelbrot; II–III.
Frucht: Geflügelt, sichelförmig gebogen, oft nur ein Same voll entwickelt.
Standort: Tiefgründige Böden in feuchter Lage.
Verwendung: Wegen Astbruch kein idealer Straßenbaum, besser für Parks in Einzelstellung.
Sorten: 'Wieri', stärker geschlitzte Form mit dünnen, überhängenden Zweigen.

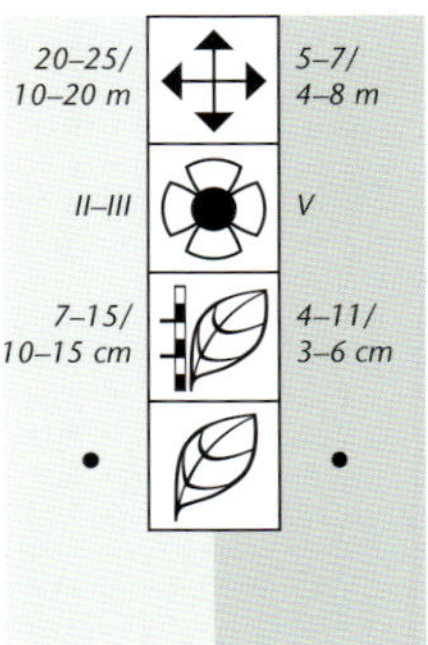

Acer tataricum subsp. ginnala (Syn. A. ginnala)
Feuer-Ahorn
Aceraceae, Ahorngewächse

Heimat: Ostasien, vorwiegend Japan, China.
Wuchs: Mehrstämmiger Kleinbaum, breit aufrecht. Borke grau, glatt.
Blatt: 3-lappig mit großem Mittellappen, 6–8 cm, rote Herbstfärbung.
Blüte: Gelblich weiß in dichten Rispen; V.
Frucht: Spaltfrucht, grünrot, später braun.
Standort: Sonnige bis halbschattige Lagen, lehmig humose Böden.
Verwendung: Im Einzelstand für kleine Gärten und Parks.
Sorten: Ähnlich ist *A. tataricum* mit etwas breiteren Blättern, Wuchs stärker.
Sonstiges: Leidet in kalten Lagen.

Actinidia arguta

Scharfzähniger Strahlengriffel
Actinidiaceae, Strahlengriffelgewächse

Heimat: China, Korea, Japan.
Wuchs: Windender Strauch. Triebe graubraun und glatt mit weißem, gefächertem Mark.
Blatt: Dunkelgrün, oval, 8–15 cm lang, zugespitzt. Gegenständige Blattanordnung. Gelbes Herbstlaub.
Blüte: Weiß, 2-häusig, männliche Blüten zahlreich in Doppeltrauben, 2 cm groß, 5-zählig mit roten Staubblättern, weibliche Blüten duftend VI.
Frucht: Grüngelbe Beeren bis 3 cm lang, essbar, vitaminreich.
Standort: Humose, nährstoffreiche Böden in warmer Lage.
Verwendung: Für Pergolen und stabile Klettergerüste.
Sorten: 'Weiki', Weihenstephaner Kiwi, winterharte, ertragreiche Sorte. 'Jenny', neue, einhäusige Kiwi-Sorte.

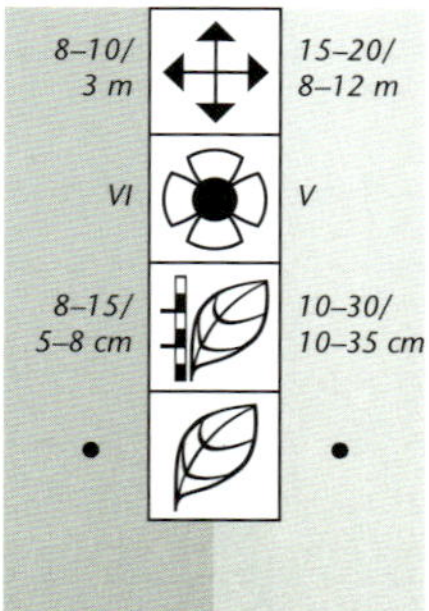

Aesculus × carnea

Fleischfarbene Rosskastanie
Hippocastanaceae, Rosskastaniengewächse

Heimat: Züchtung: *Aesculus hippocastanum × Aesculus pavia.*
Wuchs: Hoher Baum mit breiter Krone, glatte Knospen. Borke rotbraun, rau.
Blatt: Bis 30 cm groß, mit 5 handförmig angeordneten Blättern. Im Herbst gelb.
Blüte: Hellrot an aufrechten Rispen; V.
Frucht: Kapsel, selten zu sehen, aber mit glatter Fruchtschale.
Standort: Normale Gartenböden in freier Lage.
Verwendung: Nur für größere Gärten und Parkanlagen sowie für breite Alleen.
Sorten: 'Briotii', Scharlach-Rosskastanie, nur 12 m hoch, aber mit roten Blüten.
Sonstiges: Frosthart und industriefest.

Aesculus hippocastanum

Rosskastanie
Hippocastanaceae, Rosskastaniengewächse

Heimat: Bulgarien, Griechenland, Albanien.
Wuchs: Aufrecht, breitkronig. Borke braun, wulstig, hellbraune, dicke Triebe mit klebrigen, gegenständig angeordneten Knospen.
Blatt: 7-fingerig, Blättchen bis 25 cm lang, gelbe Herbstfärbung.
Blüte: Weiß, mit gelben und rosafarbenen Flecken an aufrechten Rispen; IV–V.
Frucht: 1–2 runde, braune Früchte in stacheliger Kapsel, Wildfutter.
Standort: Nährstoffreiche, durchlässige Böden in voller Sonne.
Verwendung: Guter Parkbaum, wegen reicher Fruchtbildung und brüchigem Holz nicht als Straßenbaum geeignet.
Sorten: 'Baumannii', weiße, gefüllte Blüten, keine Früchte.

Aesculus hippocastanum		Aesculus parviflora
20–30/ 15–20 m	Wuchs	3–4/ 4–8 m
IV–V	Blüte	VII–VIII
10–30/ 10–30 cm	Blatt	10–25/ 15–30 cm
•	Laub	•

Aesculus parviflora

Strauch-Rosskastanie
Hippocastanaceae, Rosskastaniengewächse

Heimat: Nordamerika, USA.
Wuchs: Ausläufer treibender Strauch bis 4 m Höhe, Büsche bis 8 m breit.
Blatt: Handförmig, 5- bis 7-teilig, Blättchen 8–20 cm lang, im Herbst goldgelb.
Blüte: Weiße, schlanke Blüten an bis zu 30 cm langen, aufrechten Blütenrispen; VII–VIII.
Frucht: Kapsel. Selten zu sehende braunrote Früchte in dünner Schale.
Standort: Gut im Halbschatten und Schatten in humosen, auch frischen Böden.
Verwendung: Auf großen Rasenflächen in Parkanlagen und größeren Gärten.
Sonstiges: Viele Ausläufer bildender, aber herrlicher Strauch für Waldrandpartien.

Ailanthus altissima
Götterbaum
Simaroubaceae, Bittereschengewächse

Heimat: China.

Wuchs: Großbaum mit lockerer Krone. Rotbraune, samtige Triebe.

Blatt: Sommergrün, 30–60 cm lang, wechselständig angeordnet mit vielen, unpaarig gefiederten Blättchen. Einzelblättchen 7–12 cm lang, mit 1–2 Zähnen.

Blüte: Grünlich weiß, kleine Blüten in dichten Rispen; VI–VII.

Frucht: Geflügelte Nüsschen bis 5 cm lang.

Standort: Wärmeliebende, aber sonst völlig anspruchslose Art.

Verwendung: Park- und Stadtbaum, stellt sich oft auf verwilderten Grundstücken ein.

Sorten: 'Erythrocarpa', mit rot gefärbten Früchten.

Sonstiges: Ausbreitung durch Samen und Bodentriebe.

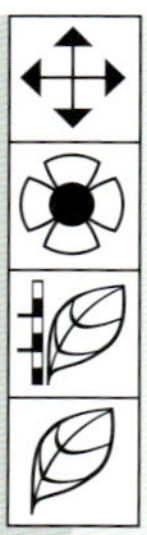

Ailanthus altissima	Akebia quinata
20–25/ 10–15 m	5–10/ 2 m
VI–VII	V
30–60/ 15–25 cm	5–10/ 6–12 cm
•	•

Akebia quinata
Fingerblättrige Akebie, Klettergurke
Lardizabalaceae, Fingerfruchtgewächse

Heimat: China und Japan.

Wuchs: Mittelstark wachsender Schlinger, bis 10 m Höhe erreichend.

Blatt: Fünfteilige, wechselständig angeordnete, gestielte Blättchen.

Blüte: Duftende, violettbraune Blütchen, einhäusig in Trauben. Weibliche Blüten 2–3 cm groß, die männlichen kleiner und heller gefärbt; V.

Frucht: Gurkenähnliche Balgfrucht, bis 10 cm lange Frucht, wird aber sehr selten ausgebildet.

Standort: Tiefgründiger Boden in geschützter, halbschattiger Lage.

Verwendung: Begrünung von Klettergerüsten und kleinen Bäumen.

Arten: *Akebia trifoliata* fällt durch dreiblättiges Laub auf.

Alnus glutinosa
Schwarz-Erle
Betulaceae, Birkengewächse

Heimat: Europa bis Nordasien.
Wuchs: Aufrecht mit kegelförmiger Krone und waagerecht abstehenden Seitenästen. Borke flachschuppig, schwarzbraun, Holz verfärbt sich im Anschnitt orangerot.
Blatt: Knospen oft klebrig, wechselständig, Blätter breit eiförmig, ohne Spitze, fallen im Herbst grün ab.
Blüte: Kätzchen. Einhäusig, männliche Blüten bräunlich gelb, weibliche Blüten nur 4 mm groß, rote Narben; III–IV.
Frucht: Zäpfchen schwarzbraun, bis 18 mm lang.
Standort: Feuchte Lagen und Rohböden.
Verwendung: Freie Landschaft, besonders am Ufer, aber auch für viele andere Bereiche.
Sorte: 'Laciniata', geschlitzt.
Sonstiges: Ideale Pionierpflanze, lässt sich auch gut auf den Stock setzen. Wurzeln sammeln Stickstoff.

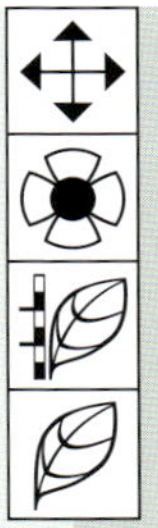

Alnus glutinosa	Alnus incana
10–25/ 8–12 m	*10–20/ 5–10 m*
III–IV	*III–IV*
4–10/ 3–8 cm	*5–10/ 3–7 cm*
•	•

Alnus incana
Grau-Erle, Weiß-Erle
Betulaceae, Birkengewächse

Heimat: Europäische Gebirge, Alpenvorland.
Wuchs: Kegelförmige Krone mit aufstrebenden Seitenästen. Borke grauweiß, glatt, Triebe graufilzig, aber nicht klebrig.
Blatt: Wechselständig, eiförmig zugespitzt, unterseits weißgrau, keine Herbstfärbung.
Blüte: Einhäusig, männliche Kätzchen gelblich braun, weibliche Blüten zäpfchenförmig; rötlich; III–IV.
Frucht: Schwarzgraue Zäpfchen, halten lange am Zweig.
Standort: Feuchte, nährstoffarme Standorte, Kalk verträglich.
Verwendung: Gutes Pioniergehölz für die freie Landschaft.
Weitere Arten und Sorten: 'Aurea', Gold-Erle, Triebe und Blätter gelblich. *A. viridis*, heimischer vieltriebiger Strauch. Bis 3 m hoch wachsend. Scharf gesägter Blattrand.
Sonstiges: Auf Erlenblattkäfer achten.

Amelanchier laevis
Kahle Felsenbirne
Rosaceae, Rosengewächse

Heimat: Östliches Nordamerika.
Wuchs: Breit aufrechter Strauch bis 8 m, in der Heimat baumförmig bis 12 m. Zweige fast waagerecht abstehend, Rinde graubraun, längsrissig.
Blatt: Bläulich grün, glatt, wechselständig angeordnet, eiförmig, bis 10 cm lang, kurz zugespitzt, scharlachrote Herbstfärbung.
Blüte: Weiß 2–3 cm groß, in lockeren, bis 12-blütigen, hängenden Trauben; IV–V.
Frucht: Rote, später schwarzrote Beere ab August, süß, saftig, essbar.
Standort: Kalkreiche Böden in voller Sonne.
Verwendung: Einzeln oder in Gruppen in Gärten und Parks. Wird oft verwechselt.
Sorten: 'Ballerina', Blüten und Früchte größer als bei der Art.
Sonstiges: Einer der besten Blütensträucher, Früchte auch für Marmelade nutzbar.

Amelanchier laevis		Amelanchier lamarckii
5–8/ 4–6 m		8–10/ 5 m
IV–V		IV–V
3–10/ 2–5 cm		5–10/ 5 cm
•		•

Amelanchier lamarckii
Kupfer-Felsenbirne
Rosaceae, Rosengewächse

Heimat: Östliches Nordamerika, in NW-Deutschland eingebürgert.
Wuchs: Breit aufrechter Strauch oder Baum, mehrstämmig.
Blatt: Elliptisch, 5–10 cm lang, kupferroter Austrieb, orangerote Herbstfärbung.
Blüte: Weiße Blüten in lockeren Trauben; IV–V.
Frucht: Blauschwarze, bis 1 cm dicke, saftige Beerenfrüchte, wohlschmeckend.
Standort: Durchlässige, humose Böden in voller Sonne.
Verwendung: Einzeln oder in Gruppen in Gärten und Parks.
Sonstiges: Besonders häufig verwendete Art.

Amelanchier ovalis,
Gemeine Felsenbirne
Rosengewächse
Rosaceae, Rosengewächse

Heimat: Heimische Art aus den Südalpen, kommt bis Kleinasien vor.

Wuchs: Breit aufrechter Strauch, viele Bodentriebe, weißfilziger Austrieb.

Blatt: Rundlich eiförmig, 3–5 cm lang, unterseits weißwollig.

Blüte: Weiße Blüten in Trauben; IV–V. Blütenstiele filzig.

Frucht: Beere bis 1 cm groß, blau bereift, essbar.

Standort: Kalkreiche Standorte in voller Sonne.

Verwendung: Freie Landschaft, Gärten.

Sonstiges: Wird selten angeboten.

Aralia elata
(Syn. Aralia mandshurica)
Japanischer Angelikabaum
Araliaceae, Araliengewächse

Heimat: Japan, Korea.

Wuchs: Steif aufrecht, wenig verzweigt, 3–5 m hoch, stark bestachelte Triebe, bildet viele Ausläufer.

Blatt: Bis 1 m lang, doppelt gefiedert, an den Knoten immer bewehrt. Einzelblättchen 8–12 cm lang, eiförmig. Herbstfärbung gelblich.

Blüte: Klein, weiß, in 30–40 cm breiten Blütenständen, Rispe; VIII–IX.

Frucht: Rundliche, schwarze, beerenartige Steinfrucht, 3 mm.

Standort: Nährstoffreiche und durchlässige Böden in sonniger Lage.

Verwendung: Einzelstellung in Gärten und Parks.

Sorten: 'Variegata', weiß gerandete Blätter.

Sonstiges: Bildet Ausläufer. Frostgefährdet in extrem kalten Wintern.

Amelanchier ovalis		Aralia elata
2–3/ 2–3 m	Wuchs	*3–5/ 3–4 m*
IV–V	Blüte	*VIII–IX*
3–5/ 2–3 cm	Blatt	*60–100/ 40–80 cm*
•	Laub	•

Arctostaphylos uva-ursi
Echte Bärentraube,
Immergrüne Bärentraube
Ericaceae, Heidekrautgewächse

Heimat: Zirkumpolar: von Europa bis Amerika.
Wuchs: Flacher Teppichbildner, Zwergstrauch.
Blatt: Immergrün, derb ledrig, glänzend, 1–3 cm lang.
Blüte: Krugförmig, weiß, an endständigen, überhängenden Trauben; IV–V.
Frucht: Rote, beerenartige Steinfrucht erbsengroß.
Standort: Sonnig bis halbschattig, auf Urgesteinsböden.
Verwendung: Mattenbildner im Heidegarten und Steingarten. Bodendecker.
Sonstiges: Schöner Bodendecker, eine Pflanze deckt 1 m² ab.
Arten: *A. alpina,* Kalkalpen, sommergrün, rote Herbstfärbung.

Arctostaphylos uva-ursi		Aristolochia macrophylla
0,2/1 m	Wuchs	6–10/ 2–6 m
IV–V	Blüte	V–VI
1–3/ 1 cm	Blatt	10–30/ 8–25 cm
•	immergrün	
	sommergrün	•

Aristolochia macrophylla
Amerikanische Pfeifenwinde
Aristolochiaceae, Osterluzeigewächse

Heimat: Östliche USA.
Wuchs: Mächtiger Schlinger, bis 10 m windend.
Blatt: Dunkelgrün, herzförmig, bis 30 cm groß. Herbstfärbung gelbgrün.
Blüte: Außen purpurbraun, innen gelbgrün, pfeifenförmig, meist vom Laub verdeckt; V–VI.
Frucht: Grüne, zur Reife braune, 6-fächerige Kapsel, 6–8 cm lang.
Standort: Kräftige, lehmig humose Böden im Halbschatten und Schatten.
Verwendung: Zur Berankung von Lauben und Gerüsten.
Sonstiges: Guter Sichtschutz im Sommer. Vermehrung durch Stecklinge und Ableger.
Arten: *A. tomentosa,* Blüten gelb, Blätter behaart, Wuchs schwächer.

Aronia melanocarpa

Kahle Apfelbeere
Rosaceae, Rosengewächse

Heimat: Östliche USA.
Wuchs: Niedriger Strauch, schwache Ausläuferbildung.
Blatt: Breit elliptisch, 3–9 cm lang, glänzend, kahl, im Herbst rot.
Blüte: Weiß in Doldenrispen, 2 cm breit; V–VI.
Frucht: Schwarze Apfelfrucht, essbar, 6–8 mm groß.
Standort: Normale, humose Gartenböden in sonniger Lage.
Verwendung: Abpflanzungen, Sichtschutz.
Sorten: 'Viking', reichtragend, wirtschaftlich verwertbar.
Sonstiges: Anspruchslos, schöne Herbstfärbung.

Aronia melanocarpa		Berberis gagnepainii var. lanceifolia
1,5/ 1,5–3 m		*1,5–2/ 1,5 m*
V–VI		*V*
3–9/ 1,5–5 cm		*3–10/ 0,5 cm*
		•
•		

Berberis gagnepainii var. lanceifolia

Lanzen-Berberitze
Berberidaceae, Berberitzengewächse

Heimat: Zentral-China (Hupeh).
Wuchs: Breiter, immergrüner Strauch mit vielen Basistrieben, locker überhängend. An den hellen Trieben dreiteilige Blattdornen. Holz und Wurzeln gelb.
Blatt: Lanzettlich, 3–10 cm, stachelig gezähnt, unterseits heller, wechselständig.
Blüte: Gelb, 1 cm breit, in Büscheln; V.
Frucht: Blauschwarze, bereifte Beeren, eiförmig, 1 cm lang, leicht giftig.
Standort: Gute, humose Gartenböden in allen Lagen, besonders im Halbschatten.
Verwendung: Für Abpflanzungen in Gärten und Parks, auch Einzelstellung.

Berberis julianae
Julianes Berberitze
Berberidaceae, Berberitzen-gewächse

Heimat: Zentral-China (Hupeh).
Wuchs: Dichtbuschiger Strauch, viele Bodentriebe. Jungtriebe gelblich mit dreiteiligen Blattdornen.
Blatt: Immergrün, am Rand stachelig gezähnt, bis 10 cm lang und 2,5 cm breit
Blüte: Gelb, 1 cm breit, in Büscheln; IV–VI.
Frucht: Blauschwarze, bereifte Beeren, 6–8 mm lang, leicht giftig.
Standort: Gute Gartenböden im Halbschatten.
Verwendung: Für Gärten und Parks, auch in Einzelstellung und als Hecke.
Sonstiges: Blätter im Austrieb und gelegentlich im Herbst rot.

Berberis thunbergii
Thunbergs Berberitze
Berberidaceae, Berberitzen-gewächse

Heimat: Japan.
Wuchs: Breit aufrechter Strauch, dicht verzweigt. Triebe bedornt.
Blatt: Spatelförmig, 1–2 cm lang, frischgrün; im Herbst orangerot.
Blüte: Gelb, 1 cm, zu 3–5 in kurzen Dolden; V–VI.
Frucht: Rote, 8 mm lange Beere, leicht giftig.
Standort: Sonnige, trockene Plätze.
Verwendung: In Gruppen oder Hecken (auch geschnitten) in Gärten und Parks.
Sorten: 'Atropurpurea', rotes Laub. 'Atropurpurea Nana', rot, aber 100 cm hoch.
Sonstiges: Anspruchslose Art.

Berberis julianae		Berberis thunbergii
3–4/ 2–3 m		*2/ 2,5 m*
IV–VI		*V–VI*
5–10/ 1–2,5 cm		*1–4/ 1–2 cm*
•		
		•

Berberis verruculosa
Warzige Berberitze
Berberidaceae, Berberitzengewächse

Heimat: Zentral-China (Kansu).
Wuchs: Breit aufrechter, dichter Strauch, Triebe überhängend mit Warzen, dreiteiligen Dornen.
Blatt: Glänzend grün, bestachelt, unterseits blaugrau, im Winter rot, 1,5–2,5 cm.
Blüte: Goldgelb, 12 mm, 1–2 zusammen; V.
Frucht: Blauschwarze, bereifte Beere, leicht giftig.
Standort: Volle Sonne und Halbschatten in normalen Gartenböden.
Verwendung: Als frei wachsende oder geschnittene Hecke, auch einzeln, für Gefäße.
Arten: *B. candidula,* nur bis 1 m hoch, viele Ausläufer, Blattunterseiten schneeweiß.
Sonstiges: Anspruchslose Arten.

Berberis verruculosa		Betula nana
1–1,5/ 1–1,5 m		0,5–1/ 0,6 m
V–VI		V–VI
1,5–2,5/ 0,8 cm		1,5/ 1,5 cm
•		
		•

Betula nana
Zwerg-Birke
Betulaceae, Birkengewächse

Heimat: Nördliches Europa, östlich bis Sibirien.
Wuchs: Breit wachsender Zwergstrauch mit feinen Trieben.
Blatt: Rundlich, 5–15 mm, dunkelgrün, im Herbst gelb.
Blüte: Einhäusig. Blüten als aufrechte, unscheinbare Kätzchen, 0, 8 mm lang; V–VI.
Frucht: Kätzchen braun, aufrecht, 1 cm lang. Nussfrucht.
Standort: Saure, humose Böden im Halbschatten.
Verwendung: In Moor- und Heidegärten.
Sonstiges: Als Seltenheit in süddeutschen Mooren.

Betula nigra
Schwarz-Birke
Betulaceae, Birkengewächse

Heimat: Südöstliche USA.
Wuchs: Mächtiger Baum, oft mehrstämmig, rundliche Krone. Borke rotbraun, später schwarzgrau, bleibt in Fetzen hängen.
Blatt: Rhombisch eiförmig, dunkelgrün, unterseits heller, 8 cm, goldgelb; X.
Blüte: Einhäusig. Gelbe Kätzchen, walzenförmig; V–VI.
Frucht: Kätzchen 3–4 cm lang. Nussfrucht.
Standort: Feuchte, sumpfige Tallagen in der Heimat, im Garten auch trockenere, humose Standorte.
Verwendung: Einzelstellung an Seen und Teichen in Parkanlagen und größeren Gärten.
Sonstiges: Schöner Kontrast durch dunkle, gerollte Borke und hellere Rinde.

Betula nigra		Betula papyrifera
15–20/ 10–15 m		20–25/ 10 m
V–VI		V–VI
6–8/ 4 cm		4–8/ 5 cm
•		•

Betula papyrifera
Papier-Birke
Betulaceae, Birkengewächse

Heimat: Nördliches Nordamerika bis Alaska.
Wuchs: Aufrecht, oft mehrstämmig, Krone breit und locker. Borke blendend weiß, löst sich in Streifen ab, darunter kupferrot.
Blatt: Wechselständig, eiförmig zugespitzt, Basis abgerundet, 10 cm. Blattrand doppelt gesägt, gelbe Herbstfärbung.
Blüte: Einhäusig. Männliche Kätzchen gelb, oft zu dritt zusammen, 6–8 cm lang; V–VI.
Frucht: Kätzchen nur 3–5 cm lang. Nussfrucht.
Standort: Durchlässige Gartenböden in voller Sonne, feuchtigkeitsliebend.
Verwendung: Größere Anlagen und Parks im Einzelstand.

Betula pendula

Hänge-Birke, Sand-Birke, Warzen-Birke, Weiß-Birke
Betulaceae, Birkengewächse

Heimat: Europa, Kleinasien.
Wuchs: Meist schlank aufrecht, auch strauchig, im Alter hängend. Borke weiß mit schwarzen Wülsten, rau und rissig, Triebe warzig, dünne Zweige. Dünne Borke rollt sich waagerecht ab (Ringelborke).
Blatt: Rautenförmig bis dreieckig, 4–7 cm lang, keilförmige Basis, frischgrün, goldgelbe Färbung im Herbst.
Blüte: Einhäusig. Männliche Kätzchen gelb; III–IV.
Frucht: Walzenförmige Kätzchen, 2–3 cm lang, Samen klein und geflügelt (Nussfrucht).
Standort: Sonnige trockene Lagen, verträgt fast alle Bodenarten.
Verwendung: Einzelstand, Alleen in Parks und größeren Gärten, Flachwurzler.
Sorten: 'Dalecarlica', geschlitzt.
Sonstiges: Nicht mit anderen Flachwurzlern zusammen verwenden.

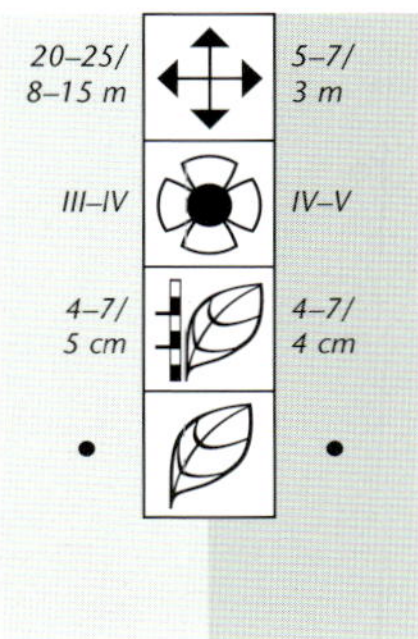

Betula pendula 'Youngii'

Trauer-Birke
Betulaceae, Birkengewächse

Heimat: Züchtung.
Wuchs: Auf Hochstämme von *B. pendula* veredelt, dann alle Triebe stark herabhängend, Kleinbaum, schirmförmige Krone. Borke weiß.
Blatt: Dreieckig, 4–7 cm lang, im Herbst gelb.
Blüte: Einhäusig. Männliche Kätzchen gelb; IV–V.
Frucht: Kätzchenartiger Fruchtstand. Nussfrucht.
Standort: Humose und sandige Böden, sonnig bis halbschattig.
Verwendung: Einzelstellung, Friedhöfe.
Sorten: 'Tristis', ähnlich, aber mit durchgehendem Stamm, hängende Triebe.
Sonstiges: Wird veredelt; Unterlage kann durchtreiben, muss daher entfernt werden.

Betula pubescens
Moor-Birke
Betulaceae, Birkengewächse

Heimat: Nordeuropa, Alpen, Vorderasien.
Wuchs: Hoher Baum mit aufstrebenden Ästen, ansteigende oder waagerechte Zweige. Krone eiförmig. Im Norden auch nur strauchig. Borke grauweiß, sich waagerecht abrollend. Triebe flaumig behaart.
Blatt: Breit eiförmig, 4–6 cm lang, dunkelgrün, Basis gerundet, Herbstfarbe gelb.
Blüte: Männliche Kätzchen goldgelb, 2–3 cm; Nussfrucht; IV–V.
Frucht: Weibliche Kätzchen 2–2,5 cm lang, enthalten viele geflügelte Nüsschen.
Standort: Feuchte, moorige Böden, Uferbereiche. Sonnig und kühl.
Verwendung: Freie Landschaft, Torfmoor-Renaturierung.
Unterart: *B. pubescens* subsp. *tortuosa,* die arktische Dreh-Birke, ist bestandsbildend in Skandinavien und Island, wird 3–8 m hoch (Bild).

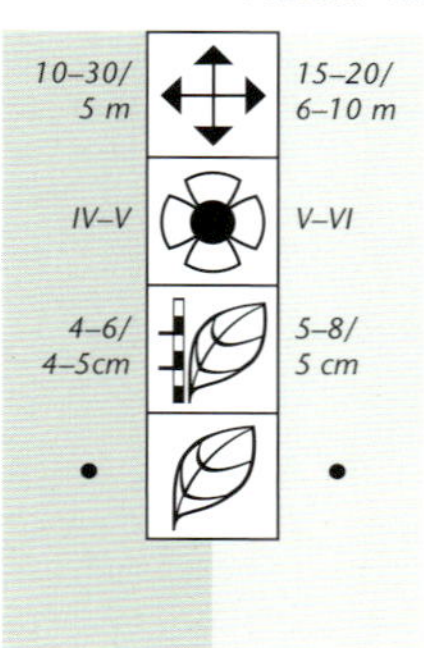

Betula utilis
Himalaja-Birke
Betulaceae, Birkengewächse

Heimat: Himalaja, Hochlagen von Nepal und China.
Wuchs: Bis 20 m hoher Baum, Krone breit oval. Borke rahmweiß, dünn, abrollend, Triebe braun bis rotbraun, behaart.
Blatt: Eiförmig zugespitzt, 5–8 cm lang, Basis rund, im Herbst goldgelb.
Blüte: Männliche Kätzchen zylindrisch, 5 cm lang; V–VI.
Frucht: Kätzchen 4 cm lang mit Nussfrüchten.
Standort: Gartenböden in voller Sonne.
Verwendung: Einzeln in Gärten und Parks.
Sorten: 'Doorenbos', ähnlich mit eiförmiger Krone.
Sonstiges: Auffällig durch die weiße Stammfärbung.

Buddleja alternifolia

Schmalblättriger Sommerflieder
Buddlejaceae, Sommerfliedergewächse

Heimat: West-China.
Wuchs: Breitbuschiger Strauch mit lang überhängenden, hellen Trieben, leicht überhängend.
Blatt: Wechselständig, schmal lanzettlich, 3–9 cm lang, unterseits silbrig, oberseits stumpf dunkelgrün.
Blüte: In dichten, achselständigen Büscheln, entlang der vorjährigen Zweige, hellviolette Röhrenblüten, Duft; VI.
Frucht: Kapseln 4 mm lang.
Standort: Sonnig und warm.
Verwendung: Prachtvoller Blütenstrauch. Auf Mauern und Böschungen, wo die Hängegestalt zur Wirkung kommt.
Sonstiges: Radikalschnitt wird nicht vertragen, nur auslichten.

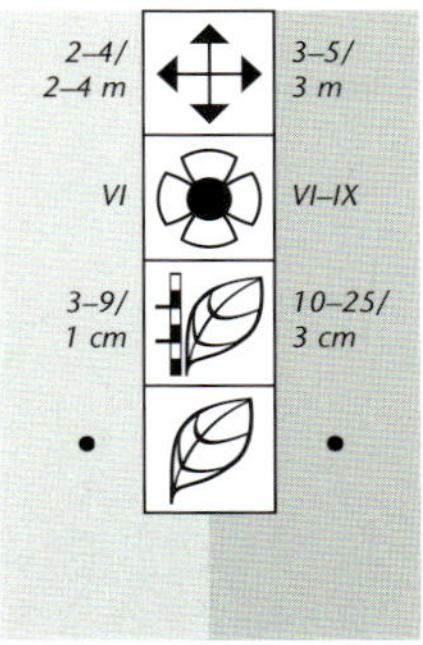

Buddleja davidii

Sommerflieder, Schmetterlingstrauch
Buddlejaceae, Sommerfliedergewächse

Heimat: China, weltweit verwildert.
Wuchs: Stark wachsender, hoher Strauch.
Blatt: Gegenständig, eilanzettlich, 5–10 cm lang, unterseits weißfilzig.
Blüte: Stark duftende Röhrenblüten an bis 30 cm langen Rispen, am Ende diesjähriger, aufrechter oder geneigter Triebe; VI–IX.
Frucht: Kapseln 6–8 mm lang, bleiben lange am Strauch.
Standort: Sonnige und warme, geschützte Lagen. Durchlässige, nährstoffreiche Böden.
Verwendung: Einzelstellung im Hausgarten und in öffentlichen Anlagen.
Sorten: 'Empire Blue', violettblau. 'Peace', weiß. 'Royal Red', purpurrot.
Sonstiges: Jährlicher, starker Rückschnitt im März. Blüten ziehen Schmetterlinge an.

Buxus sempervirens
Gewöhnlicher Buchsbaum
Buxaceae, Buchsbaumgewächse

Heimat: Europa, Asien.
Wuchs: Breit aufrechter Strauch, auch als Kleinbaum möglich.
Blatt: Immergrün, gegenständig, oft gewölbt, eiförmig, 3 cm lang und ledrig.
Blüte: Gelblich grün in den Blattachseln, unscheinbar; IV–V.
Frucht: 3-klappige Kapsel, 7–8 mm, enthält schwarze Samen.
Standort: Sonnige, warme Plätze auf kalkreichen Böden.
Verwendung: In Gruppen oder als Solitär, vielfach als Heckenpflanze.
Sorten: 'Suffruticosa', der „Einfassungsbuchs", wird nur 1 m hoch.
Sonstiges: Ganz anspruchslose Heckenpflanze.

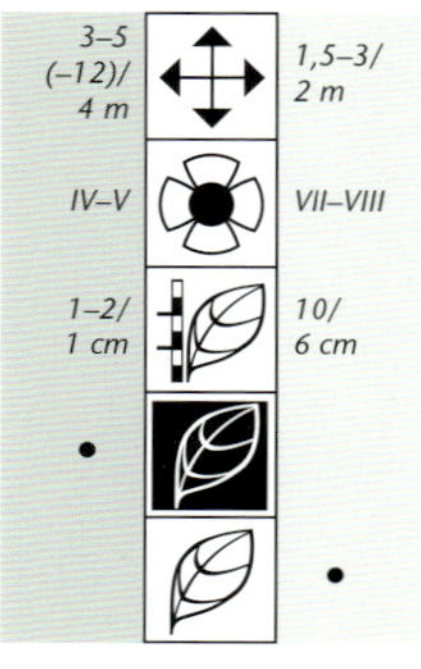

Callicarpa bodinieri var. giraldii
Schönfrucht
Verbenaceae, Eisenkrautgewächse

Heimat: Zentral- und West-China.
Wuchs: Dichter Busch, 2 m hoch, graue Triebe mit gegenständigen Knospen.
Blatt: Dunkelgrün, elliptisch, bis 10 cm lang, gelbliche Herbstfärbung.
Blüte: Dichte Trugdolden in den Blattachseln, lilarosa, 1 cm groß; VII–VIII.
Frucht: Kugelige, lilafarbene beerenartige Steinfrüchte, 3–4 mm groß.
Standort: Humose, leicht saure Böden in geschützter Lage.
Verwendung: Hausgarten, Park, Zweige zum Vasenschnitt. Einzeln, zum besseren Fruchtsansatz in Gruppen pflanzen.
Sorten: 'Profusion', reich fruchtend.

Calluna vulgaris
Besenheide
Ericaceae, Heidekrautgewächse

Heimat: Europa, Sibirien und Kleinasien.
Wuchs: Flach wachsender, aber bis 60 cm hoher Zwergstrauch.
Blatt: Immergrüne Nadelblätter, kreuzweise Anordnung, 1–3 mm lang, Graugrün, oder je nach Sorte gelblich oder kupferfarben,
Blüte: Violettrosa oder weiß, vierteilig, von einem geschlossenen Kelch umgeben, 2–3 mm groß, in Doppeltrauben; VI–IX.
Frucht: Rundliche Kapseln, 1,5 mm groß.
Standort: Nährstoffarme (sandige), saure Böden in sonniger Lage.
Verwendung: In größerer Anzahl für Heide- und Steingärten, Gräber, Gefäße. Bodendecker.
Sorten: 'C.W. Nix', lilarot, 50 cm. 'Hammondii', weiß, 50 cm. 'H.E. Beale', rosa gefüllt, 50 cm hoch.
Sonstiges: Rückschnitt nach der Blüte.

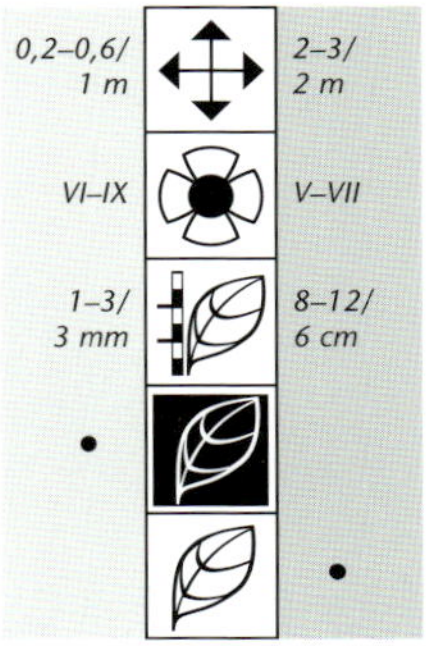

Calycanthus floridus
Echter Gewürzstrauch
Calycanthaceae, Gewürzstrauchgewächse

Heimat: Südöstliches Nordamerika.
Wuchs: Breitbuschiger Strauch mit aromatisch duftender Rinde.
Blatt: Gegenständig, ganzrandig, Eiförmig elliptisch, 8–12 cm lang, grün, unterseits graugrün, im Herbst goldgelb.
Blüte: Dunkles Rotbraun, 4–5 cm, intensiv duftend; V–VII.
Frucht: Selten, braun, etwa 7 cm lang, birnenförmig, braune, große, behaarte Samen, Nüsschen.
Standort: Humose, leicht saure Böden in voller Sonne.
Verwendung: Einzelstellung, Gehölzrand für Gärten und Parks.
Sonstiges: Kann in strengen Wintern leiden, daher nur für geschützte Lagen.

Campsis radicans
Amerikanische Klettertrompete
Bignoniaceae, Trompetenbaumgewächse

Heimat: Nordamerika.
Wuchs: Klettert mit Haftwurzeln bis 10 m hoch, hellbraune Triebe.
Blatt: Gegenständig, unpaarig gefiedert, bis 35 cm lang. Einzelblättchen bis 10 cm lang, eiförmig zugespitzt, gelbliche Herbstfärbung.
Blüte: Orangerote Trichterblüte bis 8 cm lang; VII–IX.
Frucht: Ledrige Kapseln, bis 10 cm lang, selten.
Standort: Nährstoffreiche, lehmig humose Böden, sonnige, warme, geschützte Lagen.
Verwendung: Größere Lauben und Pergolen. An Wänden mit Klettergerüst verwenden.
Sorten: 'Flava', gelb (Bild).
Sonstiges: Jährlicher Rückschnitt.

Campsis radicans		Caragana arborescens
8–10/ 2 m		5–6/ 2 m
VII–IX		V–VII
15–25/ 10 cm		5–15/ 3–6 cm
•		•

Caragana arborescens
Erbsenstrauch
Fabaceae, Hülsenfrüchtler

Heimat: Sibirien, Mandschurei.
Wuchs: Straff aufrechter Strauch, Rinde olivgrün.
Blatt: Wechselständig, paarig gefiedert, 8–12 cm lang, Einzelblättchen bis 2 cm.
Blüte: Hellgelb, 2 cm; V–VII.
Frucht: Grüne, später braune Hülse, 4–5 cm lang.
Standort: Arme Böden in sonniger Lage, anspruchslos.
Verwendung: Wind- und Sichtschutz in Parks. Niedrige Sorten auch für Tröge und Dächer.
Sorten/Arten: 'Pendula', Hängeform, auf Hochstamm veredelt. Die Art *C. pygmaea*, 70 cm hoch.
Sonstiges: Besonders anspruchslose Gewächse.

Carpinus betulus
Hainbuche, Weißbuche
Betulaceae, Birkengewächse

Heimat: Europa bis zum Kaukasus.
Wuchs: Großer Baum, oft mehrstämmig, Drehwuchs, Krone breit eiförmig. Borke grau, glatt, mit netzartigem Muster.
Blatt: Elliptisch zugespitzt, Rand doppelt gesägt, dunkelgrün, im Herbst goldgelb. Bleiben oft braun den ganzen Winter hängen, Knospen wechselständig.
Blüte: Einhäusig, männliche Kätzchen gelb, weibliche Blüten unscheinbar; V–VI.
Frucht: Nussfrüchte an dreilappigem Hochblatt, geflügelt. Fruchtstand ährenartig.
Standort: Anspruchslos, für viele Bodenarten und Zwecke.
Verwendung: Einzeln, Gruppe, Hecke, Schnitthecke; für Landschaft, Gärten, Parks.
Sorten: 'Columnaris', breite Säule. 'Fastigiata', Säulen-Hainbuche.
Sonstiges: Besonders wichtige heimische Baumart, Holz elastisch.

Carpinus betulus		Caryopteris × clandonensis
20–25/ 10 m	Wuchs	*1/ 1 m*
V–VI	Blüte	*VII–IX*
6–10/ 5–6 cm	Blatt	*6–8/ 2–3 cm*
•		•

Caryopteris × clandonensis
Bartblume
Verbenaceae, Eisenkrautgewächse

Heimat: Züchtung aus *C. incana* × *C. mongholica,* Ostasien.
Wuchs: Breiter Busch, Halbstrauch mit vielen feinen Trieben.
Blatt: Gegenständig, eilanzettlich, gezähnt, unterseits graufilzig.
Blüte: In Blattachseln der diesjährigen Triebe im Spätsommer, tiefblau mit langen Staubgefäßen, bis zu 20 Stück in Trugdolden; VII–IX.
Frucht: Klausenfrüchte. Pergamentartige Fruchthülle enthält winzige Samen.
Standort: Sonnige Plätze in geschützter Lage, magere Böden, auch trocken.
Verwendung: Stein- und Heidegärten, Winterschutz notwendig.
Sorten: 'Heavenly Blue', dunkleres Blau.
Sonstiges: Scharfer Rückschnitt im Frühling.

Castanea sativa
Esskastanie, Marone
Fagaceae, Buchengewächse

Heimat: Westeuropa bis zum Kaukasus.
Wuchs: Bis 30 m hoher Baum, Krone breit und schirmförmig, bis 500 Jahre alt. Borke dunkelbraun, tiefrissig, Stamm oft drehwüchsig, Knospen wechselständig.
Blatt: Länglich lanzettlich, gezähnt, dunkelgrün, im Herbst gelb.
Blüte: Einhäusig, männliche Ähren weißgelb, 15 cm lang, weibliche grünlich; V–VII.
Frucht: Sehr stacheliger Fruchtbecher, grün bis braun, darin 2 braune Nüsse (Maronen).
Standort: Tiefgründige, auch saure Böden in warmen und sonnigen Lagen.
Verwendung: Waldbaum bis 900 m Höhe, Einzelstellung in Parks, Weinbauklima.
Sonstiges: Prächtiger Parkbaum, wegen Pfahlwurzel nur jung verpflanzbar.

Castanea sativa		Catalpa bignonioides
25–30/ 20 m		*16–18/ 8 m*
V–VII		*V–VII*
15–20/ 6–8 cm		*25/ 20 cm*
•		•

Catalpa bignonioides
Gewöhnlicher Trompetenbaum
Bignoniaceae, Trompetenbaumgewächse

Heimat: Südöstliche USA.
Wuchs: Stamm aufrecht bis schief, breite Krone, Holz brüchig. Borke dunkelgrau, rissig, Triebe olivbraun mit 3 quirlständigen Knospen.
Blatt: Weichhaarig, herzförmig, grün, bis 25 cm lang, im Herbst grüngelb.
Blüte: Weiß, bis 5 cm lang, an endständiger, bis 30 cm langer Rispe; V–VII. Einzelblüte fast glockig, mit gelben und rotvioletten Schlundflecken.
Frucht: Kapselfrucht graubraun, bis 30 cm lang, 1 cm breit, viele haarige Samen.
Standort: Nährstoffreiche, sandige Lehmböden, warme Lage.
Verwendung: Einzelstand, für größere Gärten und Parks.
Sorten: 'Nana', Krone klein, meist als Hochstamm veredelt, Stadtklimafest.

Celastrus orbiculatus

Rundblättriger Baumwürger
Celastraceae, Baumwürgergewächse

Heimat: Ostasien.
Wuchs: Stark wachsender Schlinger, Triebe hellgrau bis schwarz.
Blatt: Wechselständig, rundlich, sommergrün, im Herbst gelb.
Blüte: Zweihäusig, unauffällig grün in achselständigen Trugdolden; VI.
Frucht: Erbsengroß, 0,8 cm dick, orangegelb, Arillus rot, giftig, Kapsel.
Standort: Durchlässige Gartenböden in Sonne und Halbschatten.
Verwendung: Begrünung von Pergolen und älteren Bäumen. Selten Befall durch Schädlinge.
Sonstiges: Vermehrung durch Aussaat, Wurzelschnittlinge von zwittrigen Pflanzen. Fruchtzweige für Schnitt. Pflanze in allen Teilen giftig.

Celastrus orbiculatus		Cercidiphyllum japonicum
8–12/ 2 m		*8–12/ 8 m*
VI		*III–V*
10/8 cm		*6/6 cm*
•		•

Cercidiphyllum japonicum

Katsurabaum, Kuchenbaum
Cercidiphyllaceae, Kuchenbaumgewächse

Heimat: Japan.
Wuchs: Streng aufrecht, oft mehrstämmig, Krone breit kegelförmig. Borke schwarzbraun, tief gefurcht, Zweige rotbraun, gegenständige Knospen.
Blatt: Rundlich nierenförmig, unterseits bläulich grün, im Herbst großartige Färbung von gelb über orange bis tief violettrot.
Blüte: Zweihäusig, unscheinbar; männliche Blüten gelb, weibliche mit roten Narben; III–V.
Frucht: Balgfrucht, 2 cm lang, enthält viele feine Samen.
Standort: Kalkarme, humose Böden in voller Sonne, nie trocken.
Verwendung: Einzelstellung in Gärten und Parks.
Sorten: 'Pendulum', Hängeform.

Cercis siliquastrum
Judasbaum
Caesalpiniaceae, Caesalpiniengewächse

Heimat: Südeuropa.

Wuchs: Strauch, in der Heimat bis 10 m hoher Baum, schirmförmige Krone. Borke schwarzgrau, längsrissig.

Blatt: Wechselständig, fast kreisrund, herzförmig an der Basis, Unterseite blaugrün, Herbstfärbung gelb.

Blüte: Rosa, 2 cm, in Büscheln an Zweigen und am Stamm (Kauliflorie); IV–V.

Frucht: Grüne, später braune, flache Hülse, 10 cm lang.

Standort: Warme, sonnige Plätze in durchlässigen, humosen Böden.

Verwendung: Einzelstellung in Gärten und Parks, anfangs Winterschutz.

Arten: *C. canadensis,* härter als *C. siliquastrum,* aber weniger bekannt.

Sonstiges: Nur für geschützte Lagen.

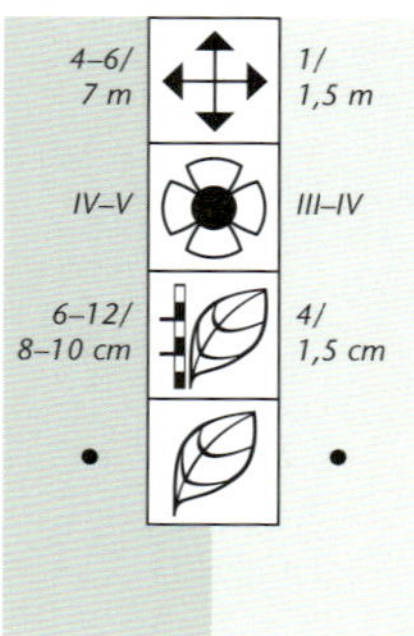

Chaenomeles japonica
Japanische Scheinquitte
Rosaceae, Rosengewächse

Heimat: Japan, am Vulkan Fudschijama zwischen 500 und 900 m Höhe.

Wuchs: Strauch, breit aufrecht, sparrige Dorntriebe. Viele Bodentriebe.

Blatt: Wechselständig, glänzend grün, breit eiförmig, bis 4 cm, Nebenblätter.

Blüte: Ziegelrot, schalenförmig, 3 cm, 3–4 in Büscheln; III–IV.

Frucht: Gelbgrüne Apfelfrüchte, 4–5 cm, duften aromatisch, für Gelees.

Standort: Kalkhaltige Böden in voller Sonne.

Verwendung: Niedere, frei wachsende Hecke oder einzeln im Garten.

Arten: *C.* × *superba (C. japonica* × *C. speciosa)* mit vielen Sorten.

Sonstiges: Feuerbrandgefahr, Vogelschutzgehölz.

Chaenomeles speciosa
Chinesische Scheinquitte
Rosaceae, Rosengewächse

Heimat: China.
Wuchs: Aufrecht, dichtbuschig, viele Bodentriebe, dornig.
Blatt: Wechselständig, eiförmig, 3–8 cm, glänzend, Nebenblätter bis 4 cm.
Blüte: Schalenform, 3–4 cm, je nach Sorte rot bis rosa und weiß, immer an älteren Trieben.
Frucht: Gelbe Quittenfrüchte, bis 5 cm, verwertbar als Gelee.
Standort: Gartenböden, auch magere, in voller Sonne.
Verwendung: Einzelstellung in Garten und Park, auch als frei wachsende Hecke.
Sorten: Meist aus Kreuzungen mit *C. japonica* entstanden: 'Etna', rot. 'Nicoline', scharlachrot, groß. 'Nivalis', weiß.
Sonstiges: Unterpflanzungen durch Stauden nicht möglich.

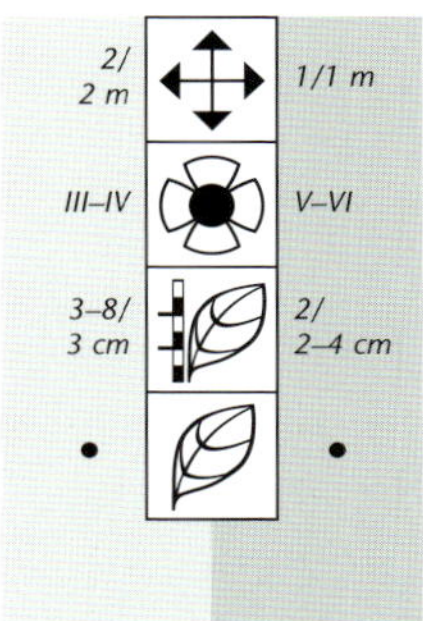

Chamaecytisus purpureus
(Syn. Cytisus purpureus)
Purpur-Zwergginster
Fabaceae, Hülsenfrüchtler

Heimat: Südeuropa, Balkan.
Wuchs: Lockerer Kleinstrauch, Triebe überhängend, unterirdische Sprosse bildend. Zweige graugrün.
Blatt: 3-zählig, dunkelgrün, verkehrt eiförmig, wechselständig, 1,5–2 cm lang.
Blüte: Violett, 2–2,5 cm lang, zu 1–3 entlang der vorjährigen Triebe; V–VI.
Frucht: Hülse 1,5–2,5 cm lang, kahl, giftig.
Standort: Durchlässige Böden in voller Sonne.
Verwendung: Einzeln oder in Gruppen für Böschungen, größere Steingärten, Gefäße.
Sonstiges: Anspruchslos, nicht an Kinderspielplätze pflanzen, wuchert!

Chamaespartium sagittale
(Syn. Genista sagittalis)
Flügel-Ginster
Fabaceae, Hülsenfrüchtler

Heimat: Süd- und Mitteleuropa.
Wuchs: Breit wachsender Zwergstrauch, aufgerichtete Triebe, geflügelt.
Blatt: Einfach, lanzettlich, grün, unterseits behaart.
Blüte: Goldgelb, 1 cm groß, in kurzen, endständigen Trauben; V–VI.
Frucht: Hülse, 2 cm lang, behaart, erst grün, später braun, giftige, braune Samen.
Standort: Sonnig, nährstoffarme Böden, leicht sauer bis schwach alkalisch.
Verwendung: Als Bodendecker in Stein- und Heidegärten, Vorgarten, Dachgärten, Gefäße.
Sonstiges: Unempfindlich gegen Trockenheit, Flügel dienen auch der Photosynthese. Giftig.

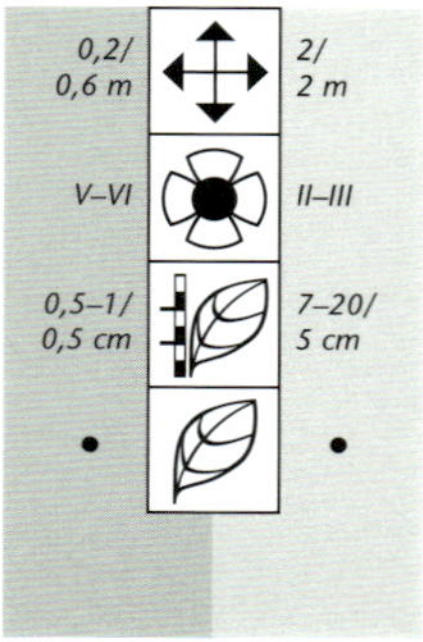

Chimonanthus praecox
Chinesische Winterblüte
Calycanthaceae, Gewürzstrauchgewächse

Heimat: China.
Wuchs: Breiter Strauch bis 2 m, graugrüne Triebe.
Blatt: Elliptisch eiförmig, 7–20 cm lang, gegenständig, im Herbst gelblich.
Blüte: Hängend, blassgelb, innen violett, 2 cm, im Vorfrühling, duftend; II–III.
Frucht: Nüsschen 1,5 cm lang in einer ledrigen Hülle, 5 cm lang.
Standort: Warme Plätze in humosen Böden, leidet in strengen Wintern.
Verwendung: Geschützte Standorte im Hausgarten und Park.
Sonstiges: Nach Frostschaden Rückschnitt erforderlich. Nur für Liebhaber. Winterschutz notwendig.

Chionanthus virginicus
Virginischer Schneeflockenstrauch
Oleaceae, Ölbaumgewächse

Heimat: Südöstliche USA.
Wuchs: Aufrechter, breitbuschiger Strauch bis 3 m, in der Heimat auch als Baum.
Blatt: Eilänglich zugespitzt, 8–20 cm lang, Basis keilig, glänzend, Herbstfärbung.
Blüte: Zweihäusig. Weiße Blütchen in lockeren Rispen, duftend; V–VI
Frucht: Bis 2 cm große, blauschwarze Steinfrüchte mit Steinkern, werden selten ausgebildet.
Standort: Humose, schwach saure Gartenböden in voller Sonne.
Verwendung: Einzeln in Hausgärten und Parks.
Sonstiges: Männliche Pflanzen mit dichteren Blütenrispen. Winterschutz erforderlich.

Chionanthus virginicus	Clematis alpina
3–5/ 3–5 m	*2–3/ 1 m*
V–VI	*IV–VI*
8–20/ 7 cm	*15/ 12 cm*
•	•

Clematis alpina
Alpen-Waldrebe
Ranunculaceae, Hahnenfußgewächse

Heimat: Gebirge Europas bis Nordostasien.
Wuchs: Schwach kletternd bis 3 m oder kriechend, Triebe dünn, kahl.
Blatt: Gegenständig, doppelt dreizählige Blätter. Blättchen eilanzettlich bis 5 cm lang, verankert sich mit langen Blattstielen an anderen Sträuchern (Blattstielranker).
Blüte: Blau, nickend, 4 Tepalen; IV–VI.
Frucht: Nüsschen mit federigen Fruchthaaren.
Standort: Kalkreiche, durchlässige Böden im Halbschatten.
Verwendung: Steingärten; in Sträuchern und auch in Zwergkoniferen klettern lassen.
Ähnliche Art: *C. macropetala,* violette Blüten, halb gefüllt.
Sonstiges: Alle Clematis brauchen einen beschatteten Fuß, nie an Südwände pflanzen!

Clematis × jackmanii
Jackman's Waldrebe
Ranunculaceae, Hahnenfuß-gewächse

Heimat: Züchtung aus aus *C. lanuginosa* × *C. viticella*.

Wuchs: 3–4 m hoch kletternd, Blattstielranker.

Blatt: Dreizählig, 10–12 cm lang, oberseits dunkelgrün, unten heller.

Blüte: Violett bis tief rotblau, 10–12 cm breit, zahlreich, Tepalen 4–6, flach; VII–X.

Frucht: Nüsschen mit langem, federigen Griffel.

Standort: Durchlässige, humose Böden im Halbschatten, Fuß beschattet.

Verwendung: Pergolen, Klettergerüste an Wänden und Mauern.

Sorten: 'Superba', dunklere Blüten und breitere Tepalen.

Sonstiges: Für West- und Ostwände.

Clematis × jackmanii		Clematis montana
3–4/ 1 m	Wuchs	6–8/ 5–8 m
VII–X	Blüte	V–VI
10–20/ 10–20 cm	Blatt	10/ 10 cm
•	Laub	•

Clematis montana
Berg-Waldrebe
Ranunculaceae, Hahnenfuß-gewächse

Heimat: Zentral- und West-China, Himalaja.

Wuchs: Stark wachsend, bis 8 m hoch kletternd, Triebe rotbraun. Blattstielranker.

Blatt: Dreiteilig, bis 8 cm langer Blattstiel, Einzelblatt lanzettlich, 10 cm lang.

Blüte: Weiß, bis 5 cm groß, Tepalen 4, lang gestielt in Büscheln, reich blühend; V–VI.

Frucht: Nüsschen mit federigen Griffeln.

Standort: Durchlässsige, humose Böden im Halbschatten, beschatteter Fuß.

Verwendung: Pergolen, Zäune, Masten, Wände mit Kletterhilfe oder in Gehölzen.

Sorten: 'Rubens', Blatt violett im Austrieb, Blüten rosa (Bild). 'Tetrarose', dunkelrosa, bis 8 cm breit, reich blühend.

Sonstiges: Besonders dankbarer Blüher.

Clematis tangutica

Mongolische Waldrebe, Gold-Waldrebe
Ranunculaceae, Hahnenfuß-gewächse

Heimat: Mongolei, Nordwest-China.
Wuchs: Bis 4 m hoch kletternd, Triebe dunkelgrün, anfangs behaart. Blattstielranker
Blatt: Blätter hellgrün, gegenständig, unpaarig gefiedert, Blättchen länglich lanzettlich, bis 8 cm lang, unterseits bläulich grün; V–VI.
Blüte: Goldgelb, glockenförmig, 4 cm lang, Tepalen 4, an bis 15 cm langem Stiel.
Frucht: Nüsschen an silbrig federigen Grannen, lange haftend.
Standort: Durchlässige, humose Böden im Halbschatten. Beschatteter Fuß.
Verwendung: Pergolen, Klettergerüste, Kleinbäume.
Sonstiges: Durch Blüten und Früchte zierend.

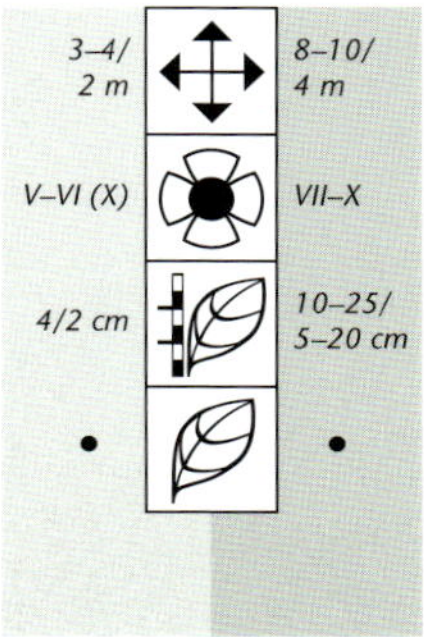

Clematis vitalba

Gewöhnliche Waldrebe
Ranunculaceae, Hahnenfuß-gewächse

Heimat: Europa bis Kleinasien.
Wuchs: Stark wachsender Kletterer bis 10 m, Triebe kantig gerieft. Blattstielranker.
Blatt: Unpaarig gefiedert, meist 5 Blättchen, eiförmig, 5–8 cm.
Blüte: Klein, weiß, 2 cm breit, an achsel- und endständigen Rispen, 4 Tepalen; VII–X.
Frucht: Nüsschen mit kurzem, behaarten Griffel, lang zierend.
Standort: Kalkböden im Halbschatten.
Verwendung: Feldgehölz, auch in Parkanlagen, Bäume als Gerüst.
Sonstiges: Als Veredlungsunterlage wichtig.

Clematis viticella
Italienische Waldrebe
Ranunculaceae, Hahnenfuß-gewächse

Heimat: Südeuropa bis Westasien.
Wuchs: Kriechend, auch kletternd bis 4 m, rotbraune Triebe. Blattstielranker.
Blatt: Zierlich, doppelt gefiedert, 12 cm lang, Einzelblättchen 2–4 cm lang.
Blüte: Violettrosa, 4 Tepalen, in den Blattachseln, 3–5 cm groß; VII–IX.
Frucht: Nüsschen mit kahlem Griffel.
Standort: Lehmig humoser Gartenboden im Halbschatten.
Verwendung: Klettert an kleineren Gehölzen hoch, Rückschnitt möglich.
Sorten: 'Kermesina', weinrot, großblütig.
Sonstiges: Besonders reichblütig.

Clematis viticella		Clematis-Sorten
3–4/ 2 m		*3–4/ 2 m*
VII–IX		*VI–IX*
12/7 cm		*10/7 cm*
•		•

Clematis-Sorten
Großblumige Waldreben
Ranunculaceae, Hahnenfuß-gewächse

Heimat: Kreuzungen seit 1835 entstanden.
Wuchs: Sortenbedingt, Blattstielranker.
Blatt: Sommergrün, dreizählig, gefiedert.
Blüte: Großblumig, je nach Sorte weiß, rosa, rot oder blau, auch gefüllt; VI–IX.
Frucht: Nüsschen mit federigen Griffeln.
Standort: Humose, durchlässige, tiefgründige, kalkhaltige Böden.
Verwendung: Pergolen und Rankgerüste an Mauern, beschatteter Fuß.
Sorten: 'Lasurstern', lavendelblau, 10–20 cm, VI. 'Nelly Moser', lilarosa mit rotem Streifen, 15–20 cm, VI (Bild). 'Ville de Lyon', karminrot, 15 cm, VI–X.
Sonstiges: Vertrocknungsgefahr durch Welkepilze (vorbeugende Fungizidbehandlung) oder Wassermangel im Hochsommer (2–3-mal wöchentlich gießen).

Colutea arborescens
Blasenstrauch
Fabaceae, Hülsenfrüchtler

Heimat: Südeuropa, Nordafrika.
Wuchs: Strauch, Rinde graubraun, abfasernd.
Blatt: Wechselständig, unpaarig gefiedert, bis 15 cm lang; 9–13 Blättchen bis 3 cm lang.
Blüte: Gelb, 2 cm lang, zu 6–8 in Trauben; V–X.
Frucht: Hülse blasig vergrößert, bis 8 cm lang, grün-rötlich.
Standort: Sonnige, auch trockene Plätze, kalkreiche Böden. Wärmeliebend.
Verwendung: Anspruchsloses Wildgehölz für Parkanlagen und Siedlungen.
Sonstiges: Zur Fruchtreife auffällig.

Colutea arborescens	Cornus alba
2–4/ 2–3 m	*3–4/ 3 m*
V	*V–VI*
15/5 cm	*14–18/ 5–10 cm*
•	•

Cornus alba
Weißer Hartriegel, Tatarischer Hartriegel
Cornaceae, Hartriegelgewächse

Heimat: Osteuropa, Sibirien bis Korea.
Wuchs: Aufrechter Strauch, Triebe rot, breit ausladend.
Blatt: Eiförmig elliptisch, 4–8 cm lang, zugespitzt, grün, unterseits bläulich, im Herbst gelb bis rötlich.
Blüte: Rahmweiß in Trugdolden, 3–5 cm groß, Einzelblüte 6–8 mm, 4-zählig; V–VI.
Frucht: Weiße bis bläuliche Steinfrüchte, 8 mm groß.
Standort: Sonnig bis halbschattige, normale Gartenböden, anspruchslos.
Verwendung: Abpflanzungen in Gärten und Parks, Wind- und Sichtschutz.
Sorten: 'Sibirica', leuchtend rote Triebe im Winter (Bild). 'Spaethii', Blatt gelb gerandet.
Sonstiges: Anspruchslose Gewächse.

Cornus controversa
Pagoden-Hartriegel
Cornaceae, Hartriegelgewächse

Heimat: Japan, China.
Wuchs: Kleinbaum mit waagerecht in Etagen abstehenden Ästen. Triebe braun, bereift.
Blatt: Breit elliptisch, zugespitzt, 7–12 cm lang, unten bläulich grün, im Herbst gelborange, wechselständig angeordnet.
Blüte: Weiß, 1,3 cm breit, in flachen Trugdolden, 10–15 cm breit; V–VI.
Frucht: Blauschwarze Beeren, 6 mm dick.
Standort: Humose, neutrale, frische bis feuchte Böden in halbschattiger Lage.
Verwendung: Nur im Einzelstand in Gärten und Parks, malerisch in Innenhöfen.
Sorten: 'Variegata', Blätter weiß gerandet, anspruchsvoller als die Art.
Sonstiges: Gegen Trockenheit empfindlich.

Cornus controversa	Cornus florida
8–10/ 6 m	*5(–10)/ 4–6 m*
V–VI	*V–VI*
6–12/ 5 cm	*10–14/ 4–5 cm*
•	•

Cornus florida
Blumen-Hartriegel
Cornaceae, Hartriegelgewächse

Heimat: Östliche USA.
Wuchs: Breit aufrechter Strauch bis 5 m Höhe, in der Heimat als Kleinbaum bis 10 m.
Blatt: Gegenständig, dunkelgrün, eiförmig, unterseits weißlich, bis 14 cm lang. Im Herbst scharlachrote Färbung. Knospen weißlich bereift.
Blüte: Unscheinbar gelbgrün, an endständigen Blütenköpfen. Diese sind von flachen, sternartigen Hochblättern umgeben, vierteilig, weiß bis rosa; V–VI.
Frucht: Steinfrucht. Eiförmig, rot, 1 cm, selten.
Standort: Humose, leicht saure Böden in Sonne und im Halbschatten. Feuchtigkeit liebend.
Verwendung: Einzelstellung in Gärten und Parks.
Sorten: 'Cloud Nine', weiße Brakteen. 'Rubra', rote Brakteen.
Sonstiges: Anspruchsvoller, auffälliger Strauch.

Cornus kousa
Japanischer Blumen-Hartriegel
Cornaceae, Hartriegelgewächse

Heimat: Japan, Korea.
Wuchs: Strauch oder kleiner Baum bis 7 m, Krone schirmförmig. Borke braunrot, Triebe grün.
Blatt: Gegenständig, elliptisch zugespitzt, bis 7 cm lang, unterseits bläulich grün, scharlachrote Herbstfärbung.
Blüte: Weißgelbe Blütenköpfe, unscheinbar, aber durch die 4 weißen, spitzen Hochblätter auffällig; V–VI.
Frucht: Erdbeerartige Scheinfrucht, rosa, 2 cm, gestielt.
Standort: Saure, humose Böden im Halbschatten bei genügend Feuchtigkeit.
Verwendung: Einzelstand in Gärten und Parks.
Varietät: *C. kousa* var. *chinensis*, kommt aus China, wird höher, hat auch größere Hochblätter.

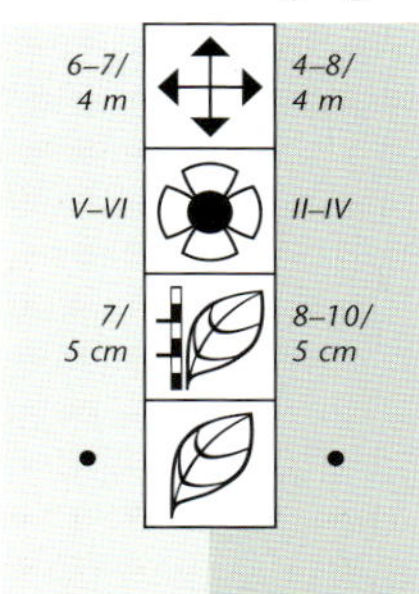

Cornus mas
Kornelkirsche
Cornaceae, Hartriegelgewächse

Heimat: Süd- und Mitteleuropa bis zum Kaukasus.
Wuchs: Strauch bis 4 m, selten baumförmig bis 8 m, sparrig verzweigt. Borke dunkel graubraun, längsrissig, auch schuppig abblätternd. Hartes Holz.
Blatt: Gegenständig, eiförmig zugespitzt, bis 10 cm lang, glänzend grün, im Herbst rotbraun. Blattknospen schlank, Blütenknospen kugelig.
Blüte: Gelb, in dichten Dolden; II–IV.
Frucht: Rote Steinfrüchte 2 cm lang, bei Vollreife essbar, säuerlich. Großer Steinkern.
Standort: Kalkhaltige, tiefgründige Böden in vollsonniger Lage.
Verwendung: Windschutz, Vogelnährgehölz, Bienenweide, Hecke, Vasenschnitt.
Sorten/Arten: 'Jolico', größere Früchte. *C. officinalis* aus China ist ähnlich wie *C. mas*.
Sonstiges: Anspruchslos.

Cornus nuttallii
Nuttalls Blumen-Hartriegel
Cornaceae, Hartriegelgewächse

Heimat: Westliches Nordamerika.
Wuchs: Breit aufrechter Strauch bis 6 m, in der Heimat bis 25 m hoher Baum.
Blatt: Eiförmig elliptisch zugespitzt, 8–12 cm lang, Herbstlaub scharlachrot.
Blüte: Unscheinbar, in kleinen, halbkugeligen Köpfchen; IV–V. Weiße Hochblätter, meist 6, 4–6 cm lang, zieren noch länger; IV–V.
Frucht: Elliptisch, rot, 1 cm.
Standort: Humose, tiefgründige Böden, frisch bis feucht, sonnige Lage.
Verwendung: Im Einzelstand in Gärten und Parks.
Sorten: 'Eddie's White Wonder', besonders reich blühende Sorte. (Bild)
Sonstiges: Prächtiger Strauch für geschützte Lagen.

Cornus sanguinea
Roter Hartriegel
Cornaceae, Hartriegelgewächse

Heimat: Europa, Kurdistan.
Wuchs: Breit aufrecht, bildet viele Ausläufer und Stockausschläge. Triebe grün-braun, sonnenseitig braunrot, Knospen gegenständig.
Blatt: Dunkelgrün, eiförmig zugespitzt, 10 cm lang, rote Herbstfärbung.
Blüte: Weiß, sternförmig, 4-zipfelig, 5 mm groß, in breiten Trugdolden; V–VI.
Frucht: Schwarzblaue Steinfrüchte, weiß punktiert, bis 8 mm groß.
Standort: Anspruchslos an Klima und Boden, für alle Lagen.
Verwendung: Unterpflanzung für höhere Gehölze, Bodenbefestiger, Windschutz.

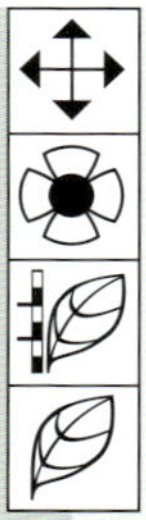

Cornus nuttallii		Cornus sanguinea
4–6 (–25)/ 2 m		3–4/ 3 m
IV–V		V–VI
8–12/ 5 cm		8–10/ 5 cm
•		•

Cornus sericea 'Flaviramea'
(Syn. C. stolonifera)
Gelber Hartriegel
Cornaceae, Hartriegelgewächse

Heimat: Die Art stammt aus Nordamerika.
Wuchs: Breit aufrecht, bildet viele Bodentriebe. Triebe grün, aber im Winter auffällig gelb leuchtend. Knospen gegenständig.
Blatt: Hellgrün, eilänglich bis 8 cm.
Blüte: Gelblich weiß, in 3–5 cm breiten Trugdolden; V–VI.
Frucht: Weiße, kugelige Steinfrüchte, 8 mm dick.
Standort: Anspruchslos an Klima und Boden, halbschattig.
Verwendung: Unterpflanzung unter höheren Gehölzen, Wind- und Sichtschutz.
Sorten: 'Kelsey', nur 75 cm hoch, rötliche Triebe, für Flächenpflanzungen.

Cornus sericea		Corylopsis pauciflora
2–3/ 2 m	[Wuchs]	*1–1,5/ 1,5 m*
V–VI	[Blüte]	*III–IV*
6–12/ 4–5 cm	[Blatt]	*5–7/ 4 cm*
•	[Laub]	•

Corylopsis pauciflora
Armblütige Scheinhasel
Hamamelidaceae, Zaubernussgewächse

Heimat: Japan.
Wuchs: Breitbuschiger, feintriebiger Kleinstrauch, 1–1,5 m hoch, braune Triebe.
Blatt: Wechselständig, eiförmig zugespitzt, bis 7 cm lang, unterseits blaugrün, im Herbst gelb.
Blüte: Primelgelbe Blütenglöckchen zu 2–3 in Ähren, hellere Tragblätter; III–IV.
Frucht: Kapselfrüchte mit 2 Fächern, selten.
Standort: Humose, saure Böden in halbschattiger Lage und ausreichend Feuchtigkeit.
Verwendung: Einzeln oder in kleinen Gruppen zu niederen Koniferen und Azaleen.
Weitere Art: *C. spicata* wird im Alter durch Bodentriebe ein breiter Busch, ist in allen Teilen größer als die zierliche *C. pauciflora.*
Sonstiges: Besonders dankbarer Frühblüher für geschützte Lagen.

Corylus avellana
Gewöhnliche Hasel
Betulaceae, Birkengewächse

Heimat: Europa bis zum Kaukasus.
Wuchs: Großstrauch, mehrstämmig. Im Alter schirmförmig. Borke braun-grau mit feiner Zeichnung, Triebe drüsig behaart.
Blatt: Weich behaart, eirund zugespitzt, 6–10 cm lang, wechselständig, im Herbst gelb-braun gefärbt.
Blüte: Einhäusig, männliche Kätzchen gelb, 8–10 cm lang, stäuben ab II–III; weibliche Blüten unscheinbar, rote Narben bis 5 mm.
Frucht: Essbare Nussfrüchte 1,5 cm lang, braun, Fruchtbecher geschlitzt.
Standort: Nährstoffreiche Gartenböden, lehmig humos.
Verwendung: Windschutz, Feldhecke, guter Bodenbefestiger, für Gärten und Parks.
Arten/Sorten: Großfrüchtige Sorten verwenden; 'Heterophylla' mit geschlitztem Laub. *C. maxima* 'Purpurea'; Blatt gleichmäßig tief schwarzrot, 8–12 cm lang, zugespitzt.

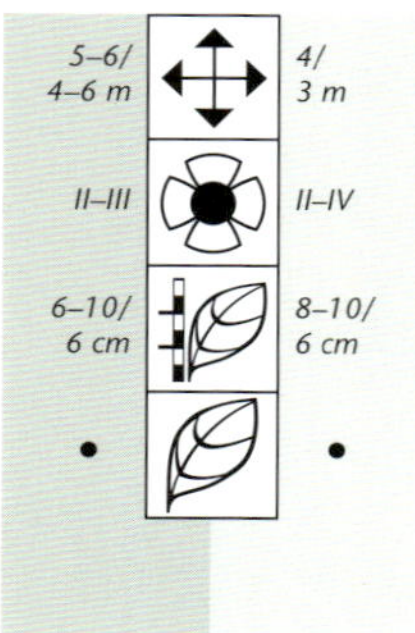

Corylus avellana 'Contorta'
Korkenzieher-Hasel
Betulaceae, Birkengewächse

Heimat: Züchtung.
Wuchs: Triebe korkenzieherartig gedreht, langsam wachsend.
Blatt: Kraus, gelegentlich eingerollt, 8–10 cm lang, weichhaarig, im Herbst gelblich.
Blüte: Einhäusig, männliche Kätzchen gelb, 8–10 cm lang, stäuben ab II–IV. Weibliche Blüten unscheinbar, rote Narben bis 5 mm lang
Frucht: Essbare Nussfrüchte 1,5 cm lang, braun, von geschlitztem Fruchtbecher umhüllt.
Standort: Gute Gartenböden in sonniger Lage.
Verwendung: Einzelstellung in Gärten und Parks.
Sonstiges: Im Winter auffällige Pflanze. Für Floristik unentbehrlich.

Corylus colurna
Baum-Hasel
Betulaceae, Birkengewächse

Heimat: Südosteuropa, Kleinasien, Kaukasus, Himalaja.
Wuchs: Straff aufrechter Baum mit kegelförmiger Krone, Äste waagerecht abstehend. Borke grauweiß, korkig und rau.
Blatt: Breit eiförmig, bis 12 cm lang, unterseits hell graugrün, im Herbst gelbbraun.
Blüte: Einhäusig, männliche Kätzchen bis zu 12 cm lang, graugelb; II–III.
Frucht: Auffällig, die essbaren Nüsse sitzen zu mehreren in kugeligem Fruchtstand und sind von einer drüsigen, tief geschlitzten Fruchthülle umgeben.
Standort: Tiefgründiger Lehmboden in voller Sonne, industriefest, frosthart.
Verwendung: Für Innenstädte als Straßenbaum, einzeln, für Alleen, auch als Schnitthecke.

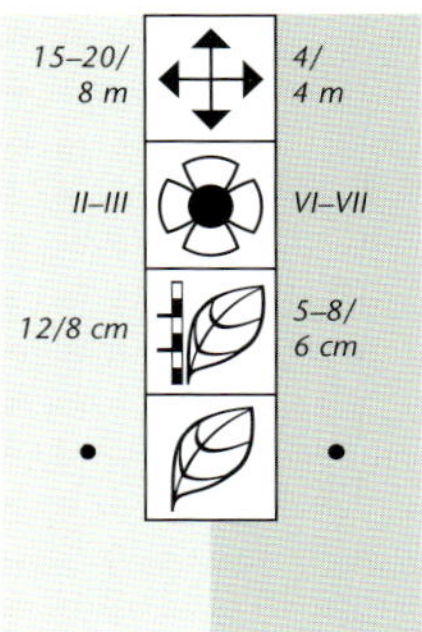

Cotinus coggygria
Perückenstrauch
Anacardiaceae, Sumachgewächse

Heimat: Südeuropa bis Zentral-China.
Wuchs: Breitbuschiger Strauch. Borke grauschwarz, Rinde der jüngeren Triebe hellbraun bis olivgrün, kein Milchsaft.
Blatt: Oval bis verkehrt eiförmig, 5–8 cm lang, wechselständig, bläulich bereift. Im Herbst orange gefärbt.
Blüte: Unscheinbar gelbgrün, an 20 cm langen , endständigen Rispen; VI–VII.
Frucht: Kleine Steinfrucht, 5 mm groß.
Standort: Sonnige, warme Plätze in kalkreichen Böden.
Verwendung: Geschützte Lagen im Hausgarten – z.B. Terrasse –, Solitär.
Sorten: 'Royal Purple', dauerhaft dunkelrot gefärbt, Herbstlaub orangeviolett (Bild).

Cotoneaster adpressus
Spalier-Zwergmispel
Rosaceae, Rosengewächse

Heimat: West-China.
Wuchs: Zwergstrauch, niederliegend, 25 cm hoch, unregelmäßige Flächen bildend. Triebe mit dichten Internodien, fischgrätartig, Knospen wechselständig.
Blatt: Eiförmig, gewellter Rand, 1 cm lang, tiefgrün, im Herbst rotbraun.
Blüte: Hellrosa, zu 1–2, klein; V–VI.
Frucht: Rote, beerenartige Apfelfrucht, 7 mm groß, eilänglich.
Standort: Normale, durchlässige Gartenböden in sonniger Lage.
Verwendung: Böschungen, Steingärten, Gräber und Tröge.
Sorten: 'Little Gem', kleines Kissen von 15 cm Höhe und 40 cm Breite.

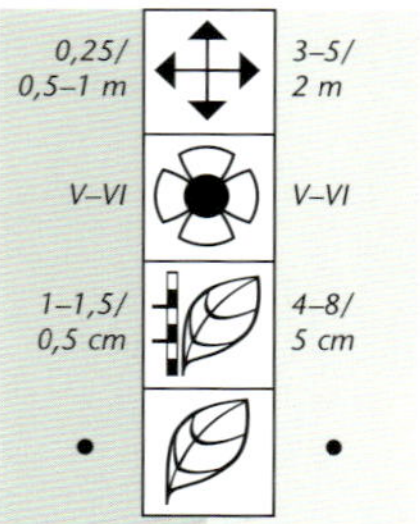

Cotoneaster bullatus
Runzelige Zwergmispel
Rosaceae, Rosengewächse

Heimat: West-China.
Wuchs: Locker und breit überhängender Strauch, 2–3 m hoch.
Blatt: Elliptisch eiförmig, zugespitzt, 4–8 cm, oberseits dunkelgrün, runzelig, unterseits graugrün behaart, im Herbst rot, wechselständig.
Blüte: Weiß, rötlich angehaucht, zu 10–30 in 5 cm breiten Trugdolden; V–VI.
Frucht: Kugelige, beerenartige Apfelfrucht, hellrot, 8 mm breit.
Standort: Gute Gartenböden in sonniger Lage.
Verwendung: Zierstrauch in Einzelstellung oder in Gruppen, lockere Hecke.
Sonstiges: Gefährdet durch Feuerbrand.

Cotoneaster dammeri
Teppich-Zwergmispel
Rosaceae, Rosengewächse

Heimat: West-China.
Wuchs: Niederliegender, immergrüner Spalierstrauch, Triebe wurzelnd, 25 cm hoch.
Blatt: Wechselständig, eiförmig, bis 3 cm lang, glänzend grün.
Blüte: Weiß, Trugdolden meist einzeln in Blattachseln, 1 cm groß; V–VI.
Frucht: Kugelige, beerenartige Apfelfrucht, rot, erbsengroß, lange haltend.
Standort: Kräftige Gartenböden in Sonne und Halbschatten, anspruchslos.
Verwendung: Flächenpflanzungen aller Art, für Gräber, Steingärten, Böschungen, Tröge und Balkone, wo sie weit herabhängen können.
Sorten: 'Holsteins Resi', resistent gegen Feuerbrand. 'Major', größere Blätter.
Sonstiges: Bei Gefäßen und Dachgärten auf Dickmaulrüssler achten. Auf Feuerbrand achten.

Cotoneaster dammeri		Cotoneaster dammeri 'Streib's Findling'
0,25/ 2 m		0,15/ 0,5 m
V–VI		V–VI
3/ 1,5 cm		0,8/ 0,6 cm
•		•

Cotoneaster dammeri 'Streib's Findling'
Zwergmispel
Rosaceae, Rosengewächse

Heimat: Züchtung.
Wuchs: Sehr langsam wachsend. Triebe liegen dem Boden an.
Blatt: Immergrün, eirundlich, 6–8 mm lang, dunkelgrün.
Blüte: Weiß, Trugdolden, fünfzählige Blüten, etwa 8 mm groß; V–VI.
Frucht: Kugelige, beerenartige Apfelfrucht, erbsengroß.
Standort: Durchlässige Gartenböden in voller Sonne und Halbschatten.
Verwendung: Für kleinere Flächen in Steingärten, Gräbern, Tröge und Mauern.
Sonstiges: Auf Feuerbrand achten.

Cotoneaster divaricatus
Sparrige Zwergmispel
Rosaceae, Rosengewächse

Heimat: China.
Wuchs: Breit aufrecht, sparrige Triebe.
Blatt: Elliptisch, bis 2 cm lang, glänzend dunkelgrün, im Herbst scharlachrot.
Blüte: Rosa, Trugdolde zu 2–4, Blüten klein, fünfzählig; V–VI.
Frucht: Elliptische Apfelfrucht, 1 cm lang, rot, mit 2 Steinkernen.
Standort: Sonnige bis halbschattige Plätze in normalen Gartenböden, anspruchslos.
Verwendung: Einzeln oder in Gruppen, auch als breite, ungeschnittene Hecke.
Sonstiges: Besonders auffallend im Herbst durch Blätter und Früchte. Durch Feuerbrand gefährdet.

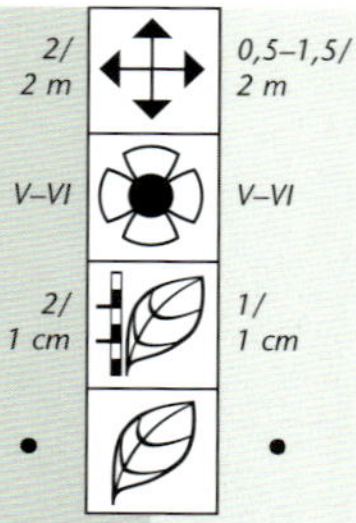

Cotoneaster horizontalis
Fächer-Zwergmispel
Rosaceae, Rosengewächse

Heimat: West-China.
Wuchs: Sommergrüner, aufstrebender Strauch. Zweige fisch-grätähnlich gestellt, enge Internodien.
Blatt: Fast kreisrund, 1 cm groß, leicht zugespitzt, glänzend grün, im Herbst rot.
Blüte: Rosa, zu 1–2, öffnen sich nur halb; V–VI.
Frucht: Beerenartige Apfelfrucht, hellrot, kugelig bis 6 mm, lange haftend.
Standort: Sonnige Plätze in lehmigem Gartenboden.
Verwendung: Einzelstand in größeren Steingärten, vor Mauern und Häusern, Böschungen.
Sorten: 'Robusta', stark wachsend, Blätter 2 cm. 'Saxatilis', sehr schwach wachsend, in allen Teilen kleiner. Alle mit herrlicher Herbstfärbung.

Cotoneaster salicifolius
Weidenblättrige Zwergmispel
Rosaceae, Rosengewächse

Heimat: Südwest-China.
Wuchs: Aufrechter Strauch mit überhängenden Trieben, 2–3 m, in China bis 6 m.
Blatt: Elliptisch lanzettlich, 4–8 cm lang, beiderseits spitz, oberseits dunkelgrün, unterseits filzig behaart, immergrün.
Blüte: Weiß, zu vielen in 3–4 cm breiten Trugdolden; VI. Duft unangenehm.
Frucht: Rote, beerenartige Apfelfrüchte, 4–6 mm groß, werden reichlich gebildet.
Standort: Lehmig humose Böden im Halbschatten.
Verwendung: Einzelstand in Vorgärten, Kübeln in Gärten.
Sorten/Arten: 'Gnom', Matten bildend. 'Herbstfeuer', liegend, breitblättrig. 'Parkteppich', 30–50 cm hoch, guter Flächendecker. 'Pendulus', aufgebundene Hängeform. *C. salicifolius* var. *floccosus* hat schmalere Blätter.
Sonstiges: Feuerbrandgefährdet.

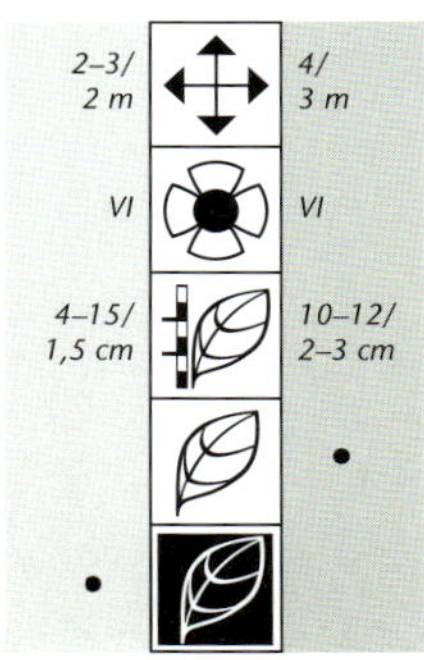

Cotoneaster × watereri
Hohe Zwergmispel
Rosaceae, Rosengewächse

Heimat: Kreuzungen aus verschiedenen in China beheimateten Arten.
Wuchs: Hoch wachsende, meist immergrüne Sträucher mit überhängenden Trieben, 4 m.
Blatt: Elliptisch, beidseitig zugespitzt, bis 12 cm lang, oberseits dunkelgrün, unterseits hell bläulich grün.
Blüte: Weiß, fünfzählig, in dichten Doldentrauben; VI.
Frucht: Rot, erbsengroße, beerenartige Apfelfrüchte, nur kurze Zeit haltbar (Vogelfraß).
Standort: Nährstoffreiche, tiefgründige Gartenböden im Halbschatten.
Verwendung: Einzelstand in größeren Gärten und Parks.
Sorten: 'Cornubia', 4 m hoch, etwas steif, für milde Lagen.
Sonstiges: Gefahr durch Feuerbrand.

Crataegus laevigata
Zweigriffliger Weißdorn
Rosaceae, Rosengewächse

Heimat: Europa, Nordafrika.
Wuchs: Heimischer Dornstrauch oder Kleinbaum, Dornen 2,5 cm lang.
Blatt: Verkehrt eiförmig, 3–5 cm lang, 3- bis 5-lappig, Basis keilförmig, grün.
Blüte: Weiß, fünfzählig, 1,5 cm breit, zu 5–10 in Trugdolden; V–VI.
Frucht: Rote, elliptische Apfelfrucht, 1 cm lang, enthält mindestens 2 Steinkerne.
Standort: Vorwiegend trockene Böden in voller Sonne.
Verwendung: Anspruchsloses Wildgehölz, für die freie Landschaft, Vogelschutz.
Weitere Arten und Sorten: 'Paul's Scarlet', Rotdorn, gefüllte, karmesinrote Blüten, als Stamm veredelt. *C. monogyna*, Eingriffiger Weißdorn.
Sonstiges: Gefahr durch Feuerbrand.

8–10/ 4 m		5–6/ 3 m
V–VI		V
3–5/ 4 cm		5–12/ 3–4 cm
•		•

Crataegus lavallei 'Carrierei'
Lederblättriger Weißdorn
Rosaceae, Rosengewächse

Heimat: Züchtung aus (*C. crus-galli* × *C. pubescens* f. *stipulacea*).
Wuchs: Großstrauch bis Kleinbaum, straffer, sparriger Wuchs, helle Triebe.
Blatt: Dunkelgrün, ledrig glänzend, länglich elliptisch bis 20 cm lang, Basis keilartig, haftet bis zum Winter.
Blüte: Weiß, 2 cm groß, in vielblütigen Trugdolden; V.
Frucht: Orangerote Apfelfrucht, 2 cm groß, lange im Winter zierend.
Standort: Durchlässige, kalkhaltige Gartenböden, Trockenheit vertragend, sonnig.
Verwendung: Kleinbaum für Stadtklima (als Hochstamm veredelt), Gärten und Parks.
Sonstiges: Frosthart, wenige Dornen.

Crataegus persimilis 'MacLeod' (Syn. C. × prunifolia)
Pflaumenblättriger Weißdorn
Rosaceae, Rosengewächse

Heimat: Ungewiss.
Wuchs: Großer, sparriger Strauch oder Kleinbaum, Dornen bis 4 cm.
Blatt: Verkehrt eiförmig, bis 8 cm lang, dunkelgrün, im Herbst gelb bis rot.
Blüte: Weiß, 1,8 cm breit, zu vielen in Trugdolden; V–VI.
Frucht: Kugelige Apfelfrüchte, 1,5 cm dick, scharlachrot.
Standort: Sonnig bis halbschattige Lagen in guten Gartenböden.
Verwendung: Einzelstellung in Gärten und Parks, auch als Dornhecke verwendbar.
Sonstiges: Frosthart, stadtklimafest.

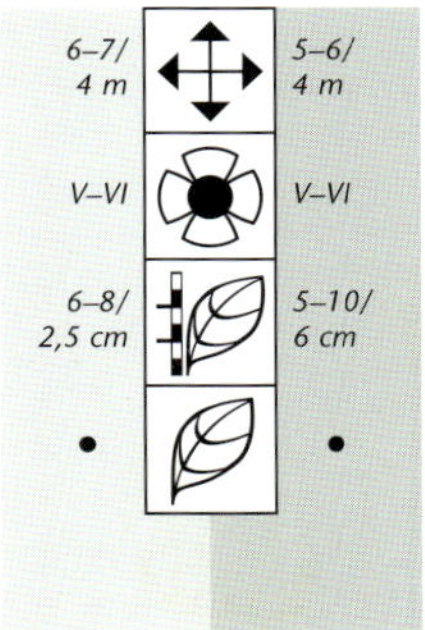

Cydonia oblonga
Echte Quitte
Rosaceae, Rosengewächse

Heimat: Vorderasien.
Wuchs: Breitkroniger Baum oder Strauch bis 6 m hoch, filzig behaarte Triebe.
Blatt: Eiförmig, 5–10 cm lang, oberseits stumpf grün, unterseits graufilzig.
Blüte: Weiß-rosa, 4–5 cm breit, einzeln; V–VI.
Frucht: Große, gelbe Apfelfrucht, länglich oder rund, 4–12 cm lang. Wirtschaftlich verwertbar zu Gelee und Marmelade.
Standort: Warme, geschützte Standorte auf kalkhaltigen Böden.
Verwendung: Als Fruchtbaum einzeln in Hausgärten oder Parks.
Sorten: Mehrere Sorten im Angebot, sind ertragreicher als die Art.
Sonstiges: Wichtig als schwach wachsende Unterlage für Birnbäume.

Cytisus × praecox
Elfenbeinginster
Fabaceae, Hülsenfrüchtler

Heimat: Züchtung aus *C. multiflorus* × *C. purgans.*
Wuchs: Vieltriebiger Strauch, dünne Triebe bogig überhängend.
Blatt: Einfach, lanzettlich 1–2 cm lang, hellgrün.
Blüte: Schwefelgelb, 1 cm lang, entlang der graugrünen Triebe; IV–V.
Frucht: Wenig auffällige Hülsen, giftig!
Standort: Leichte, sandige Böden in voller Sonne, kalkfrei.
Verwendung: Einzelstellung im Hausgarten, Stein- und Heidegarten.
Weitere Art: *Cytisus × kewensis,* Zwerg-Elfenbeinginster, nur 30 cm hoch, dankbar.
Sorten: 'Hollandia', rubinrot mit gelbem Rand. 'Zitronenregen', dunkles zitronengelb.
Sonstiges: Nicht an Kinderspielplätze pflanzen. Absolut winterhart

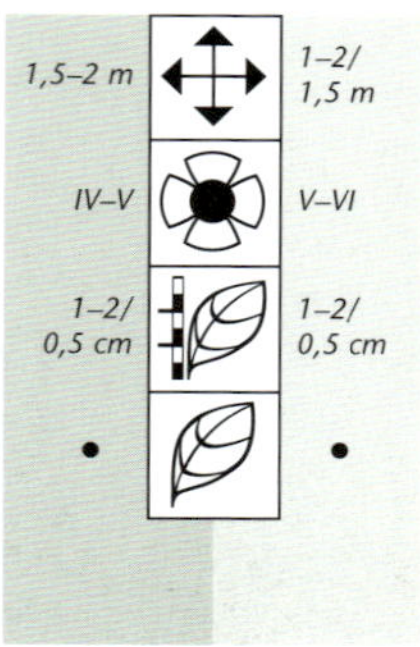

Cytisus scoparius
Besenginster
Fabaceae, Hülsenfrüchtler

Heimat: Europa.
Wuchs: Breitbuschiger, vieltriebiger Strauch, grüne Triebe kantig.
Blatt: Dreizählige, eilanzettliche Blättchen 1–2 cm lang, seidenhaarig.
Blüte: Goldgelb, zu 1–2, achselständig entlang der dünnen Triebe; V–VI.
Frucht: Grüne Hülsen, 4–5 cm lang, am Rand bewimpert, Samen besonders giftig!
Standort: Saure, durchlässige Böden in voller Sonne.
Verwendung: Rohböden, Heidegärten, Straßenbegleitgrün.
Sorten: Meist mehrfarbig: 'Firefly', Fahne gelb, Flügel rot. 'Luna', gelb.
Sonstiges: Rückschnitt vermeiden, Verpflanzung nur mit Ballen.

Daphne × burkwoodii 'Somerset'

Burkwoods Seidelbast
Thymelaeaceae, Spatzenzungengewächse

Heimat: Züchtung aus *D. caucasica* × *D. cneorum.*
Wuchs: Aufrechter, dichtbuschiger Strauch.
Blatt: Dunkelgrün, eilanzettlich, bis 4 cm lang, im Herbst gelb.
Blüte: In der Knospe rosa, geöffnet weißlich, an endständigen Dolden, V–VI, duftend.
Frucht: Nicht bekannt.
Standort: Durchlässige, humose Gartenböden in sonniger Lage.
Verwendung: Einzeln in Vorgärten, Steingärten, kleinere Gartenräume.
Sonstiges: Ist giftig, aber wegen fehlender Fruchtbildung eher zu empfehlen als *Daphne mezereum.*

Daphne × burkwoodii		Daphne cneorum
1/1 m		0,3/1m
V–VI		IV–VI
3–4/ 0,4–1 cm		2/ 0,5 cm
•		
		•

Daphne cneorum

Rosmarin-Seidelbast
Thymelaeaceae, Spatzenzungengewächse

Heimat: Kalkberge in Mittel- und Südeuropa.
Wuchs: Immergrüner Zwergstrauch, Matten bildend.
Blatt: Spatelförmig, 2 cm lang, dunkelgrün, unterseits bläulich, immergrün.
Blüte: Dunkelrosa Röhrenblüten, an den Triebenden gehäuft zu köpfchenartigen Dolden; IV–VI, duftend.
Frucht: Gelbbraun, 2–3 mm lang, wenig auffällig. Wird von Ameisen verschleppt, Steinfrucht.
Standort: Durchlässsige, kalkhaltige Böden in voller Sonne.
Verwendung: Steingartenjuwel, erfüllt zur Blütezeit den ganzen Garten mit Nelkenduft.
Sorten: 'Major', großblumiger, aber nicht so ausdauernd wie die Art. Wird in 10–12 Jahren über 1 m breit.
Sonstiges: Ganze Pflanze giftig.

Daphne mezereum

Gewöhnlicher Seidelbast, Kellerhals
Thymelaeaceae, Spatzenzungengewächse

Heimat: Europa, Kaukasus, Kleinasien bis Sibirien.
Wuchs: Breit aufrechter Strauch, braungraue Rinde.
Blatt: Länglich lanzettlich, bis zu 7 cm lang, unterseits bläulich grün.
Blüte: Röhrenblüte mit 4 Blütenzipfeln, 1 cm groß, rosa oder rot in Büscheln; II–IV.
Frucht: Leuchtend rote, beerenartige Steinfrüchte, 8 mm groß, fleischig, sehr giftig. Schon 10–12 Früchte können zum Tode führen!
Standort: Kalkhumusboden am Waldrand.
Verwendung: Einzeln im Stein- und Frühlingsgarten. Geschützte Wildpflanze.
Sorten: 'Alba', Blüten weiß, Früchte gelb. 'Rubra Select', rot.
Sonstiges: Nicht für Kinderspielplätze geeignet.

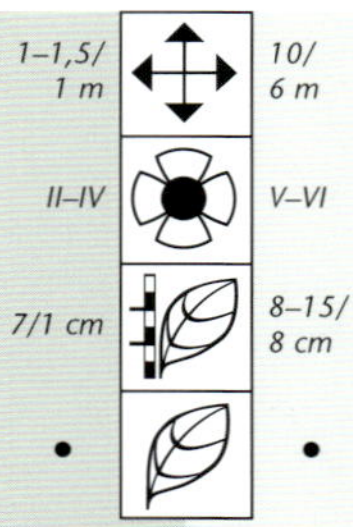

Davidia involucrata

Taubenbaum
Davidiaceae, Taubenbaumgewächse

Heimat: West-China.
Wuchs: Aufrechter Baum, 6–10(–15) m Höhe und schirmförmige Krone. Borke graubraun, abblätternd, Triebe dick und kahl, Winterknospen rotbraun.
Blatt: Wechselständig, breit eiförmig, 8–15 cm lang, Basis herzförmig, grün.
Blüte: Lang gestielt, Staubbeutel kugelig angeordnet, purpurn, umgeben von 2 gegenständig angeordneten, weißen Hochblättern, bis 16 cm lang; V.
Frucht: Kugelige Steinfrucht an langem Stiel hängend.
Standort: Nährstoffreiche Humusböden in sonniger, warmer Lage.
Verwendung: Solitärbaum in größeren Gärten und Parks.
Sonstiges: Zur Blütezeit besonders auffällig, im Jugendstadium frostgefährdet.

Decaisnea fargesii
Blauschote, Blaugurke
Lardizabalaceae, Fingerfruchtgewächse

Heimat: West-China.
Wuchs: Steif aufrechter Strauch, Triebe dick, grau, große Winterknospen.
Blatt: Bis 60 cm lang, unpaarig gefiedert, bläulich grün mit gelber Herbstfärbung. Einzelblatt spitz eiförmig, bis 12 cm lang.
Blüte: Grünlich gelb, 3 cm, glockig, in langen, hängenden Trauben; V–VI.
Frucht: Auffällige, kobaltblaue, weiß bereifte, walzenförmige Balgfrüchte, 10 cm.
Standort: Warme, geschützte Lagen im Weinbauklima, humose Böden.
Verwendung: Einzelstand im Garten oder Park.
Sonstiges: In der Jugend frostgefährdet, dann Winterschutz erforderlich.

Deutzia scabra
Raue Deutzie
Hydrangeaceae, Hortensiengewächse

Heimat: Japan.
Wuchs: Straff aufrechter Strauch, Triebe hohl.
Blatt: Länglich lanzettlich bis 10 cm, Basis gerundet, stumpfgrün, rau.
Blüte: Reinweiß, 2 cm groß, in breiten, lockeren Rispen; VI–VII.
Frucht: Kapsel.
Standort: Normale, tiefgründige Gartenböden, sonnig bis halbschattig.
Verwendung: Einzeln oder gruppenweise in Gärten und Parks.
Weitere Arten und Sorten: 'Candidissima', reinweiß gefüllt. 'Plena', außen rosa gefüllt. *D. gracilis*, überhängender Zwergstrauch, 60–80 cm hoch, Blüte weiß; V–VI.
Sonstiges: Anspruchsloser Blütenstrauch.

Decaisnea fargesii		Deutzia scabra
3–4/ 2–3 m	Wuchs	2,5/ 1,5 m
V–VI	Blüte	VI–VII
60/ 20 cm	Blatt	10/3 cm
•	Laub	•

Elaeagnus angustifolia
Schmalblättrige Ölweide
Elaeagnaceae, Ölweidengewächse

Heimat: Mittelasien.
Wuchs: Strauch oder Kleinbaum, breitkronig. Borke graubraun, dünn, Äste überhängend, Triebe oft bedornt.
Blatt: Schmal lanzettlich, 4–8 cm lang, spitz, Basis keilförmig, mattgrün, unterseits grau behaart, wechselständig angeordnet.
Blüte: Kleine, gelbe Glöckchen, außen silbrig, zu 2–3, 1 cm lang; V–VI.
Frucht: Gelbliche Steinfrüchte, bis 1,5 cm lang, essbar.
Standort: Warme, durchlässige, kalkhaltige Böden, Trockenheit vertragend, sonnig.
Verwendung: Einzeln oder in Gruppen in landschaftlichen Pflanzungen und Parks.
Arten: *E. multiflora* wächst ähnlich, aber nur 3 m hoch; braunrote, saure Früchte.
Sonstiges: Anspruchslos, verträgt Stadtklima.

Elaeagnus angustifolia		Enkianthus campanulatus
7/ 5 m		2–3/ 2 m
V–VI		V–VI
4–8/ 2 cm		3–7/ 2–3 cm
•		•

Enkianthus campanulatus
Prachtglocke
Ericaceae, Heidekrautgewächse

Heimat: Japan.
Wuchs: Aufrechter Strauch mit etagenförmiger Verzweigung.
Blatt: Grün, elliptisch, 3–7 cm lang, im Herbst rotgelb, wechselständig.
Blüte: Rötlich-weiße Glöckchen in hängenden Trugdolden; V–VI.
Frucht: Elliptische Kapseln 5–8 mm lang, kantige Samen.
Standort: Sandig humose, saure Böden im Halbschatten.
Verwendung: Einzeln zu Rhododendren unter lichten Bäumen.
Sonstiges: Empfindlich gegen Kalkböden und Bodenverdichtung, Blütengehölz.

Erica carnea

Schnee-Heide
Ericaceae, Heidekrautgewächse

Heimat: Kalkalpen Europas.
Wuchs: Zwergstrauch, 30–40 cm hohe Matten bildend, breit wachsend, dünntriebig.
Blatt: Nadelartig, immergrün, 4–8 mm lang, zu 3–4 in Wirteln.
Blüte: Im Herbst vorgebildet, glockig, 4–5 mm groß, rosa, nickend, 4-teiliger Kelch, braune Staubgefäße aus der Blüte herausragend; I–IV.
Frucht: Unscheinbare, 4-klappige Kapseln mit sehr feinen Samen.
Standort: Humose Gartenböden in voller Sonne, in der Natur zusammen mit Kiefern.
Verwendung: Flächig für Böschungen, Stein- und Heidegärten, Gräber, Gefäße.
Sorten: 'Myretoun Ruby', weinrot. 'Spingwood', weiß. 'Vivellii', rote Blätter und Blüten. 'Winter Beauty', rosa (Bild).
Sonstiges: Rückschnitt nach der Blüte.

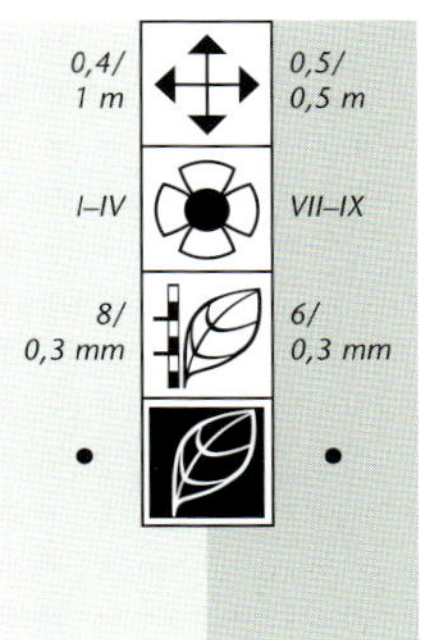

Erica tetralix

Glocken-Heide
Ericaceae, Heidekrautgewächse

Heimat: Nord- und West-Europa.
Wuchs: Niederliegend-aufrecht, 20–50 cm, Triebe graufilzig behaart.
Blatt: Nadelförmig linealisch, 3–6 mm lang, zu 4 in Wirteln, graugrün, immergrün.
Blüte: Blassrosa bis weiße bauchige Glöckchen, zu mehreren in endständigen köpfchenartigen Doldentrauben, 7 mm lang; VII–IX.
Frucht: Unscheinbare Kapseln.
Standort: Saure und feuchte Böden in Sonne und Halbschatten.
Verwendung: In Heide- und Moorgärten.
Sorten: 'Hookstone Pink', 35 cm, leuchtend rosa. 'Alba', weiß (Bild).
Sonstiges: Nur anspruchslos in feuchten Moorböden, Rückschnitt nach der Blüte.

Euonymus alatus

Flügel-Spindelstrauch
Celastraceae, Spindelbaumgewächse

Heimat: Ostasien.

Wuchs: Sparrig aufrecht, Triebe mit 4 breiten Korkleisten.

Blatt: Elliptisch bis eiförmig, 3–5 cm lang, beidseitig zugespitzt, grün, im Herbst leuchtend dunkelrot, gegenständig.

Blüte: Grünlich gelb, 4-zählig, in Trauben, unscheinbar; V–VI.

Frucht: Eiförmige Kapsel, orangefarbene Fruchthülle mit Samen, selten ausgebildet, Kapsel. Giftig.

Standort: Humose Gartenböden im Halbschatten.

Verwendung: Einzelstellung in Vorgärten, Heide- und Steingärten, Parkanlagen.

Sonstiges: Herrliche Herbstfärbung.

Euonymus alatus		Euonymus europaeus
3/ 2 m		3–6/ 3 m
V–VI		V
3–5/ 2 cm		5–16/ 4 cm
•		•

Euonymus europaeus

Gewöhnliches Pfaffenhütchen
Celastraceae, Spindelbaumgewächse

Heimat: Europa bis West-Sibirien.

Wuchs: Aufrechter Strauch bis 3 m Höhe, bei guten Standortbedingungen bis 6 m hoch wachsend. Triebe vierkantig, grün.

Blatt: Länglich eiförmig, 5–8 cm lang, beidseitig zugespitzt, grün, im Herbst karminrot.

Blüte: Unscheinbar grün, an langen Stielen, duftet unangenehm, Trugdolde; V.

Frucht: 4-klappige Kapsel, rote Fruchthüllen enthalten orangefarbene, giftige Samen.

Standort: Kalkliebend, nährstoffreiche Böden in Sonne und Halbschatten.

Verwendung: Vogelnährgehölz in Feldhecken, Gärten und Parks.

Sorten: 'Red Cascade', zahlreiche Früchte, rosa Fruchtblätter.

Sonstiges: Nicht an Kinderspielplätze pflanzen. Wird von Gepinstmotten und Blattläusen befallen.

Euonymus fortunei

Kletternder Spindelstrauch
Celastraceae, Spindelbaumgewächse

Heimat: China, Japan.
Wuchs: Kriechender oder kletternder Strauch mit Haftwurzeln, Triebe grün.
Blatt: Gegenständig, eiförmig elliptisch, 2–6 cm lang, dunkelgrün, immergrün.
Blüte: Grünlich weiß, 5 mm, unauffällig, in dichten Trugdolden; VI.
Frucht: Kapsel weiß, innen orange, nur bei wenigen Sorten zu finden. Giftig.
Standort: Normale, durchlässige Gartenböden im Halbschatten.
Verwendung: Als Flächendecker und schwach wachsender Kletterer unter Gehölzen.
Sorten: 'Coloratus', rotes Herbstlaub. 'Emerald'n Gold', Blätter goldgelb gerandet. 'Vegetus', breitbuschig, dunkelgrüne Blätter, fruchtet reichlich (Bild).
Sonstiges: Vielseitig verwendbare Sorten.

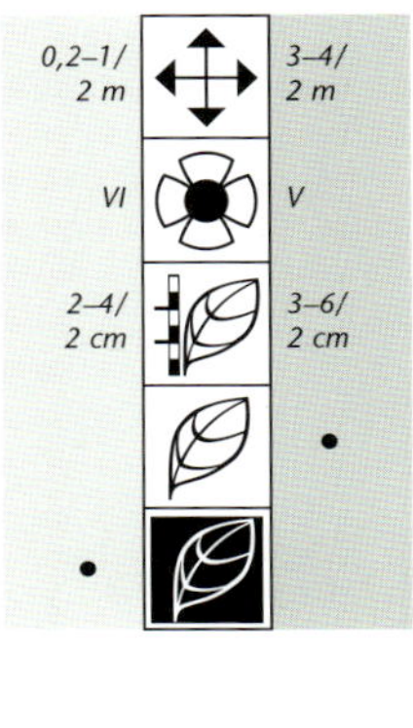

Exochorda racemosa

Chinesische Radspiere
Rosaceae, Rosengewächse

Heimat: Ost-China.
Wuchs: Breit aufrecht, 3–4 m hoch, mit überhängenden, rotbraunen Trieben.
Blatt: Wechselständig, länglich eiförmig, 3–6 cm, hellgrün, unterseits dunkler.
Blüte: Weiß, 4 cm breit, zu 6–10 in Trauben; V.
Frucht: Braune, holzige Kapseln, lange am Strauch haftend, 1 cm groß.
Standort: Sandig humose, mehr saure Böden in voller Sonne.
Verwendung: Einzelstellung in Hausgärten und Parks.
Arten: *E.* × *macrantha* 'The Bride', 2 m hoch, überhängend, großblütig (Bild).
Sonstiges: Wertvoller Blütenstrauch für kalkarme Böden.

Fagus sylvatica
Rot-Buche
Fagaceae, Buchengewächse

Heimat: Europa bis zur Krim.
Wuchs: Breitkroniger, mächtiger Baum, an der Baumgrenze strauchig. Borke weißgrau, glatt, gerader Stamm, Knospen wechselständig, spindelförmig.
Blatt: Hellgrün, eiförmig, Rand gewellt und bewimpert, Herbstfärbung goldbraun.
Blüte: Einhäusig, männliche Kätzchen in lang gestielten Büscheln, weibliche Blüten unauffällig; IV–V.
Frucht: 3-kantige Nuss in 4-klappigem, verholztem Fruchtbecher.
Standort: Nährstoffreiche, meist kalkhaltige Böden in sonnigen und halbschattigen Lagen.
Verwendung: Wichtigster Waldbaum Mitteleuropas, für Schnitthecken, in Gärten und Parks.
Sorten: 'Atropunicea', rotes Laub. 'Pendula', Hänge-Buche.
Sonstiges: Sehr empfindlich gegen Einschüttung und plötzlicher Freistellung.

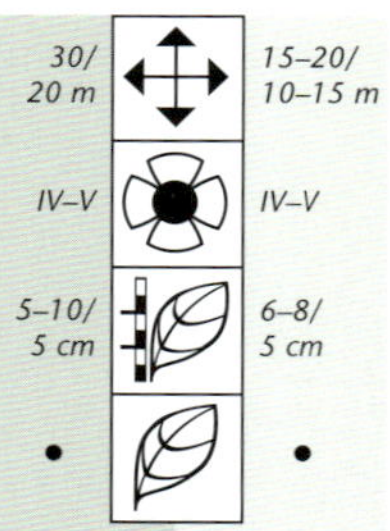

Fagus sylvatica 'Pendula'
Hänge-Buche
Fagaceae, Buchengewächse

Heimat: Züchtung.
Wuchs: Baumförmig, aufrechter Stamm, hängender Gipfeltrieb, Seitenäste und Zweige hängen bis zum Boden herab. Graue, glatte Borke.
Blatt: Wechselständig, eiförmig zugespitzt, grün, 5–10 cm lang, im Herbst goldbraun, Blattrand gewimpert.
Blüte: Einhäusig, unscheinbar, männliche Blüten in hängenden Köpfchen; IV–V.
Frucht: 4-klappige Fruchtbecher mit kantigen Nüsschen, essbar.
Standort: Humose, durchlässige Gartenböden in sonniger Lage.
Verwendung: Nur im Einzelstand in Parks und großen Gärten, hoher Platzbedarf.
Sorten: 'Purpurea Pendula', schwarzrotes Laub, 8–10 m hoch.
Sonstiges: Wirft viel Schatten, kaum Unterpflanzung möglich.

Fallopia baldschuanica

(Syn. F. aubertii, Polygonum aubertii)
Chinesischer Knöterich, Schling-Flügelknöterich
Polygonaceae, Knöterichgewächse

Heimat: West-China, Tibet.
Wuchs: Mächtiger Schlinger, graubraune Triebe.
Blatt: Frischgrün, wechselständig, breit spießförmig, bis 9 cm lang,
Blüte: Weiß, klein, in langen, rauhaarigen Rispen im Herbst; VII–X.
Frucht: 3-kantiges Nüsschen, von der Blütenhülle umschlossen.
Standort: Anspruchslos, für alle Bodenarten in Sonnen- und Schattenlagen.
Verwendung: Rasche Begrünung von Böschungen, Masten, Gebäuden, älteren Bäumen.
Sonstiges: Wächst in einem Jahr 5 m hoch.

Fallopia baldschuanica		Fargesia murieliae
12–15/ 3 m		2–4/ 2–3 m
VII–X		III–V
10–25/ 5–17 cm		8–10/ 2 cm
•		
		•

Fargesia murieliae

(Syn. Thamnocalamus spathaceus, Fargesia spathacea)
Schirm-Bambus
Poaceae, Süßgräser

Heimat: Zentral-China.
Wuchs: Straff aufrecht, im Alter mit überhängenden Trieben. Ausbreitung durch Ausläufer. Triebe: Einjährig unverzweigt, steif, im folgenden Jahr Bildung von Seitentrieben. Gelb, unter den kahlen Blattscheiden weißlich bereift.
Blatt: Lanzettlich zugespitzt, blaugrün, bis 10 cm lang.
Blüte: Sehr selten, gelb, die ganze Pflanze stirbt nach der Blüte ab; III–V.
Frucht: Grün-braun, selten.
Standort: Frische bis feuchte Lagen in Sonne und Halbschatten.
Verwendung: Sichtschutz, in großen Gärten und Parks.
Sorten: 'Simba', niedriger, frosthärter als die Art. 'Eisenach', äußerst winterhart.
Sonstiges: Neue Sämlingssorten ausdauernder.

Forsythia × intermedia
Forsythie, Goldglöckchen
Oleaceae, Ölbaumgewächse

Heimat: Züchtungen (*F. suspensa × F. viridissima*).
Wuchs: Aufrecht, reich verzweigt, breitbuschig, ältere Triebe grau, junge hellbraun mit vielen Lentizellen, Knospen gegenständig.
Blatt: Grün, eilanzettlich, 6–10 cm lang, beidseitig zugespitzt.
Blüte: Goldgelb, 3–4 cm breit, vierteilig, an der ganzen Länge der Triebe; III–IV.
Frucht: Kapsel zweiklappig, verholzt.
Standort: Nährstoffreiche Gartenböden.
Verwendung: Einzeln oder gruppenweise in Gärten und Parks, Hecke (auch geschnitten).
Sorten: 'Beatrix Farrand', gelb, Blüten 6 cm groß. 'Lynwood', goldgelb, reich blühend. 'Spectabilis', dunkelgelb, wichtige Treibsorte.
Sonstiges: Frei von Schädlingen, im Alter viröse Wucherungen möglich, daher auslichten.

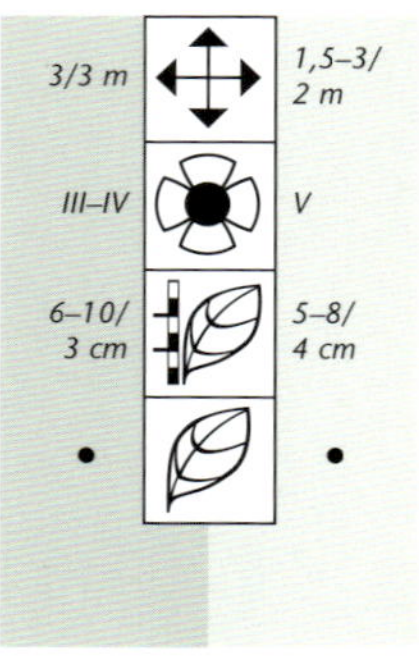

Fothergilla major
Großer Federbuschstrauch
Hamamelidaceae, Zaubernussgewächse

Heimat: Südosten der USA, Alabama.
Wuchs: Breitbuschig, halbkugelig, Triebe hellgrau filzig.
Blatt: Wechselständig, dunkelgrün, unterseits blaugrün, eiförmig, im Herbst orange.
Blüte: Weiße, bürstenförmige Blütenähren, an den Triebenden gehäuft; V.
Frucht: Braune Kapselfrüchte, unauffällig, 1,5 cm lang.
Standort: Humose, kalkfreie Böden in halbschattigen Lagen.
Verwendung: Einzelstellung im Hausgarten, Frühlingsecken im Stein- und Vorgarten.
Sonstiges: Einmalige Herbstfärbung.

Frangula alnus
(Syn. Rhamnus frangula)
Faulbaum, Pulverholzbaum
Rhamnaceae, Kreuzdorngewächse

Heimat: Europa bis Asien.
Wuchs: Breiter, aufrechter Strauch, graubraune Rinde, viele Lentizellen.
Blatt: Wechselständig, eiförmig bis 7 cm lang, grün, unterseits heller.
Blüte: Grün-weiß, zwittrig, fünfzählig, in gestielten Büscheln in den Blattachseln; V–VII.
Frucht: Steinfrucht, erbsengroß, rot bis schwarz, giftig.
Standort: Feuchte und moorige Böden im Halbschatten und Schatten.
Verwendung: Pioniergehölz für Moor und Uferrand.
Sonstiges: Früher war Holzkohle zur Beimischung von Schwarzpulver gebräuchlich, daher stammt der Name „Pulverholz".

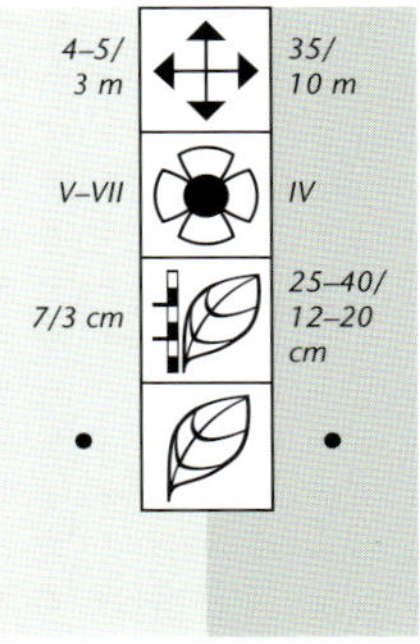

Fraxinus excelsior
Gewöhnliche Esche
Oleaceae, Ölbaumgewächse

Heimat: Europa bis Kleinasien.
Wuchs: Aufrechter, breitkroniger Baum. Borke grau, feinrissig, Holz langfaserig, wertvoll. Triebe graugrün, Knospen schwarz.
Blatt: Gegenständig, bis 25 cm lang, unpaarig gefiedert, mit 7–11 Einzelblättchen, diese 4–10 cm lang, breit lanzettlich, im Herbst grüngelb.
Blüte: Unauffällig, vor dem Austrieb, in achselständigen, rötlich grünen Rispen; IV.
Frucht: Braune, länglich geflügelte Nüsschen, 3–5 cm lang, in Büscheln hängend.
Standort: Frische, nährstoffreiche Böden.
Verwendung: Guter Bodenfestiger an Bächen und Flüssen, Waldrand, Parkanlagen.
Sorten: 'Nana', kleinkronig, auf Hochstamm veredelt, 2 m breit. 'Pendula', Hängeform.
Sonstiges: Triebe gabelig verzweigt, Holz für Werkzeugstiele.

Fraxinus ornus
Blumen-Esche, Manna-Esche
Oleaceae, Ölbaumgewächse

Heimat: Südliches Mitteleuropa, Mittelmeergebiet bis Kleinasien.
Wuchs: Breiter Strauch oder Baum, breit pyramidale Krone. Borke dunkelgrau, Triebe mit graubraunen Knospenschuppen, gegenständig.
Blatt: Unpaarig gefiedert, bis 22 cm lang, mit 5–7 Einzelblättchen, 5–10 cm lang.
Blüte: Endständige, cremeweiße Blütenrispen, 10 cm lang, reich blühend; V–VI.
Frucht: Geflügelte Nüsschen, 2,5–4,5 cm lang, braun.
Standort: Kalkhaltige Böden in sonniger, warmer Lage.
Verwendung: Einzeln oder in Gruppen für Gärten und Parks, Straßenbaum, auch für Innenstädte.
Sonstiges: Prächtiger Blütenbaum.

8–10 6 m	*0,5–1/ 0,5 m*
V–VI	*V–VI*
22/ 15 cm	*2/ 0,5 cm*
•	
	•

Gaultheria mucronata
(Syn. Pernettya mucronata)
Torfmyrte
Ericaceae, Heidekrautgewächse

Heimat: Süd-Chile.
Wuchs: Breit aufrechter, dicht verzweigter, immergrüner Strauch, viele Ausläufer.
Blatt: Wechselständig, ledrig, dunkelgrün, eiförmig, bis 2 cm lang, stachelspitz.
Blüte: Weiß, 5 mm groß, end- oder achselständig, zweihäusig; V–VI.
Frucht: Bis 12 mm große, kugelige Beerenfrüchte, je nach Sorte weiß, rot oder violett.
Standort: Saure, kalkfreie, feuchte Humusböden im Halbschatten.
Verwendung: Für Hecken und Gruppen im Moorbeet.
Sorten: 'Alba', weiß. 'Bells Seedling', rot. 'Rosea', rosa Früchte.
Sonstiges: Kümmert in Kalkböden.

Gaultheria procumbens
Niederliegende Scheinbeere,
Rebhuhnbeere
Ericaceae, Heidekrautgewächse

Heimat: Östliches Nordamerika.
Wuchs: Niederliegender Zwergstrauch, bis 15 cm hoch, unterirdische Ausläufer.
Blatt: Ledrig, Eiförmig elliptisch, bis 5 cm lang, immergrün, im Herbst rötlich.
Blüte: Hellrosa Blütenglöckchen, einzeln an den Triebenden, 4–7 mm; VI–VIII.
Frucht: Leuchtend rote Kapsel, 6–8 mm, lange haftend.
Standort: Kalkfreie, sandig humose Böden im Halbschatten.
Verwendung: Prächtiger Bodendecker für Heide- und Steingärten, Grab, Moorbeet.
Weitere Art: *G. shallon,* 80 cm, breites Laub, als Bindegrün unter „Salal“ bekannt.
Sonstiges: Dichter Wuchs in kalkfreien Böden.

Genista lydia
Lydischer Ginster
Fabaceae, Hülsenfrüchtler

Heimat: Ost-Balkan, Anatolien.
Wuchs: Breit wachsender Zwergstrauch, 50 cm hoch, Zweige nach unten gekrümmt.
Blatt: Wechselständig, linealisch, spitz, 5–10 mm, grün, Triebe vierkantig.
Blüte: Goldgelb, zu mehreren in dichtblütigen Trauben; V–VI.
Frucht: Flache Hülsen, 2,5 cm lang, giftig!
Standort: Sonnige Lagen, kalkliebend, trockenheitsverträglich.
Verwendung: Für Stein- und Heidegärten, Vorgarten, Gräber, Tröge, Dachgärten. Einzeln oder in Gruppen.
Sonstiges: Dankbarer Kleinstrauch für warme Lagen.

Gaultheria procumbens		Genista lydia
0,15/ 0,5 m	Wuchs	0,5/ 0,6 m
VI–VIII	Blüte	V–VI
5/3 cm	Blatt	1/0,3 cm
	sommergrün	•
•	immergrün	

Gleditsia triacanthos
Gleditschie, Lederhülsenbaum
Caesalpiniaceae, Caesalpiniengewächse

Heimat: Nordamerika.
Wuchs: 15–20(–40) m hoher Baum mit lockerer, schirmförmiger Krone. Borke braungrau, längsrissig, mit vielen rotbraunen, 10 cm langen, dreiteiligen Dornen.
Blatt: Gefiedert, bis 25 cm lang, wechselständig, hellgrüne Einzelblättchen bis 3 cm lang, eiförmig, goldgelbe Färbung im Herbst.
Blüte: Gelbgrün, wenig auffällig, in 5–7 cm langen Trauben; VI–VII.
Frucht: Braunrote Hülsen bis 40 cm lang, 3 cm breit, gedreht.
Standort: Sonnige bis halbschattige Lagen in durchlässigen, neutralen Böden.
Verwendung: In großen Gärten und Parks, Straßenbegleitgrün.
Sorten/Arten: 'Sunburst', Blätter goldgelb, später grün. *G. triacanthos* var. *inermis,* dornenlos.
Sonstiges: Windbruchgefährdet.

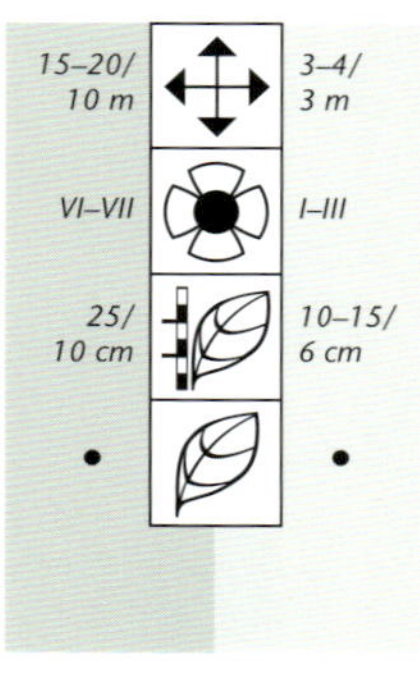

Hamamelis × intermedia
Zaubernuss
Hamamelidaceae, Zaubernussgewächse

Heimat: Sorte aus *H. japonica* × *H. mollis.*
Wuchs: Breit aufrechter Strauch, 3–4 m, schräg aufsteigende Zweige, Triebe graubraun.
Blatt: Eiförmig zugespitzt, 10–15 cm lang, wechselständig, Herbstfärbung gelb bis rot.
Blüte: Tiefgelb, 2–3 cm, gewellt, vierzählig, duftend, in Köpfchen; I–III.
Frucht: 2-klappige, verholzte Kapsel mit 2 schwarzen Samen.
Standort: Durchlässiger Boden, leicht sauer, im Halbschatten.
Verwendung: Einzelstand im Vorgarten oder Terrasse.
Weitere Arten und Sorten: 'Feuerzauber', rotorange (Bild). 'Jelena', gelb. 'Orange Beauty', orange. *H. japonica.*
Sonstiges: Auffällige Winterblüher. Veredlungen auf *H. japonica.*

Hamamelis mollis

Chinesische Zaubernuss
Hamamelidaceae, Zaubernussgewächse

Heimat: China.

Wuchs: Breit ausladender Strauch, Triebe weich behaart, wechselständig.

Blatt: Oberseits graugrün, unten weich behaart, 8–12 cm lang, goldgelb im Herbst.

Blüte: Kronblätter gelb, innen rötlich, 2 cm lang, gerade, in Köpfchen; I–III.

Frucht: 2-klappige Kapsel, verholzt, 2 cm lang, Samen werden fortgeschleudert.

Standort: Humose, leicht saure Böden im Halbschatten.

Verwendung: Einzelstand im Vorgarten, Parkgehölz.

Sorten: 'Pallida', großblumig, gelb, duftend.

Sonstiges: Veredlungen auf *H. virginiana*.

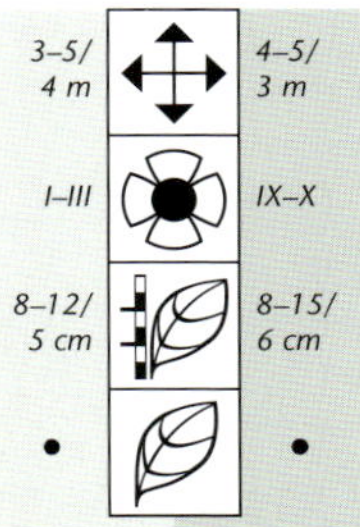

Hamamelis virginiana

Virginische Zaubernuss
Hamamelidaceae, Zaubernussgewächse

Heimat: Östliches Nordamerika.

Wuchs: Aufrechter ausladender Strauch.

Blatt: Elliptisch, 8–15 cm lang, beidseitig keilig zugespitzt, im Herbst gelb.

Blüte: Kronblätter hellgelb und 1,5 cm lang, streng duftend, in Köpfchen; X–IX.

Frucht: 2-klappige Kapsel, verholzt.

Standort: Humose, frische Böden im Halbschatten.

Verwendung: Solitärgehölz für größere Gärten und Parks.

Sonstiges: Rinde für kosmetische Zwecke (Cremes u.a.). Veredlungsunterlage für viele Arten. Die Blüten werden oft vom gelben Herbstlaub verdeckt.

Hebe ochracea
Strauchveronika
Scrophulariaceae, Braunwurzgewächse

Heimat: Neuseeland.
Wuchs: Kleinstrauch bis zu 50 cm hoch und 70 cm breit, Triebe olivgrün.
Blatt: Schuppenförmig, 2 mm lang, goldbraun, immergrün.
Blüte: Weiß, wenig auffällig, zu 4–8 in Büscheln an den Zweigenden; VII.
Frucht: Eiförmige, unscheinbare Kapseln bis 1 cm lang.
Standort: Sandig humose Böden in sonniger Lage.
Verwendung: Stein- und Heidegarten.
Sonstiges: Fremdartig wirkend, Erscheinungsbild erinnert an Koniferen.

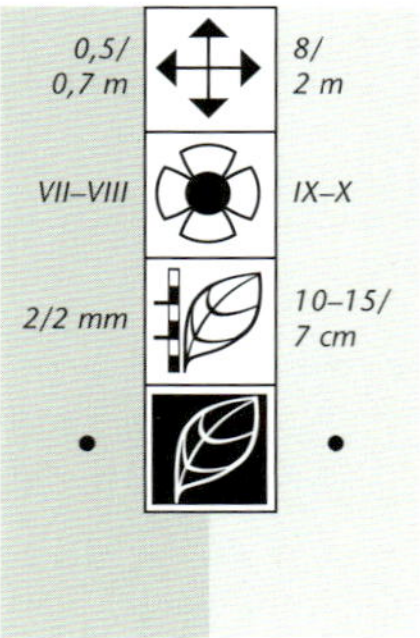

Hedera colchica
Kolchischer Efeu
Araliaceae, Araliengewächse

Heimat: Kaukasus, Nord-Anatolien.
Wuchs: Kriechend oder kletternd. Haftwurzeln an den Trieben.
Blatt: Breit eiförmig, 10–15 cm lang, beiderseits keilig, dunkelgrün, immergrün.
Blüte: Klein, grünlich gelb, in einfachen Dolden im Herbst; IX–X.
Frucht: Kugelige, beerenartige Steinfrüchte, reifen im Frühling, giftig, schwarz.
Standort: Humose, nähstoffreiche Böden im Halbschatten und Schatten.
Verwendung: Dichter Bodendecker und Kletterpflanze für Schattenlagen.
Sorten: 'Dentata Variegata', Blattrand weiß, für geschützte Lagen.
Sonstiges: Leidet in strengen Wintern.

Hedera helix
Gewöhnlicher Efeu
Araliaceae, Araliengewächse

Heimat: Europa, Mittelmeergebiete bis zum Kaukasus.
Wuchs: Immergrüner Bodendecker und starker Kletterer. Haftwurzeln.
Blatt: Variabel, dunkelgrün, 3- bis 5-lappig, im Alter eiförmig zugespitzt, 4–10 cm lang.
Blüte: Gelbgrün, in Dolden im Herbst an älteren Trieben; IX–X.
Frucht: Kugelige, beerenartige Steinfrüchte, schwarz, giftig, reifen im Frühling.
Standort: Kräftige, humose, kalkhaltige Böden im Schatten.
Verwendung: Sehr guter Bodendecker, zur Begrünung von vertikalen Flächen aller Art.
Sorten: Rund 500 Sorten, z.B. 'Goldherz' (Bild), grün, gelbe Mitte. 'Wingertsberg', grün, im Winter rötlich.
Sonstiges: Wichtige Pflanze für die Grabgestaltung.

Hedera helix		Hibiscus syriacus
10–20/ 5 m		2–3/ 2 m
IX–X		VIII–IX
4–10/ 6 cm		5–10/ 3 cm
•		
		•

Hibiscus syriacus
Strauch-Eibisch
Malvaceae, Malvengewächse

Heimat: China und Indien.
Wuchs: Aufrechter Strauch, graue Triebe, wechselständige Knospen.
Blatt: 3-lappig, 5–10 cm lang, grob gezähnt, sommergrün, gelbes Herbstlaub.
Blüte: Trichterförmig, 10 cm groß, violett, im Sommer; VIII–IX.
Frucht: Kapsel 5-klappig, 2–3 cm lang, eiförmig, enthält viele feine Samen.
Standort: Nährstoffreiche, humose Gartenböden in voller Sonne.
Verwendung: Einzeln oder in Gruppen in Gärten und Parks.
Sorten: 'Coelestis', blauviolett. 'Totus Albus', reinweiß. 'Woodbridge', rubinrot. 'Russian Violet' (Bild). Gefüllte Blüten faulen bei Nässe rasch.
Sonstiges: Samenvermehrung, besser durch Veredlung. Schlecht verpflanzbar.

Hippophaë rhamnoides
Gewöhnlicher Sanddorn
Elaeagnaceae, Ölweidengewächse

Heimat: Europa bis Zentralasien.
Wuchs: Strauch bis Kleinbaum mit lockerer Krone, silbriger Stamm. Triebe mit silbrigen Haaren und dornige Kurztriebe.
Blatt: Wechselständig, schmal lanzettlich, graugrün, unten silbrig, 5–8 cm lang.
Blüte: Unscheinbar, gelblich, 2-häusig, in kurzen Trauben; III–IV.
Frucht: Orangerote beerenartige Steinfrucht, 8 mm groß, saftig, enthält viel Vitamin C, Nutzpflanze.
Standort: Durchlässige Böden, auch im Sand und auf Kalkböden in voller Sonne.
Verwendung: Heimisches Fruchtgehölz für Böschungen, Landschaftsgehölz.
Sorten: 'Dorana', weibliche Sorte mit größeren Früchten.
Sonstiges: Bildet längere Ausläufer, besonders im Sand.

Hippophaë rhamnoides		Holodiscus discolor
3–7/ 3 m		*2–3/ 2 m*
III–IV		*VI–VIII*
5–8/ 0,5–1 cm		*4–10/ 3–7cm*
•		•

Holodiscus discolor
Wald-Schaumspiere
Rosaceae, Rosengewächse

Heimat: Westliches Nordamerika.
Wuchs: Aufrechter Strauch mit überhängenden Trieben, 2–2,5 m hoch.
Blatt: Eiförmig, 4–10 cm lang, fiederig gelappt, unterseits graugrün behaart.
Blüte: Gelblich weiß, in 10–20 cm langen, überhängenden Rispen; VI–VIII.
Frucht: Unscheinbare, braune Nüsschen.
Standort: Normale, humusreiche Gartenböden in sonnigen und schattigen Lagen.
Verwendung: Einzeln oder in kleinen Gruppen in Gärten und Parks.
Varietät: *H. discolor* var. *ariifolius,* wird meist statt der Art verwendet.
Sonstiges: Wenig bekannter Blütenstrauch, aber sehr attraktiv.

Hydrangea anomala subsp. petiolaris

Kletter-Hortensie
Hydrangeaceae, Hortensiengewächse

Heimat: Japan, Taiwan, Korea.
Wuchs: Strauch bis 8 m, in der Heimat bis 20 m hoch kletternd, Triebe braun, steif, waagerecht verzweigt, mit Haftwurzeln. Gegenständige, große Knospen.
Blatt: Dunkelgrün, eiförmig zugespitzt, bis 15 cm lang, goldgelbes Herbstlaub.
Blüte: Weiß, in bis zu 20 cm breiten Trugdolden, Randblüten steril, 4-zählig, 3 cm; VII.
Frucht: Unscheinbare Kapsel, bei uns sehr selten, erscheinen aus den inneren fertilen Blütchen.
Standort: Tiefgründige, humose Gartenböden im Schatten und Halbschatten.
Verwendung: Begrünung von Mauern, älteren Bäumen, für Innenhöfe,
Sonstiges: Wächst langsam.

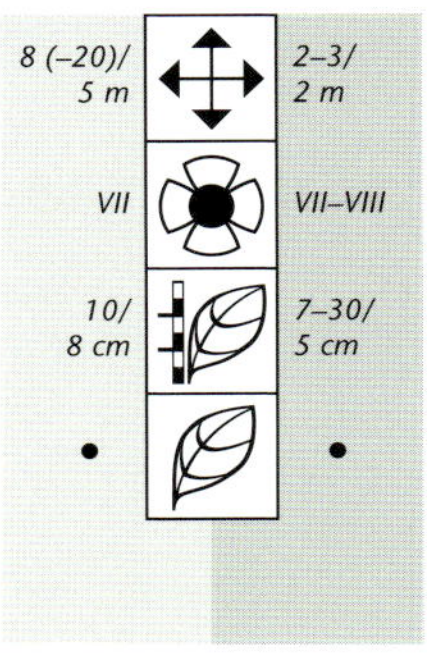

Hydrangea aspera subsp. sargentiana

Samt-Hortensie
Hydrangeaceae, Hortensiengewächse

Heimat: China (Hupeh).
Wuchs: Wenig verzweigter Strauch, samtig behaarte Triebe.
Blatt: Eiförmig bis lanzettlich, 7–30 cm lang, zugespitzt, unterseits dicht grau behaart, gegenständig angeordnet.
Blüte: Flache Trugdolden 10–15 cm breit, außen weiße sterile Blüten, auffällig; VII–VIII.
Standort: Humose, saure, durchlässige Böden im Halbschatten und Schatten.
Verwendung: Einzeln oder in Gruppen in geschützter Lage in Hausgärten und Parks.
Sonstiges: Auffälliger Blütenstrauch für milde Klimagebiete.

Hydrangea paniculata
Rispen-Hortensie
Hydrangeaceae, Hortensiengewächse

Heimat: Japan, südöstliches China.
Wuchs: Aufrechter Strauch, in Japan auch Kleinbaum bis 10 m.
Blatt: Elliptisch bis eiförmig, 5–15 cm lang, zugespitzt, Basis keilig, mattgrün.
Blüte: In kegelförmigen, 15–20 cm langen Rispen, weiß, später altrosa, 3 cm breit; VII–IX.
Frucht: Unscheinbare Kapseln, braun.
Standort: Humose, leicht saure Böden im Halbschatten.
Verwendung: Einzeln oder in Gruppen im Hausgarten.
Sorten: 'Grandiflora', große Blüten bis in den Winter zierend, dann braun werdend.
Sonstiges: Dankbarer Blütenstrauch.

Hydrangea paniculata		Idesia polycarpa
2(–10)/ 2 m	Wuchs	10–15/ 4 m
VII–IX	Blüte	V–VI
5–15/ 5 cm	Blatt	15–25/ 7 cm
•		•

Idesia polycarpa
Orangenkirsche
Flacourtiaceae, Flacourtiengewächse

Heimat: Japan, China, Korea, Taiwan.
Wuchs: Bis 15 m hoher Baum mit regelmäßigen Astquirlen; glatte, graue Rinde.
Blatt: Wechselständig, herz- bis eiförmig, 15–25 cm, zugespitzt, unterseits blaugrün.
Blüte: 2-häusig, grünlich gelb, in hängenden Rispen, 20 cm lang. Männliche Einzelblüte 1,5 cm breit; V–VI.
Frucht: Rundliche, orangerote Beere, 8 mm groß, Samen zahlreich.
Standort: Lehmig humose Böden in voller Sonne, wärmeliebend.
Verwendung: Einzeln in größeren Gärten und Parks.
Sonstiges: Früchte bleiben im Herbst lange hängen.

Ilex aquifolium

Gewöhnliche Stechpalme
Aquifoliaceae, Stechpalmengewächse

Heimat: Nordafrika, Europa bis China.
Wuchs: Breiter Strauch bis Kleinbaum, 10–12 m hoch, breitbuschig bis aufrecht. Borke hellgrau, glatt, jüngere Triebe grün mit wechselständigen Knospen.
Blatt: Immergrün, eiförmig bis lanzettlich, derb ledrig, am Rand gezähnt, bis 10 cm.
Blüte: 2-häusig, kleine, weiße Blüten in den Blattachseln, in Büscheln; V–VI.
Frucht: Steinfrüchte rot, kugelig, 1 cm groß, giftig!
Standort: Humose Böden im Schatten, gut in wintermildem Klima.
Verwendung: Einzeln oder als Hecke in Gärten und Parks.
Sorten: 'Alaska', 3–4 m. 'I.C. van Tol', fast stachelloses Laub, 5 m.
Sonstiges: Im Winter Schutz vor Sonne und Wind, auf Blatt-Minierfliege achten.

Ilex aquifolium		Ilex crenata
4–12/ 5 m	Wuchs	2–3/ 1,5 m
V–VI	Blüte	V–VI
10/ 4 cm	Blatt	2–3/ 2 cm
•	immergrün	•

Ilex crenata

Japanische Stechpalme
Aquifoliaceae, Stechpalmengewächse

Heimat: Japan.
Wuchs: Immergrüner Busch, 2–3 m hoch, breit wachsend.
Blatt: Elliptisch bis länglich lanzettlich, 2–3 cm lang, Blattbasis keilig, dunkelgrün.
Blüte: Weiß, vierzählig, zweihäusig, weibliche Blüten in kleinen Büscheln; V–VI.
Frucht: Glänzend schwarze, kugelige Steinfrucht, 6 mm groß.
Standort: Humose, leicht saure Böden im Halbschatten bei hoher Luftfeuchtigkeit.
Verwendung: Einzeln, auch als kleine Hecke im Garten und Park.
Sorten: 'Convexa', gebogene Blättchen. 'Stokes', niedrig.
Sonstiges: Geschützte, luftfeuchte Lagen.

Ilex × meserveae
Stechpalme
Aquifoliaceae, Stechpalmengewächse

Heimat: Züchtungen aus *Ilex aquifolium* × *Ilex rugosa*.
Wuchs: Buschig aufrecht, 2–3 m hoch, Triebe violettbraun.
Blatt: Dunkelgrün, breit eiförmig, 3–4 cm lang, am Rand stachelig gezähnt.
Blüte: Rosa-weiß, in Büscheln; V–VI.
Frucht: Kugelige, glänzend rote Steinfrucht, 5–7 mm dick, giftig.
Standort: Humusreiche, saure Böden im Halbschatten.
Verwendung: Einzeln oder in Gruppen unter Bäumen.
Sorten: 'Blue Princess', weiblich. 'Blue Prince', männlich, guter Pollenspender.
Sonstiges: Vermehrung durch Stecklinge und Samen.

Jasminum nudiflorum
Winter-Jasmin
Oleaceae, Ölbaumgewächse

Heimat: West-China.
Wuchs: Überhängender Busch mit vierkantigen, grünen Trieben bis 1 m, als Spalierstrauch an Gerüsten gezogen bis 3 m hoch, Spreizklimmer.
Blatt: Gegenständig angeordnet, 3-zählig, 2–3 cm lang, dunkelgrün.
Blüte: Im Herbst vorgebildet, achselständig, goldgelb, röhrig, 2,5 cm lang, duftet nicht.
Frucht: Unscheinbare, schwarze Beeren, selten.
Standort: Durchlässige Gartenböden, sonnig bis halbschattig.
Verwendung: Auf Mauern und Böschungen, an Wänden als Winterblüher.
Sonstiges: Blüht in milden Wintern schon ab November. Stecklingsvermehrung einfach.

Ilex × meserveae		Jasminum nudiflorum
1–2/ 2 m		1–3/ 3 m
V–VI		I–IV
3–4/ 3 cm		2–3/ 2–3 cm
•		
		•

Juglans regia
Echte Walnuss
Juglandaceae, Walnussgewächse

Heimat: Südeuropa, Balkan, Vorderasien.
Wuchs: Breitkroniger Baum. Gefächertes Mark. Borke graubraun, lange glatt bleibend.
Blatt: 20–50 cm lang, unpaarig gefiedert, Blättchen 5–9, elliptisch zugespitzt, 6–12 cm lang, dunkelgrün, glatt, im Herbst gelb-braun.
Blüte: Einhäusig, männliche Blüten grün, in bis 10 cm langen Kätzchen, weibliche Blüten zu 2–5, endständig, federig.
Frucht: Kugelig, 4–6 cm lang, grün, dünnschalig, Steinkern runzelig, Nussfrucht essbar.
Standort: Tiefgründige, kalkreiche Böden in warmer, sonniger Lage. Weinbauklima.
Verwendung: Einzeln oder in kleinen Gruppen im Park, Dorf, Landschaft. Nutzbaum.
Sorten: Veredelte, dünnschalige Sorten verwenden.
Sonstiges: Spätfrostgefährdet.

Juglans regia	Kalmia latifolia
15–20/ 15 m	3/2 m
IV–V	V–VI
20–35/ 16 cm	5–10/ 3 cm
•	
	•

Kalmia latifolia
Breitblättrige Lorbeerrose, Berglorbeer
Ericaceae, Heidekrautgewächse

Heimat: Östliche USA.
Wuchs: Breit aufrechter Strauch, in USA Kleinbaum bis 10 m Höhe.
Blatt: Wechselständig, elliptisch lanzettlich, 5–10 cm, beidseitig zugespitzt, immergrün, ledrig, unterseits hellgrün.
Blüte: Schüsselförmige, rosa Blüten in Trugdolden, 2,5 cm breit; V–VI.
Frucht: Braune Kapseln, 5 mm groß, wenig auffallend.
Standort: Frisch bis feuchte, humose, saure Böden im Halbschatten.
Verwendung: Einzelstellung im Heidegarten, zusammen mit Rhododendron.
Weitere Arten: *K. angustifolia,* schmalblättrig, bis 1 m hoch.
Sonstiges: Schönes, immergrünes Solitärgehölz, aber in allen Teilen giftig.

Kerria japonica

Kerrie, Ranunkelstrauch
Rosaceae, Rosengewächse

Heimat: Zentral-China.

Wuchs: Breit aufrecht wachsender Strauch, 2 m, viele Wurzelausläufer, Triebe hellgrün, im Alter braun, überhängend, kurzlebig, daher jährlicher Auslichtungsschnitt.

Blatt: Wechselständig, hellgrün, 5–6 cm lang, am Rand doppelt gesägt.

Blüte: Goldgelb, schalenförmig bis 3 cm groß, fünfzählig, entlang der Zweige; IV–V.

Frucht: Schwarzbraune 5 mm große Nüsschen, selten zu sehen.

Standort: Auf allen Gartenböden in sonniger und halbschattiger Lage.

Verwendung: Herrlicher Blütenstrauch für Gehölzgruppen oder unter Blütenbäumen.

Sorten: 'Pleniflora', dicht gefüllte, ranunkelartige Blüten.

Sonstiges: Ausbreitung durch in den Boden eingelassene Folien begrenzen.

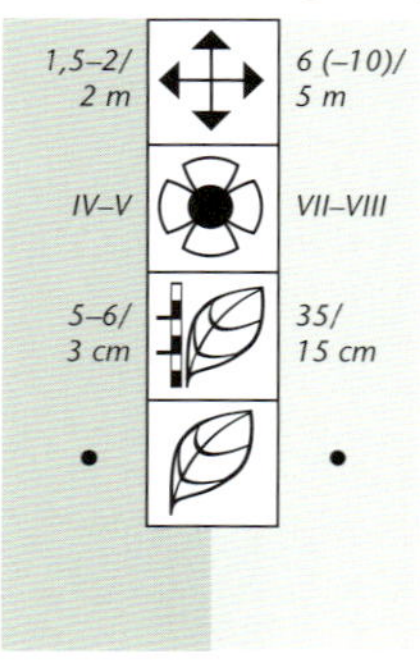

Koelreuteria paniculata

Rispiger Blasenbaum
Sapindaceae, Seifenbaum-
gewächse

Heimat: China, Korea, Japan.

Wuchs: Bis 6(–10) m hoher, breitkroniger Baum, braungraue, feinrissige Rinde.

Blatt: Unpaarig gefiedert bis 35 cm lang, dunkelgrün mit gelbem Herbstlaub. Einzelblättchen eiförmig länglich, gesägt und gelappt, 3–8 cm lang.

Blüte: Gelb, 1 cm groß, zu vielen in 30 cm langer Rispe über dem Laub; VII–VIII.

Frucht: Papierartig aufgeblasene Kapsel, 5 cm, grün-braun, mit schwarzen Samen.

Standort: Warme, sonnige Lagen auf allen guten Gartenböden.

Verwendung: Einzeln in Gärten und Parks. Geschützte Pflanzplätze.

Sonstiges: Auffällig durch die sommerliche Blüte.

Kolkwitzia amabilis
Kolkwitzie
Caprifoliaceae, Geißblattgewächse

Heimat: Zentral-China.
Wuchs: Breit aufrechter Strauch, überhängende Triebe, graubraun, mit abblätternder Rinde. Bildet viele Triebe aus der Basis. Gegenständig.
Blatt: Spitz eiförmig, 5–7 cm lang, schwach behaart, braunrote Herbstfärbung.
Blüte: Hellrosa Blüten, 2 cm, paarweise in Trugdolden, reich blühend; V–VI.
Frucht: Borstig behaarte Fruchtkapseln und sternförmige, rote Kelchblättchen bleiben lange am Strauch hängen.
Standort: Durchlässige Gartenböden in voller Sonne.
Verwendung: Einzeln oder in Gruppen, auch als frei wachsende Hecke in Gärten und Parks.
Sonstiges: Prächtiger, reich blühender Strauch. Keine Krankheiten oder Schädlinge, mäßiger Auslichtungsschnitt im Winter.

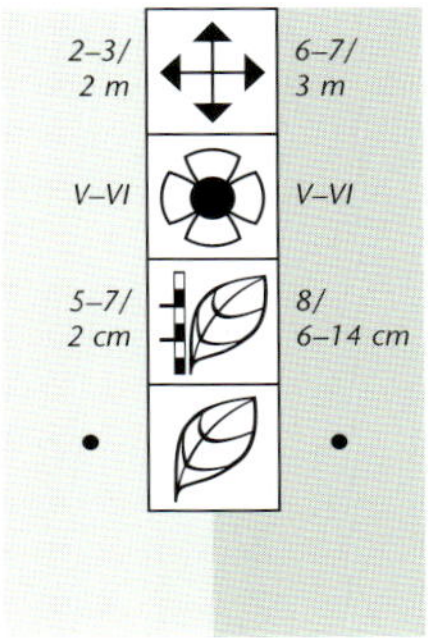

Laburnum anagyroides
Gewöhnlicher Goldregen
Fabaceae, Hülsenfrüchtler

Heimat: Südeuropa.
Wuchs: Mehrstämmiger Kleinbaum, bis 7 m hoch, trichterförmige Krone, überhängend. Rinde grün, glatt. Triebe anfangs seidig behaart, Knospen wechselständig.
Blatt: Dunkelgrün, 3-teilig, bis 8 cm lang, elliptisch zugespitzt, gestielt, unterseits seidig behaart.
Blüte: Goldgelb, 2 cm, an bis zu 20 cm langen, hängenden Trauben; V–VI.
Frucht: Flache Hülsen, 8 cm lang. Die braunen, linsenförmigen Samen sind stark giftig.
Standort: Durchlässige, kalkhaltige Böden in voller Sonne.
Verwendung: Gärten und Parks in Einzelstellung, nie an Kinderspielplätzen.
Weitere Art: *L. alpinum,* Alpen-Goldregen, kahle, ungestielte Blätter.
Sonstiges: Pflanze ist in allen Teilen giftig.

Laburnum × watereri 'Vossii'

Goldregen 'Vossii'
Fabaceae, Hülsenfrüchtler

Heimat: Züchtung aus *L. alpinum* × *L. anagyroides.*

Wuchs: Stark wachsender Kleinbaum mit schmaler Krone.

Blatt: 3-teilig, grün, unterseits heller, kahl, 3–7 cm lang.

Blüte: Gelb, duftend, in bis zu 50 cm langen Trauben hängend; V–VI.

Frucht: Seidenhaarige Hülsen, selten, Samen schwarzbraun, giftig.

Standort: Durchlässige, kalkhaltige Böden in voller Sonne.

Verwendung: Einzelstellung in Gärten und Parks, nicht an Kinderspielplätzen.

Sonstiges: Reich blühend, aber giftig. Wird veredelt. Blüht etwas später als der Gewöhnliche Goldregen. Pflanze ist in allen Teilen giftig.

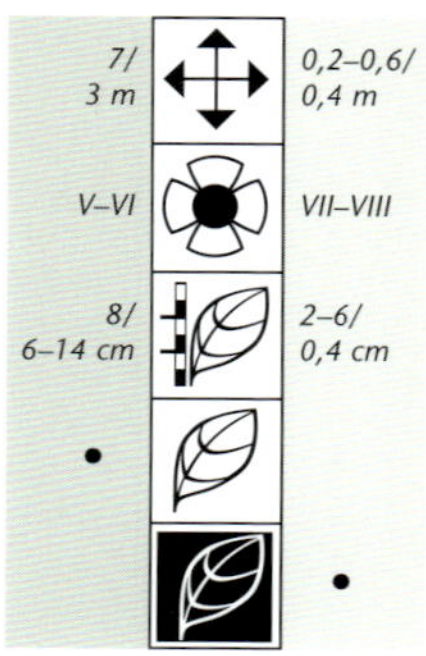

Lavandula angustifolia

Echter Lavendel
Lamiaceae, Lippenblütler

Heimat: Südeuropa.

Wuchs: Zwergstrauch, reich verzweigt, aufrecht, immergrün.

Blatt: Kreuzweise gegenständig, linealisch lanzettlich, 2–6 cm lang, grau-grün.

Blüte: Blauviolette Blüten, 1 cm, an lang gestielten Scheinähren im Sommer; VII–VIII.

Frucht: Kleine Nüsschen in köpfchenartigen Fruchtständen.

Standort: Lockere, sandige Böden in voller Sonne, wärmeliebend.

Verwendung: In Stein- und Rosengärten, auch als Schnitthecke für Einfassungen.

Sorten: 'Hidcote', großblütig, dunkelviolett. 'Munstead', breit wachsend.

Sonstiges: Geschützte Plätze. Rückschnitt nach der Blüte (Abschnitte für Duftkissen). Wichtige Nutzpflanze für die Kosmetik (Seifen, Duftwasser etc.).

Lespedeza thunbergii
Thunbergs Buschklee
Fabaceae, Hülsenfrüchtler

Heimat: Nord-China, Japan.
Wuchs: Kleiner Strauch bis 1,5 m hoch und breit, Triebe stark überhängend.
Blatt: Wechselständig, 3-teilig, dunkelgrün, zugespitzt, 3–5 cm lang.
Blüte: Purpurrosa, 1,2 cm lang, in 8–20 cm langen, hängenden Trauben am Ende der diesjährigen Triebe; IX–X.
Frucht: Flache Hülsen, selten.
Standort: Im Weinbauklima an sonnigen Plätzen in durchlässigen Böden.
Verwendung: Auf Mauerkronen, in Kübeln, muss herabhängen können. Winterschutz.
Sonstiges: Rückschnitt im Frühling empfehlenswert.

Ligustrum obtusifolium var. regelianum
Stumpfblättriger Liguster
Oleaceae, Ölbaumgewächse

Heimat: Japan.
Wuchs: Breit wachsend, 1–1,5 m hoch und breit, Zweige waagerecht abstehend.
Blatt: Elliptisch, 2–6 cm lang, beidseitig zugespitzt, gegenständig, grün.
Blüte: Weiße Röhrenblüten in nickenden Rispen; VI–VII.
Frucht: Rundliche, schwarze Beerenfrüchte, 6 mm groß, schwach giftig.
Standort: Normale, tiefgründige Gartenböden in voller Sonne.
Verwendung: Einzeln oder in Gruppen, auch als Heckenpflanze für Gärten.
Sonstiges: Reichblütig.

Lespedeza thunbergii		Ligustrum obtusifolium var. regelianum
1,5/ 1,5 m		1,5/ 1,5 m
IX–X		VI–VII
5–12/ 6–14 cm		2–6/ 2 cm
•		•

Ligustrum vulgare
Gewöhnlicher Liguster, Rainweide
Oleaceae, Ölbaumgewächse

Heimat: Nordafrika, von Europa bis Kleinasien.

Wuchs: Hoher, reich verzweigter Strauch, graue Triebe, viele Lentizellen.

Blatt: Gegenständig, glänzend dunkelgrün, eiförmig lanzettlich, bis 8 cm lang.

Blüte: Weiße, duftende Röhrenblüten in dichten Rispen, Einzelblüte 4-zipfelig, 6 mm breit; VI–VII.

Frucht: Beerenfrüchte kugelig, schwarz, 8 mm groß, giftig.

Standort: Anspruchslos, für alle Böden und Lagen, verträgt auch starken Rückschnitt.

Verwendung: Hervorragende Heckenpflanze, für Böschungen und Feldhecken.

Sorten: 'Atrovirens', größere Blätter, wintergrün. 'Lodense', 50 cm hoch, für Dächer und Einfassungen, kleine Blätter im Herbst bronzebraun.

Sonstiges: Besonders anspruchsloser Bodenfestiger.

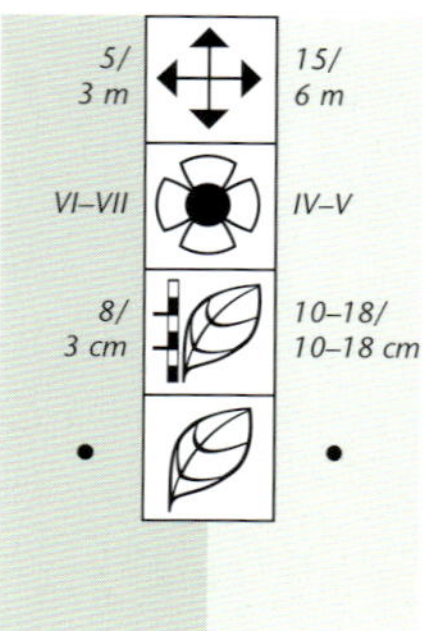

Liquidambar styraciflua
Amerikanischer Amberbaum
Hamamelidaceae, Zaubernussgewächse

Heimat: Südöstliche USA, Mittelamerika.

Wuchs: Hoher Baum bis 15(–45) m mit zuerst kegelförmiger Krone, später breiter. Borke dunkelgrau, tief gefurcht, Triebe mit unregelmäßigen Korkleisten.

Blatt: 5-lappig, 10–18 cm lang und breit, grün, im Herbst von gelb bis violett. Wechselständige Anordnung (Unterschied zu Ahornen).

Blüte: Einhäusig, männliche Blüten gelb, weibliche in kugeligen Köpfchen, hängend; IV–V.

Frucht: Geschnäbelte, verholzte Kapseln in hängendem Köpfchen, 2–3 cm dick.

Standort: Nährstoffreiche, sandig humose, leicht saure Böden in sonniger Lage.

Verwendung: Solitärgehölz in Gärten und Parks.

Sonstiges: Großartige Herbstfärbung.

Liriodendron tulipifera
Amerikanischer Tulpenbaum
Magnoliaceae, Magnoliengewächse

Heimat: Östliches Nordamerika.
Wuchs: Großer Baum mit breiter Krone. Borke graubraun, gefurcht, Knospen wechselständig, entenschnabelförmig.
Blatt: Wechselständig, fast viereckig, Mittelachse gestutzt, Basis abgerundet, 8–15 cm lang und breit, oberseits frischgrün, unterseits bläulich grün, im Herbst goldgelb.
Blüte: Tulpenförmig, 4–5 cm groß, grünlich gelb, innen orange; V–VI.
Frucht: Zapfenartige, 6–8 cm lange Sammelfrucht, aus geflügelten Nüsschen bestehend.
Standort: Frisch feuchte, humose Böden in sonniger Lage, wärmeliebend.
Verwendung: Solitär für größere Gärten und Parks. Winterschutz: Jungpflanzen bis 1 m Höhe!
Sorten: 'Fastigiata', schlank.
Sonstiges: Wird meist auf *L. chinense* veredelt, mit tiefer eingeschnittenem Laub.

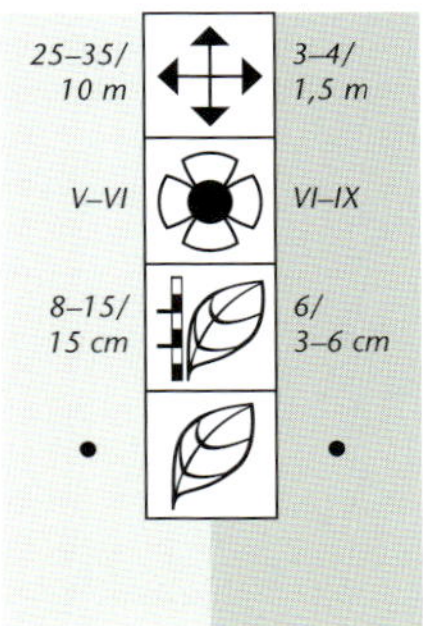

Lonicera × heckrottii
Feuer-Geißblatt
Caprifoliaceae, Geißblattgewächse

Heimat: Züchtung aus *L. americana* × *L. sempervirens*.
Wuchs: Schwach windender Strauch bis 4 m Höhe, Zweige hohl, kahl, braunrot.
Blatt: Gegenständig, länglich elliptisch, bis 6 cm lang, unterseits bläulich grün.
Blüte: Rot, innen gelb, duftend, 4–5 cm lang, röhrig lippig, in Quirlen; VI–IX.
Frucht: Rote, erbsengroße Beeren, giftig, halten lange.
Standort: Feuchtere, nährstoffreiche Böden im Halbschatten.
Verwendung: Kleinere Gerüste, Pergolen, Zäune, nie an Kinderspielplätze.
Sorten: 'Goldflame', Blüten dunkler.
Sonstiges: Blüten und Früchte oft gleichzeitig.

Lonicera henryi

Henrys Geißblatt, Immergrünes Geißblatt
Caprifoliaceae, Geißblattgewächse

Heimat: West-China.
Wuchs: Stark wachsender Schlinger, Zweige hohl, behaart.
Blatt: Immergrün, gegenständig, länglich lanzettlich zugespitzt, 4–9 cm lang.
Blüte: Trübrot, paarig angeordnet, 2 cm lang, röhrig 2–lippig; VI–VII.
Frucht: Schwarze, blau bereifte Beere, 6 mm groß, giftig.
Standort: Nährstoffreiche, humose Böden im Halbschatten und Schatten.
Verwendung: Lauben, Pergolen, Zäune, für ganzjährigen Sichtschutz.

Lonicera maackii

Maacks Heckenkirsche, Schirm-Heckenkirsche
Caprifoliaceae, Geißblattgewächse

Heimat: Ostasien: Korea, Japan, Mandschurei.
Wuchs: Breit aufrechter Strauch, schirmförmige Krone, Triebe hohl.
Blatt: Gegenständig, eiförmig lanzettlich, zugespitzt, 6–8 cm lang, mattgrün, im Herbst gelbgrün.
Blüte: Weiß, später gelb, 2 cm lang, röhrig, tief eingeschnitten, paarig angeordnet, V–VI.
Frucht: Rote Beeren, 4 mm, kugelig, bleiben lange am Strauch, giftig.
Standort: Tiefgründige, humose Böden in vorwiegend sonniger Lage.
Verwendung: Einzeln in Gärten und Parks, herrlicher Fruchtstrauch.

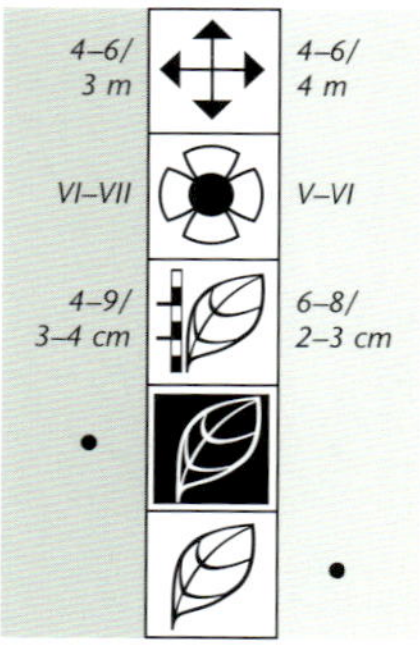

Lonicera pileata
Immergrüne Kriech-Heckenkirsche
Caprifoliaceae, Geißblattgewächse

Heimat: Mittel- und West-China.
Wuchs: Ausgebreiteter, bis 80 cm hoher, immergrüner Strauch, Triebe mit Mark.
Blatt: 2-zeilig stehend, länglich lanzettlich, 2–3 cm lang, dunkelgrün.
Blüte: Blassgelb, 7–8 mm, röhrig lippig, duftend, paarig angeordnet; V.
Frucht: Kugelige, lilafarbene Beere, 6 mm, giftig.
Standort: Humose Böden im Halbschatten.
Verwendung: Flächendecker, unter Gehölzen, Straßenbegleitgrün, niedrige Hecken, Kübel.
Ähnliche Art: *L. nitida,* bis 1,5 m hoch, meist wird die niedrige Sorte 'Elegant' verwendet.
Sonstiges: Bedingt frosthart, Rückschnitt möglich.

L. pileata		L. periclymenum
0,8/ 1 m	Wuchs	4–6/ 3 m
V	Blüte	V–VII
2–3/ 1 cm	Blatt	4–6/ 3 cm
•	immergrün	
	sommergrün	•

Lonicera periclymenum
Wald-Geißblatt
Caprifoliaceae, Geißblattgewächse

Heimat: Europa, Nordwesten Afrikas.
Wuchs: Stark schlingend, 4–6 m hoch, Triebe hohl.
Blatt: Eiförmig elliptisch, 4–6 cm lang, unterseits blaugrün, anfangs behaart.
Blüte: Gelblich weiß, stark duftend, 4–5 cm lang, röhrig, Krone 2–lippig; V–VII.
Frucht: Rote, kugelige Beere, 8 mm dick, giftig.
Standort: Humose, kalkfreie, durchlässige Böden im Halbschatten.
Verwendung: Pergolen, Klettergerüste in wintermilden Lagen.
Weitere Arten und Sorten: 'Belgica', strauchiger Wuchs, Blüten blassviolett. *L. caprifolium,* bis 10 cm großes Blatt, etwas größere blüten.
Sonstiges: Weinbau- oder Seeklima.

Lonicera tatarica
Tataren-Heckenkirsche
Caprifoliaceae, Geißblattgewächse

Heimat: Nördliches Europa bis Asien.
Wuchs: Breit aufrecht, Triebe hohl.
Blatt: Eiförmig lanzettlich, 3–6 cm lang, zugespitzt, unterseits bläulich grün.
Blüte: Weiß-rot, 2 cm lang, paarweise achselständig, 2–lippig; V–VI.
Frucht: Hellrote, kugelige Beeren, giftig.
Standort: Anspruchslos, für alle normalen Gartenböden in sonniger Lage.
Verwendung: Wind- und Sichtschutz in Parks, Unterpflanzungen, die Sorten auch einzeln.
Sorten: 'Arnold's Red', dunkelrot (Bild).

Lonicera × tellmanniana
Gold-Geißblatt
Caprifoliaceae, Geißblattgewächse

Heimat: Züchtung aus *L. sempervirens* × *L. tragophylla.*
Wuchs: Stark wachsender Schlinger, olivbraune Triebe kahl und hohl.
Blatt: Tiefgrün, elliptisch zugespitzt, bis 10 cm lang, unterseits weißlich bereift, oberstes Blattpaar zu einer Scheibe verwachsen.
Blüte: Orangegelb, 5 cm lang, röhrenförmig, Krone 2–lippig, in endständigen Quirlen; V–VII.
Frucht: Rote Beeren in endständigen Trauben, giftig.
Standort: Humose Gartenböden im Halbschatten.
Verwendung: Für Pergolen und Zäune.
Sonstiges: Reich blühender Schlinger, remontiert.

Lonicera tatarica		Lonicera × tellmanniana
3–4/ 3–4 m	(Höhe/Breite)	4–5/ 3 m
V–VI	(Blüte)	V–VII
3–6/ 3 cm	(Blatt)	10/ 4 cm
•	(Laub)	•

Lonicera xylosteum
Rote Heckenkirsche
Caprifoliaceae, Geißblattgewächse

Heimat: Mitteleuropa, Kaukasus.
Wuchs: Breit aufrechter, sparrig verzweigter Strauch, Zweige hohl, hellgrau.
Blatt: Breit elliptisch, 3–6 cm lang, stumpf, leicht behaart, mattgrün.
Blüte: Gelblich weiß, 1–1,5 cm lang, paarig in den Blattachseln, kurzröhrig; V–VI.
Frucht: Glänzend rote Beeren, 5–7 mm groß, giftig.
Standort: Waldrand, humose Böden im Halbschatten, schwach sauer.
Verwendung: Landschaftsgehölz, Sichtschutz in städtischen Anlagen, anspruchslos.
Sonstiges: Laub wird von der Minierfliege geschädigt.

Lonicera xylosteum		Lycium barbarum
3/ 3 m	(Wuchs)	2–3/ 2 m
V–VI	(Blüte)	VI–IX
3–6/ 3–4 cm	(Blatt)	3–10/ 2 cm
•	(Laub)	•

Lycium barbarum
Gewöhnlicher Bocksdorn
Solanaceae, Nachtschattengewächse

Heimat: China, Süd- und Mitteleuropa (nach Einbürgerung verwildert).
Wuchs: Strauch mit langen, überhängenden, dornig bewehrten Zweigen, auch Spreizklimmer.
Blatt: Länglich lanzettlich, 3–10 cm lang, graugrün, zugespitzt, wechselständig.
Blüte: Violett, 1 cm lang, 1- bis 4-zählig, trichterförmige Krone; VI–IX.
Frucht: Elliptische, rote Beere, 1–2 cm lang, giftig.
Standort: Anspruchslos, sonnig und trockenheitsliebend, salzverträglich.
Verwendung: Sonnige Böschungen, Halden, Straßenbegleitgrün.
Sonstiges: Für pflegeextensive Standorte, kein Partner zu Stauden.

Magnolia kobus
Kobushi-Magnolie
Magnoliaceae, Magnoliengewächse

Heimat: Japan.
Wuchs: Großstrauch oder Kleinbaum, aufstrebend, Triebe kahl, grau.
Blatt: Verkehrt eiförmig, 6–12 cm lang, zugespitzt, Basis keilförmig, dunkelgrün.
Blüte: Weiß, duftend, 10 cm breit, mit 6–8 Petalen, sternförmig; IV–V.
Frucht: Walzenförmige, zapfenartige Früchte, 7–10 cm, mit roten Samen.
Standort: Humose, leicht saure Böden im Halbschatten.
Verwendung: Einzeln im Hausgarten oder Park.
Sonstiges: Vollblüte erst nach dem 10. Standjahr.

Magnolia × soulangiana
Tulpen-Magnolie
Magnoliaceae, Magnoliengewächse

Heimat: Züchtung aus *M. denudata* × *M. liliiflora* (China).
Wuchs: Breit ausladender Großstrauch oder Kleinbaum, Rinde silbergrau. Triebe mit wechselständigen, pelzig behaarten Knospen.
Blatt: Grün, verkehrt eiförmig, bis 18 cm lang und 9 cm breit, unterseits behaart.
Blüte: Vor dem Laubaustrieb, aufrecht, tulpenförmig, bis 18 cm groß, rosa-weiß; IV–VI.

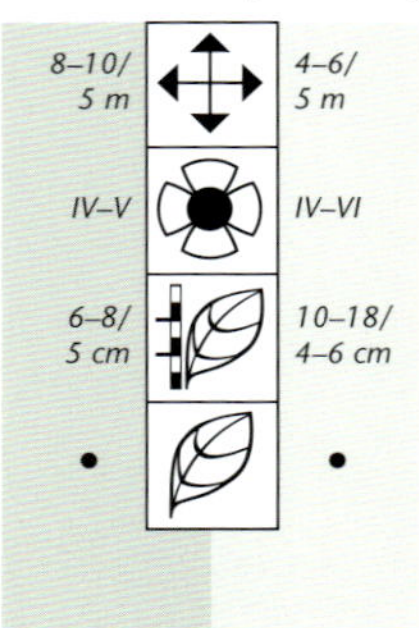

Frucht: Zapfenartige Früchte, werden selten ausgebildet.
Standort: Humose, kalkarme Gartenböden in geschützten, sonnigen Lagen.
Verwendung: Solitärgehölz für größere Gärten und Parks.
Sorten: 'Alexandrina', zartrosa, früh. 'Lennei' innen weiß, außen purpurrot.
Sonstiges: Spätfrostgefährdet.

Magnolia stellata
Stern-Magnolie
Magnoliaceae, Magnoliengewächse

Heimat: Japan.
Wuchs: Breit kugeliger Busch, langsam wachsend, dicht behaart.
Blatt: Wechselständig, schmal elliptisch, bis 10 cm lang, grün, im Herbst braun.
Blüte: Weiß, 8–10 cm groß, duftend, mit 12–18 schmalen Petalen; III–IV.
Frucht: Zapfenförmig, 5 cm lang, enthält wenige, erbsengroße, rote Samen.
Standort: Humose, durchlässige Gartenböden in sonnigen Lagen, geschützter Stand.
Verwendung: Einzeln in Vorgärten, an der Terrasse.
Weitere Sorten und Arten: 'Rubra', Blüten purpurrosa. *M. × loebneri (M. kobus × M. stellata)* wächst etwas stärker, frühe Blüte.
Sonstiges: Blüht schon als junge Pflanze reichlich, langsamer Wuchs.

Magnolia stellata	Mahonia aquifolium
2–3/ 2 m	*1/ 0,8 m*
III–IV	*IV–V*
7–10/ 2 cm	*20/ 12 cm*
•	
	•

Mahonia aquifolium
Gewöhnliche Mahonie
Berberidaceae, Berberitzengewächse

Heimat: Westliches Nordamerika.
Wuchs: Aufrecht, durch Wurzeltriebe breitbuschig, Holz innen gelb.
Blatt: Wechselständig, immergrün, bis 20 cm lang, unpaarig gefiedert, 5- bis 11-zählig, Einzelblättchen 4–8 cm lang, unterseits heller, am Blattrand mit Stachelzähnen.
Blüte: Gelb, 1 cm groß, in aufrechten, dichten Trauben, end- oder achselständig; IV–V.
Frucht: Blaubereifte, längliche Beeren, 1 cm lang.
Standort: Kräftige, lehmig humose Gartenböden in voller Sonne und Halbschatten.
Verwendung: In Gruppen, einzeln, oder als Heckenpflanze, auch geschnitten. Kranzbinderei.
Sorten: 'Apollo', frosthärter, im Winter rötliche Blattfärbung.
Sonstiges: Auf Mehltau achten.

Mahonia bealei

Beals Mahonie
Berberidaceae, Berberitzengewächse

Heimat: China

Wuchs: Dicktriebiger, 2 m hoher Strauch, sparrig, wenig verzweigt.

Blatt: 30–40 cm lang, unpaarig gefiedert, 9–15 Einzelblättchen, 5–12 cm lang, am Rand mit 5 dornartigen Zähnen, unterseits gelblich, immergrün.

Blüte: Zartgelb, duftend, 1 cm groß, in langen, meist hängenden Trauben; II–V.

Frucht: Bläulich schwarze, bereifte, längliche Beeren, 1 cm.

Standort: Humose, tiefgründige Böden im Schatten, geschützt, wintermildes Klima.

Verwendung: Einzeln oder in Gruppen unter Bäumen, gut zu Rhododendren.

Ähnliche Art: *M. japonica,* Japan, schmalere und spitzigere Einzelblättchen.

Sonstiges: Empfindlich gegen Barfröste und austrocknende Winde.

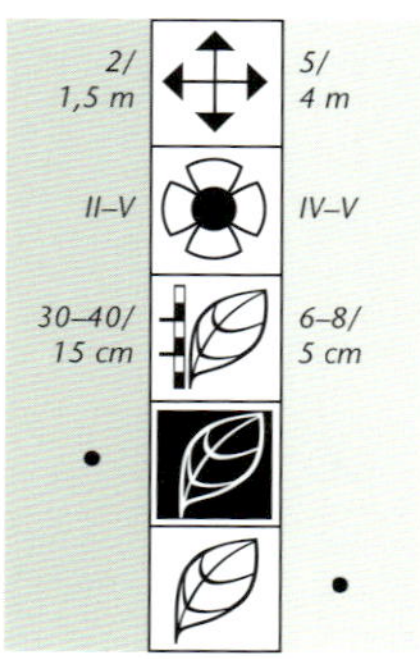

Malus floribunda

Vielblütiger Apfel
Rosaceae, Rosengewächse

Heimat: Japan

Wuchs: Kleinkroniger Baum, 5(–10) m, weit abstehende Zweige, vieltriebig.

Blatt: Wechselständig, dunkelgrün, eiförmig zugespitzt, 6–8 cm, unten behaart.

Blüte: Knospen karminrot, geöffnet 2–3 cm groß, rosa, später weiß in wenig blütigen Trugdolden; IV–V.

Frucht: Klein, gelb, erbsengroße Apfelfrüchte.

Standort: Lehmige, nährstoffreiche Gartenböden in sonniger Lage.

Verwendung: Einzeln oder in Gruppen in Gärten und Parks, auch als Formhecke.

Sonstiges: Dichter Wuchs, schnittverträglich. Auch starker Rückschnitt.

Malus × moerlandsii
Zierapfel
Rosaceae, Rosengewächse

Heimat: Züchtung aus *M. purpurea* 'Lemoinei' × *M. toringo*.

Wuchs: Breitkroniger Kleinbaum bis 7 m Höhe.

Blatt: Eiförmig, 7–11 cm lang, Austrieb kupferfarben, später bronzegrün.

Blüte: Weinrot, 4 cm breit, schalenförmig; V.

Frucht: Kugelige Apfelfrüchte, 1,5 cm, rotviolett.

Standort: Lehmige, nährstoffreiche Gartenböden in sonniger Lage.

Verwendung: In Einzelstellung in Gärten und Parks.

Weitere Arten und Sorten: 'Nicoline', weinrot, großblütig (Bild). 'Profusion', karminrot. *M. sylvestris*, heimisch, strauch- bis baumförmig, gelbgrüne Apfelfrüchte.

Sonstiges: Auffällig durch die rote Belaubung,

Malus × moerlandsii	Malus sieboldii
7/ 5 m	4/ 3 m
V	V
7–12/ 5 cm	3–9/ 2–4 cm
•	•

Malus sieboldii
(Syn. M. × zumi)
Zierapfel
Rosaceae, Rosengewächse

Heimat: Züchtung aus *M. baccata* var. *mandshurica* × *M. toringo*.

Wuchs: Kleinbaum mit kegelförmiger Krone, 4 m, junge Triebe leicht behaart.

Blatt: Eiförmig, 3–9 cm lang, zugespitzt, leicht behaart.

Blüte: Rosa Knospen, aufgeblüht weiß, 3 cm breit, Stiele behaart; V.

Frucht: Kugelige Apfelfrucht, orangerot, 1 cm dick, langstielig.

Standort: Lehmige, nährstoffreiche Gartenböden in sonniger Lage.

Verwendung: Einzelstellung in Gärten und Parks.

Sorten: 'Professor Sprenger', schöner Blütenbaum, viele orangerote Früchte. 'Wintergold', goldgelbe Früchte.

Sonstiges: Viele weitere Sorten bekannt.

Mespilus germanica
Echte Mispel
Rosaceae, Rosengewächse

Heimat: Südosteuropa, Vorderasien.
Wuchs: Großstrauch, selten Kleinbaum, Triebe leicht behaart, ohne Drüsen.
Blatt: Wechselständig, länglich oval, 8–12 cm lang, dunkelgrün, unten filzig.
Blüte: Weiße Schalenblüte, 4–5 cm breit, einzeln, endständig; V–VI.
Frucht: Braune Apfelfrucht, 3–4 cm groß.
Standort: Warme, sonnige Plätze, kalkhaltige Böden.
Verwendung: Einzeln als Fruchtstrauch im Weinbauklima.
Sonstiges: Erst nach Frosteinwirkung sind die Früchte teigig und essbar.

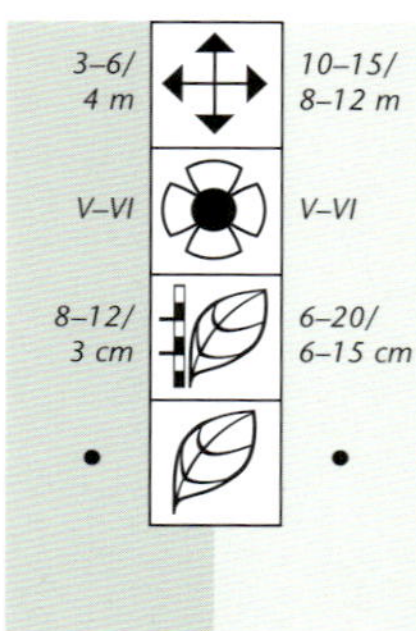

Morus alba
Weißer Maulbeerbaum
Moraceae, Maulbeerbaumgewächse

Heimat: Ostasien, im Mittelmeerraum eingebürgert.
Wuchs: Hoher Baum, rundliche Krone, graue Rinde.
Blatt: Breit eiförmig, 6–12 cm lang, zugespitzt, oft verschiedenartig gelappt, hellgrün, im Herbst goldgelb, rasch abfallend, wechselständig angeordnet.
Blüte: Hellgrün, unscheinbare, zylindrische Köpfchen; V–VI.
Frucht: Weiße Sammelfrucht mit brombeerartigen Steinfrüchten, 2–3 cm lang, süßlich, essbar.
Standort: Nährstoffreiche Böden in voller Sonne, Weinbauklima.
Verwendung: Einzeln in Gärten und Parks an geschützten Plätzen.
Weitere Art: *Morus nigra,* Schwarzer Maulbeerbaum, Frucht schwarzrot, Mittelmeerklima.
Sonstiges: Blätter dienen als Futter für Seidenraupen.

Nothofagus antarctica

Scheinbuche, Südbuche
Fagaceae, Buchengewächse

Heimat: Chile.
Wuchs: Straff aufrechter Großstrauch oder Baum, oft mehrstämmig, 6(–15) m, in der Heimat bis 35 m, Krone breit, Zweige fächerartig, Knospen wechselständig. Borke dunkel graubraun, helle Lentizellen, im Alter waagerecht, strichförmig.
Blatt: Eiförmig, 2–3 cm lang, am Rande gewellt, goldgelbes Herbstlaub.
Blüte: Einhäusig, grün, kaum auffallend; V.
Frucht: Nüsschen, zu dritt in kleinen Fruchtbechern, ähnlich den Buchenfrüchten.
Standort: Durchlässige, lehm- und kalkhaltige Böden in voller Sonne.
Verwendung: Einzeln oder in Gruppen in größeren Gärten und Parkanlagen.
Sonstiges: Nicht für Dachgärten wegen Ausläuferbildung, herrlicher Solitärbaum.

Paeonia-Suffruticosa-Gruppe

Strauch-Päonie
Paeoniaceae, Pfingstrosengewächse

Heimat: Bhutan, Nordwest-China, Tibet.
Wuchs: Kleinstrauch, aufrecht, mit dicken Trieben, kahl.
Blatt: Doppelt 3-zählig gefiedert, 10–25 cm breit, unten bläulich grün.
Blüte: Einzeln, aufrecht, 10–25 cm breit, weiß, rosa, violett, je nach Sorte; V–VI.
Frucht: 5-klappige Balgfrucht, braun, behaart, mit schwarzen Samen.
Standort: Nährstoffreiche, humos saure Böden in voller Sonne, vor Spätfrösten schützen.
Verwendung: Einzeln in Haus- und Vorgärten, vor Mauern, zu Stauden.
Sorten: 'Reine Elisabeth', rosa gefüllt. 'Thunderbolt', dunkelrot (Bild).
Sonstiges: Winterschutz empfehlenswert.

Nothofagus antarctica		Paeonia-Suffruticosa-Gruppe
6–15/ 5 m	Wuchs	1,5/ 1 m
V	Blüte	V–VI
2–3/ 2 cm	Blatt	10–25/ 12 cm
•	Laub	•

Parrotia persica
Eisenholz, Parrotie
Hamamelidaceae, Zaubernussgewächse

Heimat: Nord-Iran.
Wuchs: Breit aufrechter Strauch bis Kleinbaum, mehrstämmig. Borke grau, glatt, schuppig abblätternd, Triebe oliv, Knospen schwarz, filzig.
Blatt: Wechselständig, elliptisch, 6–14 cm lang, 3–8 cm breit, dunkelgrün, im Herbst orange.
Blüte: Endständige Köpfchen, rote Staubbeutel. Blütezeit vor dem Austrieb; III–IV.
Frucht: 4-klappige, gehörnte, filzige Kapsel, 1 cm lang, hellbraune Samen.
Standort: Durchlässige Gartenböden in voller Sonne.
Verwendung: Einzelstellung an besonderen Plätzen, Wegen, Terrassen.
Sonstiges: Frosthart, wärmeliebend, stadtklimafest, nicht krankheitsanfällig

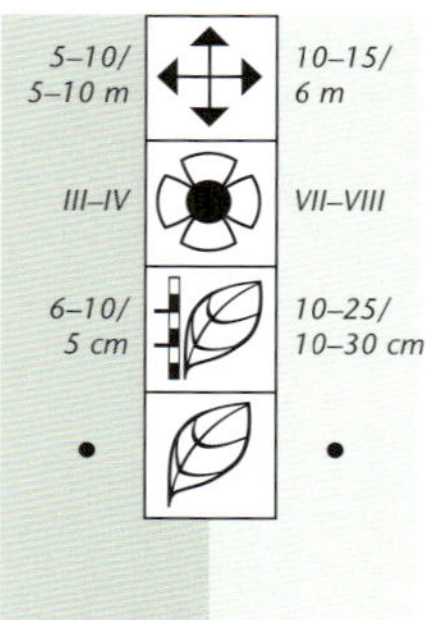

Parthenocissus quinquefolia
Gewöhnliche Jungfernrebe
Vitaceae, Weinrebengewächse

Heimat: Östliche USA.
Wuchs: Stark wachsender Kletterer, mit Haftscheiben.
Blatt: Dunkelgrün, 5-teilig gelappt, 10–25 cm groß, wechselständig, unterseits bläulich bereift, im Herbst scharlachrot.
Blüte: Unscheinbar, weiß bis grünlich weiß, an Rispen im Sommer; VII–VIII.
Frucht: Schwarze Beerenfrüchte 5–7 mm groß.
Standort: Durchlässige, kalkhaltige Gartenböden in voller Sonne.
Verwendung: Klettert in Bäumen, an Mauern, Pergolen usw. Varietät: *P. quinquefolia* var. *engelmannii,* Ranken mit Haftscheiben, wichtiger Selbstklimmer. Häufiger in Kultur als die Art, vielseitigere Verwendung.

Parthenocissus tricuspidata
Dreilappige Jungfernrebe
Vitaceae, Weinrebengewächse

Heimat: Japan, Korea, China.
Wuchs: Stark wachsender Selbstklimmer mit Haftscheiben.
Blatt: Lang gestielt, 3-spitzig, 10–20 cm, glänzend grün, im Herbst scharlachrot. Die dachziegelartige Überlappung der Blätter bildet einen dichten Pelz.
Blüte: Gelblich grün, unscheinbar, in Trugdolden, achselständig, zwittrig; VI–VII.
Frucht: Blauschwarze Beere, 5–8 mm groß.
Standort: Tiefgründige Böden in allen Lagen, auch im Schatten.
Verwendung: Für Pergolen, Mauern aller Art, rasch kletternd, auch ohne Gerüst.
Sorten: 'Veitchii', wichtigste Sorte, wird auf *P. quinquefolia* veredelt.
Sonstiges: Nach dem Laubfall ist auch das Zweiggerüst eine Zierde. Sonne kann im Winter die Mauern erwärmen. Im Sommer werden die Wände beschattet.

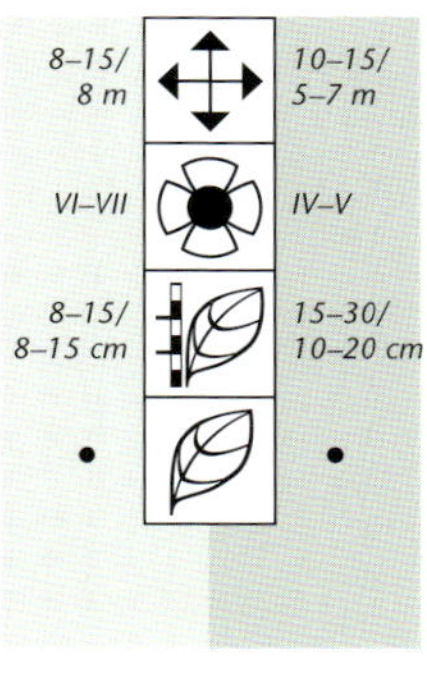

Paulownia tomentosa
Chinesischer Blauglockenbaum
Scrophulariaceae,
Braunwurzgewächse

Heimat: China.
Wuchs: Rundkroniger Baum, steife, dicke Triebe, gegenständige Knospen. Borke hellbraun, später dunkler, einjährige Triebe bis 3 m lang, dicht behaart.
Blatt: Breit eiförmig, 15–30 cm groß, behaart, langstielig, Basis herzförmig.
Blüte: Violettblau, trichterförmig, 5–6 cm lang, in 25 cm langen, aufrechten Rispen; IV–V.
Frucht: Eiförmige, braune Kapseln, 3–4 cm lang, 2-klappig, viele kleine Samen.
Standort: Durchlässige, humose Böden in voller Sonne, wärmeliebend.
Verwendung: Solitärbaum in wintermilden Gebieten.
Sonstiges: Auffälliger Blütenbaum, Vorfrühlingsblüher, in der Jugend Winterschutz.

Perovskia abrotanoides
Fiederschnittige Perowskie
Lamiaceae, Lippenblütler

Heimat: Mittel- bis West-Asien, Afghanistan, Himalaja.
Wuchs: Vieltriebiger Halbstrauch bis 1 m, Zweige silbrig behaart, aromatisch duftend.
Blatt: Gegenständig, fiederschnittig, 4–6 cm lang, graugrün.
Blüte: Violettblau, zu 4–6 in Ähren, Blütenstand 30–40 cm lang, Sommerblüher; VII–X.
Frucht: Unscheinbar, 4 Nüsschen in weißfilzigem Kelch.
Standort: Trockene Böden in vollsonniger Lage, Winterschutz.
Verwendung: In Gruppen in Steppenbereichen, zu Strauchrosen und Steingärten.
Ähnliche Art: *P. atriplicifolia.*
Sonstiges: Kann in strengen Wintern zurückfrieren, dann Rückschnitt.

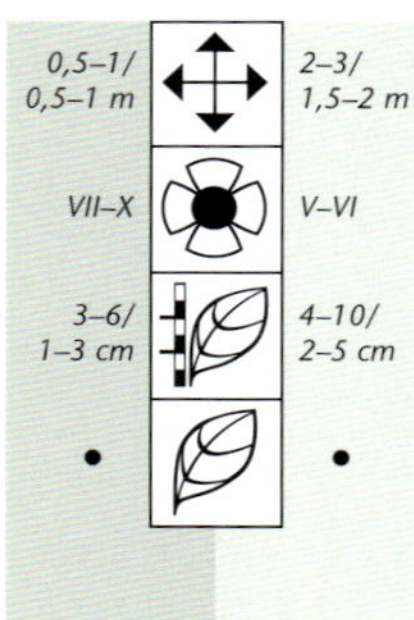

Philadelphus coronarius
Falscher Jasmin,
Gewöhnlicher Pfeifenstrauch
Hydrangeaceae, Hortensiengewächse

Heimat: Südeuropa.
Wuchs: Straff aufrechter Strauch, Triebe braun und kahl, verborgene Knospen, Zweige mit weißem Mark.
Blatt: Eiförmig zugespitzt, 4–10 cm lang, dunkelgrün, gegenständig angeordnet.
Blüte: Rahmweiß in endständigen Trauben, 3 cm breit, vierzählig, stark duftend; V–VI.
Frucht: 4-klappige Kapsel, 5–10 mm, braun.
Standort: Tiefgründige, humose, kalkreiche Gartenböden in sonnigen Lagen.
Verwendung: Einzeln, in Gruppen oder als Blütenhecke.
Sorten: 'Zeyheri', reich blühend. Viele weitere Gartensorten, auch mit gefüllten Blüten.
Sonstiges: Dichtfilziges Wurzelwerk, vor der Blüte düngen und wässern.

Philadelphus × lemoinei

Niedriger Pfeifenstrauch
Hydrangeaceae, Hortensiengewächse

Heimat: Züchtung aus *P. coronarius* × *P. microphyllus*.
Wuchs: Breitbuschig, niedrig, leicht überhängend, Triebe braun, abblätternd, mit weißem Mark gefüllt, Knospen gegenständig.
Blatt: Schmal eiförmig, zugespitzt, 3–4 cm lang, Rand gezähnt, grün.
Blüte: Weiß, duftend, einfach oder gefüllt, in endständigen Trauben je nach Sorte; VI–VII.
Frucht: Unscheinbare, braune Kapsel.
Standort: Gute Gartenböden in voller Sonne.
Verwendung: Einzeln, in Gruppen, gute Blütenhecke, für Vorgärten und Steingärten.
Sorten: 'Dame Blanche', schwach gefüllt. 'Erectus', aufrecht, weiß.
Sonstiges: Herrlicher Blütenstrauch.

Philadelphus × lemoinei		Photinia davidiana
1–1,5/ 1–1,5 m	(Größe)	2–3/ 2 m
VI–VII	(Blüte)	VI
2–4/ 1–2 cm	(Blatt)	6–11/ 3 cm
•	(Herbstfärbung)	
	(wintergrün)	•

Photinia davidiana

(Syn. Stranvaesia davidiana)
Lorbeermispel, Stranvesie
Rosaceae, Rosengewächse

Heimat: West-China.
Wuchs: Breit aufrechter, wintergrüner Strauch, sparrig verzweigt.
Blatt: Länglich lanzettlich, 6–11 cm lang, zugespitzt, ledrig, glänzend grün, im Herbst vielfach rot, im Frühling abfallend.
Blüte: Weiß, in flachen Trugdolden, 6–8 cm breit; VI.
Frucht: Rote Apfelfrüchte, 6–8 mm dick, kugelig.
Standort: Nährstoffreiche, schwach saure Gartenböden in sonniger Lage.
Verwendung: Einzeln in Gärten, zu Staudenpflanzungen.
Sonstiges: Gefahr durch Feuerbrand.

Phyllostachys nigra
Schwarzer Bambus
Poaceae, Süßgräser

Heimat: China.
Wuchs: Horstartig, leicht überhängend, 3–5 m hoch, Halme im ersten Jahr olivgrün, im zweiten Jahr schwarz gepunktet. Ausgereifte Halme sind glänzend schwarz gefärbt.
Blatt: Oberseits dunkelgrün, unterseits graugrün, 6–8 cm lang, linealisch, sehr dünn. Teilweise wintergrün.
Blüten: Wenigblütige, sitzende Ähren.
Standort: Vollsonnig, gute Gartenböden in geschützten Lagen.
Verwendung: Im Einzelstand oder in Gruppen vor Gebäuden, in Parkanlagen.
Sonstiges: Bildet kurze Ausläufer, vor kalten Ostwinden und Wintersonne schützen.

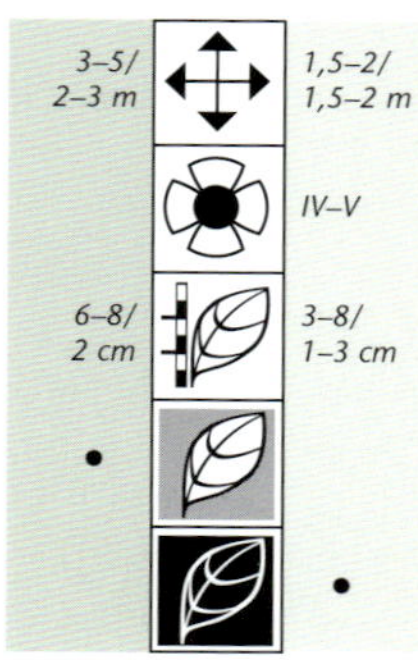

Pieris floribunda
Vielblütige Lavendelheide
Ericaceae, Heidekrautgewächse

Heimat: Östliche USA.
Wuchs: Immergrüner, dichtbuschiger Strauch, dicht verzweigt. Ältere Pflanzen haben einen lockeren Habitus. Langsam wachsend.
Blatt: Elliptisch, zugespitzt, 3–8 cm lang, unterseits bräunlich.
Blüte: Weiß, krugförmig an aufrechten Rispen, 6–12 cm lang; IV–V.
Frucht: Runde Kapseln, 5–6 mm lang.
Standort: Saure bis neutrale, nicht zu nährstoffreiche Humusböden im Halbschatten und Schatten.
Verwendung: Einzeln im Moorbeet, gut zu Rhododendren, auch unter Bäumen.

Pieris japonica
Japanische Lavendelheide
Ericaceae, Heidekrautgewächse

Heimat: Japan.
Wuchs: Immergrüner, breiter Busch, unregelmäßige Aststellung.
Blatt: Länglich lanzettlich, glänzend, 3–8 cm lang, zugespitzt, wechselständig. An den Triebenden gehäuft, Austrieb rosa bis kupferrot, giftig.
Blüte: Im Herbst vorgebildet, hängende Blütenrispen 12–15 cm lang, Einzelblüte eiförmig, weiß oder rosa, 1 cm groß; III–V.
Frucht: Braune Kapselfrucht, 5–6 mm groß, enhält viele feine Samen.
Standort: Kalkfreie, humose Böden im Schatten, etwa unter Nadelbäumen.
Verwendung: Frühlingsecke im Moorbeet, zu Rhododendren. Nicht für Kinderspielplätze.
Sorten: 'Daisen', rosa. 'Forest Flame', Austrieb rot (Bild).
Sonstiges: Ganze Pflanze ist giftig!

Pieris japonica		Platanus × hispanica
2–3/ 2–3 m		*20–30/ 15–25 m*
III–V		*V*
3–8/ 1–3 cm		*12–25/ 12–25 cm*
		•
•		

Platanus × hispanica
(Syn. P. × acerifolia, P. × hybrida)
Platane
Platanaceae, Platanengewächse

Heimat: Züchtung *(P. occidentalis × P. orientalis).*
Wuchs: Breitkroniger, mächtiger Baum, starke Astbildung, die äußeren hängen leicht. Borke gelbbraun bis grau, löst sich in großen Platten ab, Triebe filzig behaart.
Blatt: 12–25 cm lang und breit, 3- bis 5-lappig, wechselständig, mattgrün, unten filzig. Blattstiel am Ende verdickt, umhüllt nächstjährige Knospe, 3–10 cm lang.
Blüte: In kugeligen Köpfchen, weibliche grün, männliche rötlich, langstielig, 2 cm; V.
Frucht: Hängende Kugel, langstielig, 3 cm groß, borstig, enthält viele Nüsschen.
Standort: Stadtklimaverträglich, also warme und trockene Böden.
Verwendung: Einzeln, Alleen in der Stadt, Straßenbaum, sehr anspruchslos.
Sonstiges: Behaarung der Blätter kann Schleimhäute reizen.

Populus alba
Silber-Pappel
Salicaceae, Weidengewächse

Heimat: Europa bis Mittelasien.
Wuchs: Rasch wachsender Baum, rundliche Krone. Schösslinge am Stamm. Borke glatt, graugrün, später schwarzborkig, viele korkige Lentizellen, filzige Triebe.
Blatt: Wechselständig, unterseits graufilzig, an Langtrieben 6–12 cm lang, 5-lappig, an Kurztrieben eiförmig, stumpf gezähnt.
Blüte: 2-häusig, männliche Kätzchen rot, weibliche grün, 5–8 cm lang; III–IV.
Frucht: Samen mit silbrigem Haarschopf in 2-klappigen Kapseln.
Standort: Feuchte, humose Plätze, am Rand von Flüssen und Seen.
Verwendung: Für Ufer-, Halden- und Dünenbegrünung.
Sorten: 'Nivea', vegetativ vermehrte Jugendform, Blattunterseite schneeweiß filzig.
Sonstiges: Anfällig für Schädlinge und Krankheiten.

Populus × canadensis
Kanada-Pappel, Bastard Schwarz-Pappel
Salicaceae, Weidengewächse

Heimat: Züchtungen aus *P. deltoides* × *P. nigra*.
Wuchs: Breit aufrecht, rasch wachsend, Winterknospen klebrig. Borke graugrün, Stamm dick und walzenförmig, Triebe gelbgrün, kantig.
Blatt: Grün, dreieckig, bis 10 cm lang und breit, unterseits hellgrün, gelb im Herbst.
Blüte: 2-häusig, männliche Blüten in hängenden, bräunlichen Kätzchen; III–IV.
Frucht: Nur bei weiblichen Bäumen, Kätzchen hängend, Samen mit weißem Pappus.
Standort: Feuchte, humose Plätze, auch am Rand von Flüssen und Seen, sonnig.
Verwendung: In Parkanlagen und zur Aufforstung feuchter Geländepartien.
Sorten: 'Gelrica', männliche Pflanze, stark wachsend. 'Robusta', säulenförmig, männliche Pflanze.

Populus alba		Populus × canadensis
25–35/ 20 m		25–35/ 15–20 m
III–IV		III–IV
6–12/ 6–12 cm		7–10/ 7–10 cm
•		•

Populus nigra 'Italica'
Säulen-Pappel, Pyramiden-Pappel
Salicaceae, Weidengewächse

Heimat: Züchtung.
Wuchs: Auffällige Säulenform, bis 30 m hoch, straff aufrechter Wuchs, anliegende Seitentriebe, Holz brüchig. Triebe gelbgrün, kantig. Borke grau-schwarz, mit vielen Furchen und Wülsten.
Blatt: Dreieckig, 4–8 cm lang und breit, grün, Stiel etwas abgeflacht, gelb im Oktober.
Blüte: Nur männliche Form, Kätzchen hängend, rötlich, bis 4–6 cm lang; III–IV.
Standort: Tiefgründige, nährstoffreiche und feuchte Böden.
Verwendung: Im Auenbereich, Parks, Alleen, kein idealer Straßenbaum, brüchiges Holz!
Sonstiges: Flachwurzler, kann Beläge anheben.

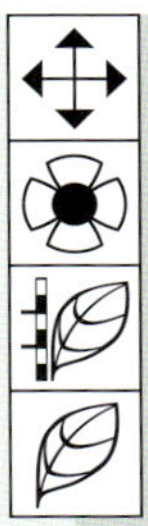

25–30/ 2–5 m	*10–20/ 8–12 m*
III–IV	*III–IV*
4–8/ 4–8 cm	*3–8/ 2,5–8 cm*
•	•

Populus tremula
Zitter-Pappel, Espe
Salicaceae, Weidengewächse

Heimat: Europa bis Sibirien.
Wuchs: Breitkroniger Baum, rasch wachsend, bildet viele Bodentriebe. Borke grün-grau, glatt, später rissig, rautenförmige Verkorkungen, Triebe gelbbraun.
Blatt: Wechselständig, kreisrund, Blattrand gekerbt, unten grünblau, im Herbst gelb. Blattstiel bis 8 cm lang, flach, daher beim geringsten Windhauch „zitternd".
Blüte: 2-häusig, männliche Kätzchen rot, weibliche grün, 8–10 cm lang; III–IV.
Frucht: Kapsel, Samen mit Pappus, an 12 cm langen Kätzchen.
Standort: Kommt an Waldrändern, Hecken und Schutthalden auf allen Böden vor.
Verwendung: Ideales Pioniergehölz für Rohböden und Schutzpflanzungen.
Ähnlich Art: *Populus × canescens*, Grau-Pappel, mit länglicheren Blättern.

Potentilla fruticosa

Gewöhnlicher Fingerstrauch
Rosaceae, Rosengewächse

Heimat: Nördliche Halbkugel: Europa, Asien, Amerika.

Wuchs: Breitbuschiger, vieltriebiger Kleinstrauch, braune Rinde.

Blatt: Wechselständig, 3– bis 7–zählig gefingert oder gefiedert, 2–4 cm lang, behaart.

Blüte: Meist goldgelb, 2–3 cm große Schalenblüte; VI–X.

Frucht: Trockene, einzeln abfallende Nüsschen, braune Kapseln.

Standort: Geringe Ansprüche an Boden, trockene, auch sandige Böden in voller Sonne.

Verwendung: Einzeln, in Gruppen oder ungeschnittene, niedere Hecken und Einfassungen.

Sorten: 'Abbotswood', weiß. 'Arbuscula', goldgelb. 'Red Robin', rot.

Sonstiges: Schnittverträglich, gesunder Dauerblüher.

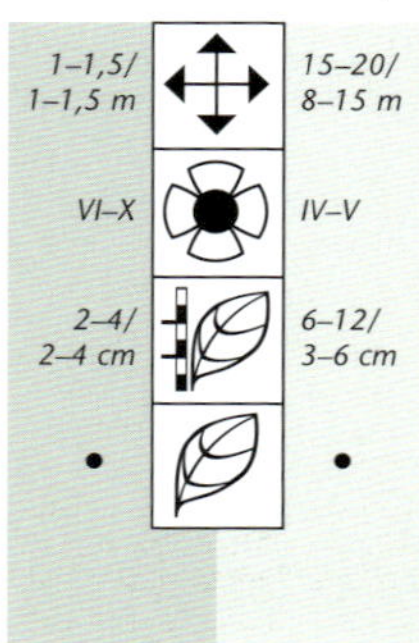

Prunus avium

Süß-Kirsche, Vogel-Kirsche
Rosaceae, Rosengewächse

Heimat: Europa, Westasien bis zum Kaukasus.

Wuchs: Breit pyramidale Krone, bis 20 m hoch. Borke glatt, braunrot, glänzend, löst sich in waagerechten Streifen ab, Lentizellen.

Blatt: Länglich oval, zugespitzt, 6–12 cm, gezähnter Rand, im Herbst orangerot. Wechselständige, eiförmige Knospen, Blattstiel mit 2 Nektardrüsen.

Blüte: Weiß, lang gestielt, breit krugförmig in Dolden; IV–V.

Frucht: Kugelige Steinfrüchte, essbar, saftig, 1 cm, Fruchtsorten bis 2,5 cm dick.

Standort: Nährstoff- und kalkreiche Böden in sonniger Lage.

Verwendung: Prächtiger Blüten- und Fruchtbaum, einzeln oder in Gruppen

Sorten: 'Plena', gefüllte Blüten, für Straßen- und Plätze, keine Fruchtbildung (Bild).

Sonstiges: Wichtige Veredlungsunterlage für Fruchtsorten. Holz wertvoll für Möbelindustrie

Prunus cerasifera 'Nigra'
Blut-Pflaume
Rosaceae, Rosengewächse

Heimat: Sorte aus europäischer Wildart.
Wuchs: Großstrauch oder Kleinbaum, oft mehrstämmig, ausladende Krone, 5–7 m.
Blatt: Elliptisch bis verkehrt eiförmig, 4–6 cm lang, spitz, schwarzrot.
Blüte: Blassrosa Schalenblüten, 1,5 cm breit; IV.
Frucht: Rundliche Steinfrüchte, 3 cm breit, rot, essbar.
Standort: Tiefgründige, kalkreiche Böden in voller Sonne.
Verwendung: Einzelstellung in größeren Gärten und Parks.
Weitere Arten: *P.* × *cistena,* Zwerg Blut-Pflaume, nur 2–3 m hoher Strauch, weiße Blüten (Bild).
Sonstiges: Interessante Laubfarbe, die nicht verblasst.

Prunus laurocerasus
Lorbeer-Kirsche, Kirschlorbeer
Rosaceae, Rosengewächse

Heimat: Ost-Balkan, Vorderasien, Kaukasus.
Wuchs: Immergrüner, breiter Strauch, Rinde grau.
Blatt: Wechselständig, breit lanzettlich, zugespitzt, derb ledrig, glatt, bis 12 cm lang.
Blüte: Weiß, 5-zählig, über 1 cm groß, duftend, in aufrechten, bis 12 cm langen Blütentrauben. Nachblüte im Herbst; IV–V, IX.
Frucht: Kugelige Steinfrüchte, 8 cm groß, schwarzrot, blausäurehaltiger, giftiger Kern.
Standort: Lehmig humose Gartenböden im Halbschatten und Schatten.
Verwendung: Gruppenweise oder als Hecken, wichtig für die Kranzbinderei.
Sorten: 'Mischeana' und 'Zabeliana', breit wachsend, 1–1,5 m hoch, 3–4 m breit. 'Otto Luyken', aufrecht, 0,8–1,5 m hoch, 2–4 m breit, schmales Laub (Bild).
Sonstiges: Giftpflanze.

P. cerasifera 'Nigra'		*P. laurocerasus*
5–7/ 3–5 m		*1,5–2/ 2–3 m*
IV		*IV–V, IX*
4–12/ 2–6 cm		*5–12/ 2–5 cm*
•		
		•

Prunus padus
Gewöhnliche Trauben-Kirsche
Rosaceae, Rosengewächse

Heimat: Europa bis Asien.

Wuchs: Strauch- bis baumförmig, 10–15 m hoch, schlank. Knospen dunkel, spitz. Borke grauschwarz, helle Lentizellen, duftet unangenehm nach Bittermandeln.

Blatt: Verkehrt eiförmig, 6–12 cm lang, zugespitzt, runzelig, stumpfgrün, unterseits blaugrün. Am Blattstiel 2 Nektardrüsen.

Blüte: Weiß, 1–2 cm breit, in 10–20 cm langen, hängenden Trauben; IV–V.

Frucht: Steinfrüchte glänzend schwarz, erbsengroß, bitter, nicht giftig.

Standort: Frischer bis feuchter Boden in Sonne und Halbschatten.

Verwendung: Einzeln oder in Gruppen an Bach- und Seeufern, Parks.

Ähnliche Art: *P. serotina,* Späte Traubenkirsche aus USA, glänzendes, gelbes Herbstlaub.

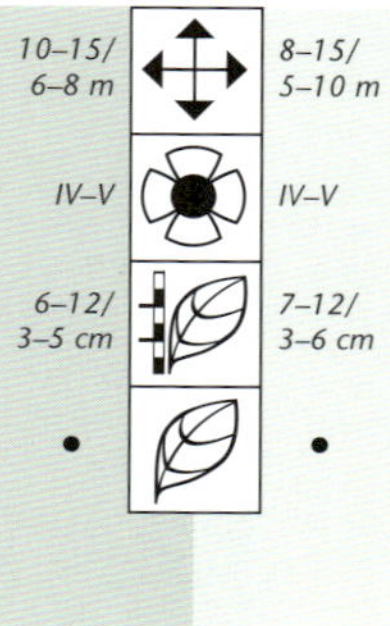

Prunus sargentii
Berg-Kirsche, Ostasiatische Wild-Kirsche
Rosaceae, Rosengewächse

Heimat: Japan, Korea, Sachalin.

Wuchs: Breit ausladende Krone, bis 15 m hoch, oft mehrstämmig. Borke rötlich braun, glatt, mit vielen Lentizellen, wechselständige Knospen.

Blatt: Elliptisch zugespitzt, dunkelgrün, unterseits bläulich, Austrieb bronzefarben, 6–12 cm lang, scharlachrote Herbstfärbung, am Blattstiel 2 Nektardrüsen.

Blüte: Zartrosa, zu 2–4 in sitzenden Dolden, 4 cm groß; IV–V.

Frucht: Kleine, 10 mm rote Steinfrüchte im Herbst.

Standort: In kräftigen, lehmig humosen Gartenböden.

Verwendung: Einzeln oder in Gruppen in Hausgärten und Parks.

Sorten: 'Accolade', *(P. sargentii × P. subhirtella),* Kleinbaum, Blüten rosa, halbgefüllt.

Prunus serrulata 'Kanzan'
Japanische Blüten-Kirsche,
Grannen-Kirsche
Rosaceae, Rosengewächse

Heimat: Züchtung aus Japan.
Wuchs: Breit aufrecht, steif, 7–10 m hoch, Krone trichterförmig, im Alter überhängend. Borke dunkel kastanienbraun, glatt, viele Lentizellen. Triebe graubraun.
Blatt: Breit eiförmig, zugespitzt, 8–14 cm lang, wechselständig angeordnet. Austrieb bronzefarben, im Herbst gelb-orange.
Blüte: Dunkelrosa, gefüllt, in hängenden Doldentrauben vor dem Blattaustrieb; IV–V.
Frucht: Keine Fruchtbildung.
Standort: Kalkhaltige, lehmige Gartenböden in voller Sonne.
Verwendung: Einzelstand oder als Allee, für Parks und Hausgärten. Benötigt viel Platz.
Sorten: 'Amanogawa', Säulen-Kirsche, hellrosa. 'Kiku-Shidare-Sakura', Hänge-Kirsche.
Sonstiges: Gefahr von Gummifluss bei spätem Schnitt. Veredlung auf *P. avium*.

Prunus spinosa
Schwarzdorn, Schlehe
Rosaceae, Rosengewächse

Heimat: Europa, Vorderasien, Kaukasus, Nordafrika.
Wuchs: Breite, dichte Büsche, Zweige bedornt, schwarzbraun.
Blatt: Elliptisch, nur 3–5 cm groß, grün, im Herbst gelb, wechselständig.
Blüte: Weiß, 5-zählig, 1–2 cm groß, vor dem Laubaustrieb; IV–V.
Frucht: Blau bereifte Steinfrucht, bis 1,5 cm groß, kugelig, säuerlich, erst nach Frosteinwirkung geniessbar, wird zur Likörbereitung verwendet.
Standort: Magere, durchlässige Böden aller Art, sonnige Lagen.
Verwendung: Frei wachsende, undurchdringliche Hecke, Wind- und Vogelschutz.
Sonstiges: Sehr anspruchslos, besonders auf Kalkböden.

Prunus serrulata 'Kanzan'		*Prunus spinosa*
7–10/ 5–7 m	Wuchs	*2–4/ 3–5 m*
IV–V	Blüte	*IV–V*
8–14/ 4–6 cm	Blatt	*3–5/ 1,5–3 cm*
•	Laub	•

Prunus subhirtella

Higan-Kirsche, Japanische Blüten-Kirsche
Rosaceae, Rosengewächse

Heimat: Japan, nur aus Kultur bekannt.
Wuchs: Zierlicher, kleinkroniger Baum, oft nur strauchig wachsend.
Blatt: Bis 9 cm lang, eiförmig zugespitzt, grün, im Herbst gelbbraun, Knospen wechselständig, am Blattstiel 2 Nebenblättchen.
Blüte: Hellrosa, 3 cm groß, vor dem Austrieb; III–IV.
Frucht: Kleine Steinfrüchte, kugelig, schwarz, 8 mm groß.
Standort: Lehmig humose Gartenböden in voller Sonne.
Verwendung: Einzeln oder in Gruppen, für kleinere Gärten.
Sorten: 'Autumnalis', bis 5 m hoch, Blütenbeginn im Herbst, Hauptblüte im April (Bild). 'Fukubana', rosa, halbgefüllt. 'Pendula Rubra', rosa gefüllte Hängeform.
Sonstiges: Herbstfärbung.

Prunus subhirtella		Prunus triloba
4–6/ 4–6 m	Wuchs	*1,5–3/ 1,5–2 m*
III–IV	Blüte	*III–IV*
5–9/ 2–3 cm	Blatt	*4–9/ 2,5–5 cm*
•	Laub	•

Prunus triloba

Mandelbäumchen
Rosaceae, Rosengewächse

Heimat: China.
Wuchs: Breit aufrecht, dichtbuschig, mit steifen Trieben, Zweige rotbraun.
Blatt: Elliptisch, zugespitzt, schwach dreilappig, 4–9 cm lang. Am Blattstiel kleine Nebenblättchen.
Blüte: Rosettenförmig, rosa gefüllt, 3–4 cm groß, erscheinen über die gesamte Länge der vorjährigen Triebe; III–IV.
Frucht: Steinfrucht, selten.
Standort: Kräftige, tiefgründige Gartenböden in sonnigen Lagen.
Verwendung: Einzeln in Vorgärten, Hausgärten und Parks, Treibgehölz, Schnittstrauch.
Sonstiges: Verblühte Triebe sofort nach der Blüte stark zurückschneiden, ebenso auf Austriebe der Unterlage achten.

Pterocarya fraxinifolia
Kaukasische Flügelnuss
Juglandaceae, Walnussgewächse

Heimat: Kaukasus bis Nord-Iran.
Wuchs: Hoher, meist vielstämmiger Baum, waagerechte Zweige. Borke schwarzgrau, tief gefurcht, Triebe mit gekammertem Mark. Bildet viele Ausläufer.
Blatt: Gefiedert, 20–40 cm lang, wechselständig, mit 11–21 Blättchen, diese länglich lanzettlich, 8–16 cm lang, dunkelgün, im Herbst gelblich.
Blüte: Einhäusig, unscheinbar, grün, in hängenden Kätzchen; IV–V.
Frucht: Einsamige, geflügelte Nüsschen, bis 2 cm breit, an bis 40 cm langen Ähren.
Standort: Tiefgründige, humose, feuchte bis nasse Böden, Halbschatten.
Verwendung: Für Uferbereiche von Teichen, Parkbaum.
Sonstiges: Verträgt Stadtklima, ist windfest und widerstandsfähig gegen Schädlinge und Krankheiten, empfindlich gegen Spätfröste.

Pterocarya fraxinifolia	Pyracantha coccinea
15–20/ 10–15 m	2–3/ 2–3 m
IV–V	V–VI
20–60/ 20–30 cm	2–4/ 0,7–2 cm
•	
	•

Pyracantha coccinea
Mittelmeer-Feuerdorn
Rosaceae, Rosengewächse

Heimat: Südeuropa, Südwestasien.
Wuchs: Breit aufrecht, sparrig verzweigt, bis 3 m hoher, undurchdringlicher Großstrauch. Grauschwarze Triebe mit steifen Dornen, wechselständig.
Blatt: Elliptisch, zugespitzt, 2–4 cm lang, glänzend grün, immergrün.
Blüte: Weiß, 8 mm breit, in vielblütigen Doldenrispen; V–VI.
Frucht: Apfelfrüchte, meist orange, 5–6 mm groß, lang haftend.
Standort: Durchlässige, humose Gartenböden im Halbschatten.
Verwendung: Einzeln, in Gruppen oder als frei wachsende Fruchthecke in Gärten und Parks.
Sorten: 'Bad Zwischenahn', orange. 'Orange Glow', orange. 'Soleil d'Or', gelb (Bild).
Sonstiges: Feuerbrand gefährdet, frostempfindlich.

Pyrus calleryana

Chinesische Birne

Rosaceae, Rosengewächse

Heimat: Zentral- und Süd-China.
Wuchs: Kleiner Baum, bedornte Kurztriebe.
Blatt: Breit eiförmig, zugespitzt, 4–8 cm lang, dunkelgrün, Herbstlaub orange.
Blüte: Weiß, 2,5 cm breit, fünfzählig, in kahlen Trugdolden; V.
Frucht: Kugelige, längliche Apfelfrucht, braun punktiert, ungeniessbar.
Standort: Anspruchslos, auf trockenen bis frischen Böden in sonniger Lage.
Verwendung: Einzeln oder in Gruppen in Anlagen und Parks.
Sorten: 'Chanticleer', schmal kegelförmige Krone, guter Straßenbaum (Bild).

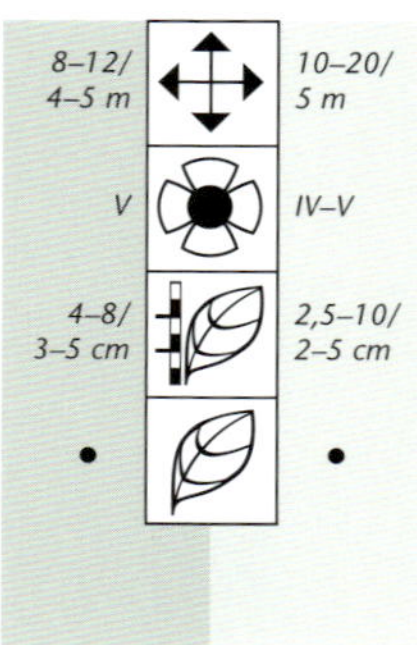

Pyrus communis

Garten-Birnbaum, Kultur-Birne, Holz-Birne

Rosaceae, Rosengewächse

Heimat: Europa bis Westasien.
Wuchs: Breit kegelförmiger Baum, mit schwach bedornten Trieben. Borke graubraun, kleinschuppig.
Blatt: Breit eiförmig, 2,5–10 cm lang, kurz zugespitzt, dunkelgrün glänzend, unterseits Bläulich grün, im Herbst orangegelb.
Blüte: Weiß, 3 cm breit, fünfzählig, zu 3–9 Stück in Doldentrauben; IV–V.
Frucht: Apfelfrucht, rundlich bis eiförmig, gelb oder braun, 2,5–5 cm groß, kaum geniessbar.
Standort: In Feldhecken und an Waldrändern der Landschaft, für durchlässige Böden und warme Standorte.
Verwendung: Freie Landschaft oder Parks.
Sonstiges: Ursprung unserer Kultur-Birnen.

Quercus frainetto
Ungarische Eiche
Fagaceae, Buchengewächse

Heimat: Südeuropa bis Kleinasien.
Wuchs: Breitkroniger, hoher Baum, steife Triebe. Borke hellgrau, tief gefurcht.
Blatt: Verkehrt eiförmig, 8–20 cm lang, jederseits mit je 6–10 kurzen Lappen, grün. Wechselständig.
Blüte: Unscheinbar, männliche Kätzchen gelbgrün; IV–VI.
Frucht: Nuss länglich elliptisch, bis 2,5 cm lang, zu mehreren, sitzend.
Standort: Trocken und warme Plätze in normalen Gartenböden.
Verwendung: Einzeln in großen Gartenanlagen und Parks.
Sonstiges: Wärmeliebender Baum ohne auffällige Herbstfärbung.

Quercus palustris
Sumpf-Eiche
Fagaceae, Buchengewächse

Heimat: Östliches Nordamerika.
Wuchs: Hoher Baum, Stamm durchgehend, breit kegelförmige Krone. Borke glatt mit silbrigen Längsstreifen, später rau. Äste waagerecht bis hängend.
Blatt: Verkehrt eiförmig, 8–17 cm lang, jederseits mit 2–4 spitzigen Lappen, glänzend grün, im Herbst rot. Wechselständig.
Blüte: Unscheinbar, gelbgrün; IV–V.
Frucht: Nuss 1–1,5 cm breit, in schüsselförmigem Becher.
Standort: Für feuchte Plätze, humose Böden im Halbschatten.
Verwendung: An Teichen und Bächen in Parks.
Sonstiges: Leidet an trockenen Plätzen.

Quercus frainetto	Quercus palustris
15–20/ 10–16 m	*15–25/ 10–15 m*
IV–VI	*IV–V*
8–20/ 5–12 cm	*8–17/ 8–17 cm*
•	•

Quercus petraea
Trauben-Eiche
Fagaceae, Buchengewächse

Heimat: Europa.
Wuchs: Breiter, rundkroniger Baum bis 20(–40) m, Stamm durchgehend. Borke erst glatt und grau, später längsrissig gerippt. Triebe olivbraun.
Blatt: Wechselständig, 8–14 cm lang, länglich eiförmig, regelmäßig gelappt, Blattgrund keilig, Blattstiel über 1 cm lang, grün, im Herbst braun.
Blüte: Einhäusig, männliche Kätzchen gelbgrün, lang, weibliche unscheinbar; V–VI.
Frucht: Nuss mit sitzendem Fruchtbecher.
Standort: Trocken bis frische, vorwiegend saure Böden in voller Sonne.
Verwendung: Forstbaum, für Parks und größere Anlagen.
Sorten: 'Columna', säulenförmig. 'Pendula', hängende Äste.
Sonstiges: Sehr gutes Furnier- und Bauholz, kein Mehltaubefall.

Quercus petraea	Quercus robur
20–40/ 15–20 m	20–25/ 10–18 m
V–VI	IV–V
8–14/ 5–8 cm	12–24/ 8–15 cm
•	•

Quercus robur
Stiel-Eiche
Fagaceae, Buchengewächse

Heimat: Europa bis zum Kaukasus.
Wuchs: Baum, breit gewölbte Krone, Stamm meist kurz, dick und walzenförmig, geht nicht bis zum Gipfel durch. Borke dick, dunkelgrau, tief gefurcht.
Blatt: Wechselständig, am Triebende gehäuft, bis 24 cm lang, verkehrt eiförmig, regelmäßig gelappt, im Herbst braun. Blattbasis geöhrt, Stiel bis 1 cm lang.
Blüte: Einhäusig, männliche Kätzchen gelbgrün, IV–V.
Frucht: Mehrere Nüsse an langem Stiel.
Standort: Durchlässige Lehmböden, kalkhold, sonnige Lagen.
Verwendung: Einzeln in Parkanlagen, Forstbaum.
Sorten: 'Fastigiata', Säulen-Eiche.
Sonstiges: Pflanzung im Frühling, auf Mehltau achten.

Quercus rubra
Rot-Eiche
Fagaceae, Buchengewächse

Heimat: Östliches Nordamerika.
Wuchs: Rasch wachsender, breitkroniger Baum bis 40 m (USA). Bei uns in 180 Jahren 20 m hoch und über 15 m breit. Borke grau, glatt, später rau, flach gefurcht.
Blatt: Wechselständig, verkehrt eiförmig, 12–22 cm lang, jederseits mit 3–5 gezähnten Lappen, Blattgrund keilig, stumpfgrün, im Herbst leuchtend orange bis rot.
Blüte: Vor dem Austrieb, hängende, männliche Kätzchen, gelbgrün, sonst unauffällig; IV–V.
Frucht: Fast kugelige Nuss, 2–3 cm lang, flacher Fruchtbecher.
Standort: Kräftige, kalkhaltige, auch sandige Böden in voller Sonne.
Verwendung: Einzeln in großen Gärten, Parkanlagen, Forst.
Weitere Art: *Q. coccinea*, 25 m hoch, Herbstfärbung.
Sonstiges: Industriefest.

Quercus rubra		Rhamnus catharticus
20–25/ 10–18 m		*3–6/ 3–6 m*
IV–V		*V–VI*
12–24/ 8–15 cm		*3–8/ 2–5 cm*
•		•

Rhamnus catharticus
Echter Kreuzdorn
Rhamnaceae, Kreuzdorngewächse

Heimat: Mitteleuropa.
Wuchs: Sparriger Strauch, 3–6 m hoch, graubraune Zweige, dornige Kurztriebe.
Blatt: Gegenständig, eiförmig, 3–8 cm lang, tiefgrün, im Herbt gelbgrün.
Blüte: Gelblich grün, 1 mm breit, zu 2–8 in achselständigen Büscheln; V–VI.
Frucht: Kugelige, schwarze Steinfrucht, 6–8 mm, giftig.
Standort: Trockene, alkalische Böden in voller Sonne und Halbschatten.
Verwendung: Sicht- und Vogelschutzgehölz, für Hecken in der Feldflur.
Sonstiges: Anspruchsloser, heimischer Strauch.

Rhododendron catawbiense

Catawba-Rhododendron
Ericaceae, Heidekrautgewächse

Heimat: Östliches Nordamerika.
Wuchs: Breitbuschiger Strauch, immergrün, dicht verzweigt.
Blatt: Elliptisch bis länglich, 6–12 cm lang, zugespitzt, glänzend grün.
Blüte: Violett, trichterförmig, 5–6 cm groß, zu 15–20 in dichtem Blütenstand; V–VI.
Frucht: 5-teilige, braune, verholzte Kapsel.
Standort: Saure, lehmig humose Böden im Halbschatten.
Verwendung: Einzeln, in Gruppen oder als frei wachsende, dichte Blütenhecke.
Sorten: 'Grandiflorum', lila, großblumig, gut winterhart. 'Cunningham's White', weiß, hart. 'Humboldt', hellpurpur, rote Zeichnung, hart. 'Queen Mary', rot.
Sonstiges: Schäden durch Dickmaulrüssler und Welkepilze möglich. Giftig.

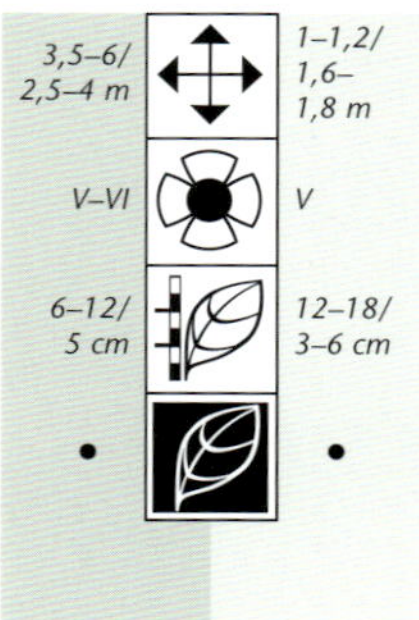

Rhododendron degronianum subsp. yakushimanum

Yakushima-Rhododendron
Ericaceae, Heidekrautgewächse

Heimat: Japan, Insel Yakushima.
Wuchs: Immergrüner, dichter, breiterer als höherer, kissenförmiger Strauch.
Blatt: Schmal elliptisch, 12–18 cm lang, am Rand stark eingerollt, oberseits dunkelgrün, unterseits weiß- bis gelbbraun filzig.
Blüte: Röhrig glockig, 6–8 cm breit, rosa, später weiß, 5–10 in Doldentrauben; V.
Frucht: 5-teilige Kapsel, filzig behaart.
Standort: Saure, humose Böden im Halbschatten.
Verwendung: Einzeln oder in Gruppen, in Silikat-Steingärten, Vorgärten und Parks.
Sorten: 'Anuschka', bis 0,8 m, rosa bis weiß. 'Astrid', 1–1,5 m hoch, reinrot.
Sonstiges: Reich blühende, dicht wachsende Blütengehölze. Liebhaberpflanzen.

Rhododendron forrestii Repens-Gruppe
Zwerg-Rhododendron
Ericaceae, Heidekrautgewächse

Heimat: Züchtung aus *R. forrestii* var. *repens,* China und Tibet.

Wuchs: Breitbuschiger, immergrüner Strauch, dicht.

Blatt: Elliptisch, dunkelgrün, 4–8 cm lang.

Blüte: Dunkelrot, 6–7 cm große Trichterblüten, dichte Doldentraube; IV.

Frucht: 5-teilige Kapsel, unscheinbar.

Standort: Humose, saure, nährstoffreiche Gartenböden im Halbschatten.

Verwendung: Vorgärten, Gräber, Schalen und Steingärten.

Sorten: 'Baden-Baden', scharlachrot, 1 m hoch. 'Frühlingszauber', leuchtend rot, 0,6 m hoch, aber breiter. 'Scarlet Wonder', scharlachrot, 0,6 m, alle winterhart.

Sonstiges: Viele Züchtungen durch Dietrich Hobbie.

R. forrestii Repens-Gruppe		R. hirsutum
0,6–0,8/ 1–1,5 m		0,7–1/ 0,7–1 m
V		VI–VII
4–8/ 2–3 cm		1–3/ 0,3–2 cm
•		•

Rhododendron hirsutum
Bewimperte Alpenrose
Ericaceae, Heidekrautgewächse

Heimat: Europa, mittlere und östliche Alpen.

Wuchs: Breiter, immergrüner Strauch.

Blatt: Elliptisch lanzettlich, 1–3 cm lang, frischgrün, am Rand bewimpert.

Blüte: Hell purpurn, zu 3–10 an den Triebenden, breit röhrenförmige Einzelblüten, Ende Juni bis Anfang Juli.

Frucht: 5-teilige, verholzte Kapseln.

Standort: Humose, leicht saure Böden in Sonne und Halbschatten.

Verwendung: Einzeln oder in Gruppen in Hausgärten und Steingärten.

Weitere Art: *R. ferrugineum,* Rostblättrige Alpenrose, blüht später, meidet Kalkböden, ebenfalls heimisch, Blätter unterseits rostbraun.

Sonstiges: Schöner Blütenstrauch für naturnahe Gartenpartien.

Rhododendron molle subsp. japonicum

Japanische Azalee
Ericaceae, Heidekrautgewächse

Heimat: Japan.
Wuchs: Breit aufrecht wachsender Strauch, sparrig verzweigt, Triebe braun.
Blatt: Länglich lanzettlich, sommergrün, bis 10 cm lang, Unterseite bläulich grün, im Herbst gelb bis rot, giftig.
Blüte: Trichterförmig, 6–8 cm breit, mit 5 Kronlappen, in Büscheln an den Triebenden; V. Farben je nach Sorte gelb, rosa oder orange.
Frucht: 5-teilige Kapsel, braun.
Standort: Humose, leicht saure, durchlässige Böden, sonnige und halbschattige Lagen.
Verwendung: Einzeln oder in Gruppen für Vorgärten, Hausgärten, Parks.
Sorten: Viele Hybriden mit anderen Arten, unzählige Sorten.
Sonstiges: Unentbehrliches Blütengehölz.

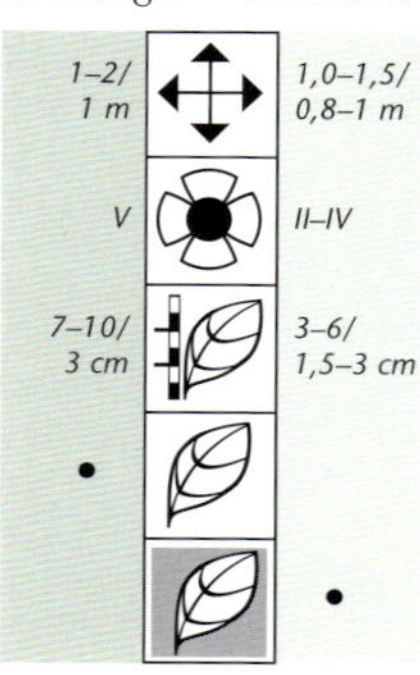

Rhododendron × praecox

Vorfrühlings-Alpenrose
Ericaceae, Heidekrautgewächse

Heimat: Züchtung aus *R. ciliatum* × *R. dauricum* aus Ostasien.
Wuchs: Wintergrüner, aufrechter, lockerer Strauch mit graubraunen Trieben.
Blatt: Wechselständig, eiförmig, bis 3–6 cm lang, glänzend, teilweise gelb im Herbst.
Blüte: Lilarosa Trichterblüten an den Triebenden, bis 4 cm breit; II–IV.
Frucht: Kaum auffällige Kapseln.
Standort: Humose, saure Böden im Halbschatten an geschützten Plätzen.
Verwendung: Vorfrühlingsecke im Garten an der Terrasse, mit *Corylopsis* und zierlichen Blumenzwiebeln. Spätfrostgefährdet.
Sonstiges: Bei Frostgefahr Schutz vor Morgensonne.

Rhododendron williamsianum
Williams-Rhododendron
Ericaceae, Heidekrautgewächse

Heimat: Die Art stammt aus China (Provinz Sichuan).
Wuchs: Breit kugeliger Strauch, immergrün, drüsige Triebe.
Blatt: Eiförmig bis rundlich, 4–6 cm lang, frischgrün, unterseits weißgrün.
Blüte: Breit glockig, nickend, 3–4 cm breit, rosa; IV.
Frucht: Fünfteilige, drüsige Kapsel.
Standort: Humose, saure, nährstoffreiche Gartenböden im Halbschatten.
Verwendung: In Gärten und Parks, einzeln oder in Gruppen, unter lichten Bäumen.
Sorten: Zahlreiche Sorten, u.a. 'Gartenbaudirektor Glocker', 1,5 m, rosa.
Sonstiges: Austrieb nach der Blüte auffällig rosa.

Rhododendron williamsianum		Rhus hirta
1,2–1,5/ 1,5–2,0 m		3–5/ 3–4 m
IV		VI–VII
4–6/ 4–5 cm		20–40/ 10–25 cm
		•
•		

Rhus hirta (Syn. R. typhina)
Essigbaum, Kolben-Sumach
Anacardiaceae, Sumachgewächse

Heimat: Östliches Nordamerika.
Wuchs: Breit, straff aufrecht wachsender Strauch, oft mehrstämmig, graubraune Rinde, Jungtriebe samtig behaart, treibt viele Wurzelausläufer, brüchiges Holz.
Blatt: Unpaarig gefiedert, bis 50 cm lang, Einzelblättchen 5–12 cm lang, hellgrün, im Herbst orange bis scharlachrot, Knospen wechselständig.
Blüte: Grünlich weiß in dichten, endständigen Rispen, 15–20 cm lang, zweihäusig; VI–VII.
Frucht: Steinfrucht. Scharlachrote, kolbenartige Fruchtstände, zieren jahrelang.
Standort: Normaler Gartenboden in sonniger Lage.
Verwendung: Im Einzelstand im Garten und Park.
Sorten: 'Dissecta', 3 m hoch und breit, geschlitzte, farnartige Blätter.
Sonstiges: Kann durch Ausläufer lästig werden.

Ribes alpinum

Alpen-Johannisbeere
Grossulariaceae, Stachelbeergewächse

Heimat: Europa, Kaukasus.
Wuchs: Straff aufrechter Kleinstrauch, später ausgebreitet, helle Triebe.
Blatt: Rundlich bis eiförmig, 3- bis 5-lappig, 2,5–5 cm breit, mattgrün, im Herbst gelb.
Blüte: Gelblich grün, unscheinbar, an aufrechten Trauben, 2-häusig; IV–V.
Frucht: Glänzende, rote Beeren, 5 mm dick, fade schmeckend.
Standort: Humose, nährstoffreiche Böden im Schatten und Halbschatten.
Verwendung: Unterwuchs von höheren Bäumen, Hecke, auch geschnitten, Vogelnährgehölz.
Sorten: 'Schmidt', männliche Auslese, straffer Wuchs, für Hecken.
Sonstiges: Besondes anspruchslos.

Ribes alpinum		Ribes aureum
1–2/ 1–2 m		1,5–3/ 1,5–3 m
IV–VI		IV–V
2,5–5/ 2–4 cm		3–7/ 3–7 cm
•		•

Ribes aureum

Gold-Johannisbeere
Grossulariaceae, Stachelbeergewächse

Heimat: Westliches Nordamerika.
Wuchs: Straff aufrechter bis überhängender Strauch.
Blatt: Rundlich gelappt, Basis herzförmig, 3–5 cm breit, 3–5 Lappen, wechselständig, frischgrün glänzend, im Herbst rotviolett.
Blüte: Goldgelb, in lockeren Trauben, duftend, Einzelblüte röhrig; IV–V.
Frucht: Beeren 6–8 mm dick, tief violettbraun.
Standort: Anspruchslos, auch Trockenheit vertragend, vollsonnige Lage.
Verwendung: Straßenbegleitgrün, für Unterpflanzungen, an Böschungen.
Sonstiges: Lange Triebe als Veredlungsunterlage für Johannisbeer-Stämmchen.

Ribes sanguineum
Blut-Johannisbeere
Grossulariaceae, Stachelbeergewächse

Heimat: Westliches Nordamerika.
Wuchs: Breit aufrechter, Strauch, ältere Zweige rotbraun.
Blatt: Rundlich, 5–10 cm breit, 3- bis 5-lappig, Basis herzförmig, oberseits runzelig.
Blüte: In hängenden Trauben, bis 8 cm lang, Einzelblüte röhrig glockig, rosarot; IV–V.
Frucht: Schwarze, blau bereifte, längliche Beere, 7–9 mm lang.
Standort: Nährstoffreiche Gartenböden in sonnigen Lagen.
Verwendung: Hausgärten, Parkanlagen, im Einzelstand oder in Gruppen.
Sorten: 'King Edward VII', rot, reich blühend, gedrungen.
Sonstiges: Prächtiges Blütengehölz, gut zu Spiersträuchern.

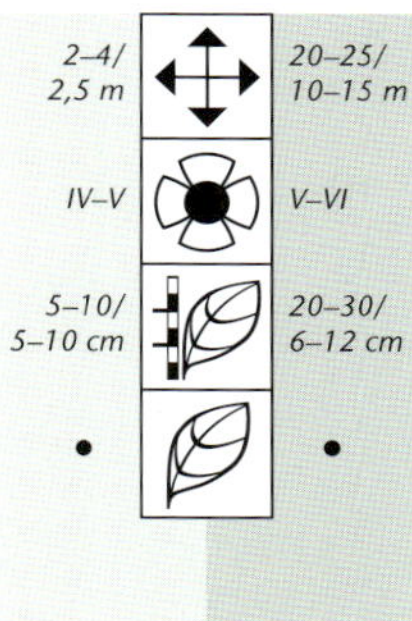

Robinia pseudoacacia
Gewöhnliche Scheinakazie, Robinie
Fabaceae, Hülsenfrüchtler

Heimat: Nordamerika.
Wuchs: Aufrechter Baum, lockere schirmförmige Krone, Holz widerstandsfähig. Borke braungrau, tiefrissig, Stamm oft wulstig gedreht, Zweige olivgrün mit paarig angordneten Blattdornen neben der Knospe.
Blatt: Mattgrün, bis 30 cm lang, unpaarig gefiedert, wechselständig angeordnet. Einzelblättchen bis 6,0 cm lang, im Herbst gelb.
Blüte: Weiß, 2–3 cm lang, duftend, an 10–20 cm langen Blütentrauben; V–VI.
Frucht: Braun, 5–8 cm lange Fruchthülsen, Samen giftig!
Standort: Verträgt selbst magerste Böden in voller Sonne.
Verwendung: Parkbaum, Bodenfestiger, gute Bienenweide.
Sorten: 'Frisia', goldgelbes Laub. 'Inermis', dornenlos. 'Umbraculifera', Kugel-Robinie.
Sonstiges: Bildet viele Ausläufer und Wurzeltriebe.

Rosa canina

Hunds-Rose
Rosaceae, Rosengewächse

Heimat: Europa.
Wuchs: Hoher, überhängender Strauch, Triebe grünbraun mit Stacheln.
Blatt: Unpaarig gefiedert, 5- bis 7-zählig, 8–12 cm lang, Blättchen 5–8 cm lang, eiförmig.
Blüte: Bis 5 cm breite Schalenblüten, rosa, fünfzählig, duftend; V–VI.
Frucht: Rote Hagebutte (Sammelfrucht), länglich kugelig, bis 3 cm, für Marmelade und Tee-Herstellung.
Standort: Durchlässige, kalkhaltige Böden in voller Sonne.
Verwendung: Feldhecke, Gehölzrand, Böschungen in freier Landschaft.
Sorten: 'Kiese', blutrot, 2 m hoch (Bild).
Sonstiges: Veredlungsunterlage für Beetrosen und als Stammbildner bei Hochstammrosen.

Rosa canina		Rosa gallica
2–3/ 2–3 m		*1/ 1,5 m*
V–VI		*VI–VII*
8–12/ 5–8 cm		*8–12/ 7 cm*
•		•

Rosa gallica

Essig-Rose, Gallische Rose
Rosaceae, Rosengewächse

Heimat: Süd- und Mitteleuropa.
Wuchs: Aufrecht, gedrungen. Kriechende Ausläufer. Zweige stumpfgrün, Stacheln verschieden groß, gerade oder gekrümmt, auch Stachelborsten.
Blatt: Unpaarig gefiedert, 6–12 cm lang, ledrig, Blättchen oval, 2–6 cm lang, oben rau.
Blüte: Leuchtend hell- bis dunkelrot, 4–6 cm breit, einzeln, an drüsigen Stielen; VI–VII.
Frucht: Hagebutte ziegelrot, rundlich, 1,5 cm lang, drüsig borstig.
Standort: Magere und nährstoffreiche Kalkböden in sonniger Lage.
Verwendung: Einzeln in größeren Anlagen und Parks.
Sorten: 'Versicolor', Blüten weiß-rosa gestreift und gescheckt (Bild).
Sonstiges: Stammpflanze vieler Gartenrosen.

Rosa-Gartenrosen Bodendeckerrosen
Rosaceae, Rosengewächse

Heimat: Züchtungen.
Wuchs: Flach ausgebreitet mit bogigen, später niederliegenden Trieben.
Blatt: Unpaarig gefiedert, glänzend dunkelgrün, derb, 6–10 cm lang.
Blüte: Schalenförmig, 2 cm, je nach Sorte in Rosa, Rot oder Weiß in vielblütigen Rispen an den Triebenden; VI–IX.
Standort: Lehmig humose Böden in Sonne und Halbschatten.
Verwendung: Flächig (1 Pflanze/m²), an Böschungen, Verkehrsinseln, im Hausgarten.
Sorten: 'Immensee', rosa. 'Weiße Immensee', kleine, weiße Blüten (Bild).
Sonstiges: Pflegeleicht.

Rosa-Gartenrosen Edelrosen, Teehybriden
Rosaceae, Rosengewächse

Heimat: Züchtungen.
Wuchs: Aufrecht, breitbuschig, ältere Triebe braun, viele Stacheln.
Blatt: Unpaarig gefiedert, 5- bis 7-zählig, Blättchen eiförmig, 4–8 cm lang, glänzend.
Blüte: Meist gefüllt, einzeln am Triebende, wohlgeformte Knospen, geschützt durch 5 grüne Kelchblätter. Farben je nach Sorte unterschiedlich, weiß bis schwarzrot; VI–IX.
Frucht: Rot bis orangerote Hagebutten, enthalten viele harte Samen.
Standort: Nährstoffreiche, lehmig humose Gartenböden in voller Sonne.
Verwendung: Besondere Rosenbeete, Schnittpflanze.
Sorten: 'Escapade', rosa. 'Gloria Dei', goldgelb, gesund (Bild). Viele Sorten (siehe Spezialkataloge).
Sonstiges: Auf Krankheiten und Schädlinge achten, sehr anspruchsvoll. Okulation auf *Rosa canina*.

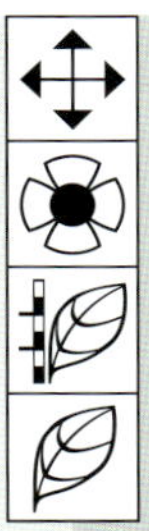

Bodendeckerrosen		Edelrosen
0,4–1,0/ 0,6–1,0 m		0,8–1 m
VI–IX		VI–IX
6–10/ 2–6 cm		10–20/ 5–10 cm
•		•

Rosa-Gartenrosen Beetrosen
Rosaceae, Rosengewächse

Heimat: Züchtung.
Wuchs: Je nach Sorte strauchförmig, buschig bis gedrungen.
Blüte: Viele Sorten in Rot, Rosa, Weiß und Gelb, meist gefüllt und remontierend.
Polyantha-Hybriden: Mehrblumige Doldenrispen mit eher einfachen bis halbgefüllten Blüten. **Sorten:** 'Lampion', blutrot, einfach, 0,5 m. 'Marlena', dunkelrot, gefüllt, 35 cm.
Floribunda-Rosen: Edelrosenförmige Blüten. **Sorten:** 'Edelweiß', cremeweiß, gefüllt, 40 cm. 'Friesia', gelb, gefüllt, 70 cm (Bild). 'Pußta', blutrot, 60 cm.
Floribunda-Grandiflora-Rosen: Besonders großblumig: 'Duftwolke', rot gefüllt, 60 cm.
Standort: Nährstoffreiche, lehmig humose Gartenböden in voller Sonne.
Verwendung: Rosenbeete, aber auch zu niederen Stauden und Gräsern im Hausgarten.
Sonstiges: Hoher Pflegeaufwand.

Beetrosen		Kletterrosen
0,4–1,0 m		3–4/3–4 m
VI–IX		VI–IX
10–15/5–10 cm		10–15/7cm
•		•

Rosa-Gartenrosen Kletterrosen
Rosaceae, Rosengewächse

Heimat: Züchtung.
Wuchs: Aufrecht, stark überhängend bis kletternd.
Blüte: Einfach bis gefüllt, unterschiedliche Farben, je nach Sorte. Meist remontierend; VI–IX.
Frucht: Orangerote Hagebutten (Sammelfrucht), 2–4 cm.
Standort: Nährstoffreiche Gartenböden in voller Sonne bis Halbschatten.
Verwendung: Braucht als Spreizklimmer eine Rankhilfe, z.B. Pergolen, Gerüste, Rosenbögen.
Sorten: 'Sympathie', scharlachrot, gefüllt, reich blühend, remontiert (Bild).
Sonstiges: In vielen Farben erhältlich, siehe Spezialkataloge.

Rosa-Gartenrosen Strauchrosen

Rosaceae, Rosengewächse

Heimat: Züchtung.
Wuchs: Straff aufrecht bis überneigend, je nach Sorte, Triebe stark bestachelt.
Blatt: Unpaarig gefiedert, glänzend grün, 15 cm lang.
Blüte: Je nach Sorte weiß, gelb, rosa oder rot, einfach bis gefüllt; VI–X. Es gibt einmalblühende und remontierende Sorten.
Frucht: Auffällige Hagebutten von 2–4 cm, orangerot.
Standort: Nährstoffreiche Gartenböden in voller Sonne.
Verwendung: Einzeln oder in Gruppen in Hausgärten und Parks.
Sorten: 'Lichtkönigin Lucia', zitronengelb, locker gefüllt, 8–10 cm breit (Bild).
Sonstiges: Herrliche Blütensträucher, einmalblühende oder remontierende Sorten, letztere mit einer Nachblüte im Spätsommer.

Rosa-Gartenrosen		Rosa moyesii
0,5–3/ 0,6–2,5 m		3/ 2 m
VI–X		VI
10–17/ 3–10 cm		7–12/ 7 cm
•		•

Rosa moyesii

Mandarin-Rose
Rosaceae, Rosengewächse

Heimat: China.
Wuchs: Hoher, stark wachsender, lockerer Strauch, Stacheln gerade.
Blatt: Unpaarig gefiedert, 7–12 cm lang, Blättchen 7–13, eiförmig, 1–4 cm lang, grün.
Blüte: Weinrote Schalenblüte, am Ende der Kurztriebe, 5–7 cm breit; VI.
Frucht: Hagebutten flaschenförmig, 5–7 cm lang, orangerot, drüsig behaart.
Standort: Nährstoffreiche Gartenböden in voller Sonne.
Verwendung: Einzeln oder in kleinen Gruppen in Gärten und Parks.
Sonstiges: Vogelnährgehölz. Einmalblühend.

Rosa multiflora

Vielblütige Rose
Rosaceae, Rosengewächse

Heimat: Japan und Korea.
Wuchs: Dichter Busch, Triebe überneigend, kaum bestachelt.
Blatt: Unpaarig gefiedert, 5–12 cm lang, 7–9 Blättchen, elliptisch, 2–6 cm lang, oberseits glänzend grün, unten matt, Nebenblätter kammförmig geschlitzt.
Blüte: Weiß, zahlreich in kegelförmigen Rispen, 2 cm breit, duftend; VI–VII.
Frucht: Hagebutten (Sammelfrucht) klein, oval, 5 mm lang, orange, werden reichlich gebildet.
Standort: Normale Gartenböden in voller Sonne und Schatten.
Verwendung: Parks, Straßenbegleitgrün, Hecken.
Sonstiges: Anspruchsloses Vogelnähr- und Windschutzgehölz.

Rosa multiflora		Rosa rugosa
2–5/ 3 m		*1–2/ 1,5–2 m*
VI–VII		*VII–IX*
5–12/ 4–6 cm		*6–12/ 3–8 cm*
•		•

Rosa rugosa

Kartoffel-Rose
Rosaceae, Rosengewächse

Heimat: Ostasien.
Wuchs: Straff aufrechter, dicktriebiger Strauch, viele Ausläufer bildend. Triebe mit Stacheln und Stachelborsten.
Blatt: Unpaarig gefiedert, 6–12 cm lang, 5–9 Einzelblättchen, 2–5 cm lang, runzelig, elliptisch, glänzend grün, unterseits graugrün, im Herbst orangerot.
Blüte: Einzeln, 6–9 cm breit, purpur oder rosa, duftend, remontiert; VII–IX.
Frucht: Große Hagebutten (Sammelfrucht), flach rundlich, bis 2,5 cm breit, hellrot, verwertbar.
Standort: Anspruchslos, für alle durchlässigen Böden in voller Sonne und Halbschatten.
Verwendung: Niedrige Hecken, einzeln oder flächig, Böschungen, Straßenbegleitgrün.
Sorten: 'Alba', weiße Blüten, gelbe Früchte. Viele großblumige Sorten.
Sonstiges: Salztolerant.

Rosa spinosissima
(Syn. R. pimpinellifolia)
Bibernell-Rose
Rosaceae, Rosengewächse

Heimat: Europa, Westasien, Nordafrika.
Wuchs: Aufrechter Strauch, viele Ausläufer, Zweige mit Stachelborsten.
Blatt: Unpaarig gefiedert, 4–6 cm lang, 7–9 Einzelblättchen, 1–3 cm lang, rund, grün.
Blüte: Einzeln, weiß bis blassgelb, 6–8 cm breit, zahlreich, Kelch borstig; V–VI.
Frucht: Rundliche Hagebutte (Sammelfrucht), schwarzbraun, 1–1,5 cm dick.
Standort: Sandige, nährstoffarme Böden in voller Sonne.
Verwendung: Dünenbefestigung, Heidegärten, freie Landschaft.
Sorten: 'Frühlingsgold', goldgelb, 2–3 m. 'Frühlingszauber', hellrot, 2 m.
Sonstiges: Einmalblühende, schöne Strauchrose, bildet viele Ausläufer!

Rosa spinosissima		Rosa xanthina fo. hugonis
0,5–1,5/ 1 m	Höhe/Breite	*1,5–1,8/ 2,5 m*
V–VI	Blüte	*V–VI*
4–10/ 3–6 cm	Blatt	*5–10/ 2–4 cm*
•	Laub	•

Rosa xanthina fo. hugonis
Goldgelbe Rose, Chinesische Gold-Rose
Rosaceae, Rosengewächse

Heimat: China.
Wuchs: Breit wachsender, überhängender Strauch bis 2,5 m, Zweige braun, viele Borsten.
Blatt: Wechselständig, unpaarig gefiedert bis 10 cm lang, Einzelblättchen eiförmig, 1–2 cm lang, fein gesägt, unterseits bläulich grün.
Blüte: Gelb, schalenförmig, bis 5 cm breit, reich und früh blühend; V–VI.
Frucht: Kugelige Hagebutte, bis 1,5 cm groß, braunschwarz.
Standort: Tiefgründige, lehmig humose Gartenböden in voller Sonne.
Verwendung: Einzeln oder in Gruppen in Gärten und Parks.
Sonstiges: Blüht besonders früh.

Rubus fruticosus
Brombeere
Rosaceae, Rosengewächse

Heimat: Europa, Asien.
Wuchs: Überhängend oder kletternd, 1–3 m hoch, bis 3 m breit, Triebe stark bestachelt, grün, 5-kantig, dick, bewurzeln sich bei Bodenberührung. Spreizklimmer.
Blatt: Wechselständig, 3– bis 5–zählig, 5–10 cm lang, oberseits dunkelgrün, unterseits weißlich, an Blattadern und Stielen bestachelt.
Blüte: Weiß bis rosa, 2 cm breit, in vielen, endständigen Rispen; VI–VIII.
Frucht: Schwarze Steinfrüchtchen zu einer Sammelfrucht vereint, 10–20 mm groß, essbar, wohlschmeckend, von August-September am vorjährigen Holz.
Standort: Nährstoffreiche Gartenböden in sonnigen Lagen.
Verwendung: Undurchdringlicher Böschungsbegrüner, am Waldrand, Vogelschutzgehölz.
Sorten: 'Thedodor Reimers', Fruchtsorte mit großen, wohlschmeckenden Früchten.

Rubus fruticosus		Rubus henryi
1–3/ 1–3 m		*2–4/ 1 m*
VI–VIII		*VI*
10–20/ 8–15 cm		*10–15/ 10–15 cm*
•		
		•

Rubus henryi
Kletter-Himbeere
Rosaceae, Rosengewächse

Heimat: Zentral-China.
Wuchs: Bis 2–4 m hoch kletternder Spreizklimmer; dünne, filzige Triebe bestachelt.
Blatt: Tief 3-lappig, 10–15 cm lang, glänzend, immergrün, unterseits weißfilzig.
Blüte: Rosa bis Rot, 2 cm breit, end- oder achselständig, drüsig behaart, in Trauben, nicht sehr zahlreich; VI.
Frucht: Schwarz, glänzend, 10–15 mm dick.
Standort: Humose, nährstoffreiche Böden im Halbschatten und Schatten.
Verwendung: Begrünung von Bäumen, an Pergolen und Klettergerüsten.
Sonstiges: Auffälliger Blattschmuck.

Salix alba

Silber-Weide
Salicaceae, Weidengewächse

Heimat: Europa, Asien.
Wuchs: Hoher Baum, oft breitkronig, Stämme häufig schief. Borke grauweiß bis dunkelgrau, rissig. Triebe elastisch, rotbraun bis gelb.
Blatt: Lanzettlich, 6–12 cm, unterseits weißlich, wechselständig.
Blüte: 2-häusig, männliche Kätzchen gelb, weibliche grün; IV–V.
Frucht: Samen in 2-klappigen Kapseln mit seidigem Haarschopf (Pappus).
Standort: Feuchte, grundwassernahe Plätze.
Verwendung: Am Teich- und Bachrand, zur Uferbefestigung, Parkbaum, oft als Kopfweide gezogen, Pioniergehölz.
Sorten: 'Liempde', kegelförmige Krone. 'Tristis', Trauer-Weide, 15–20 m hoch.
Sonstiges: Hoher Wasserbedarf.

Salix alba	Salix caprea
15–25/ 8–15 m	5–10/ 5–8 m
IV–V	III–IV
6–12/ 1,5–2,5 cm	4–12/ 2–5 cm
•	•

Salix caprea

Sal-Weide
Salicaceae, Weidengewächse

Heimat: Europa bis Nordostasien.
Wuchs: Strauch bis Kleinbaum, vielstämmig. Triebe grau bis rotbraun. Knospen wechselständig, Blütenknospen dicker, von nur einer Schuppe geschützt.
Blatt: Grün, eiförmig zugespitzt, bis 12 cm lang, unterseits graufilzig, 2 Nebenblätter.
Blüte: 2-häusig, männliche Kätzchen bis 2–5 cm lang, silbrig, gelbe Staubgefäße. Weibliche Kätzchen 2–5 cm, goldgelb; III–IV, Bestäubung durch Insekten.
Frucht: Viele Kapseln, 5–6 cm lang, Samen mit Fruchthaaren.
Standort: Für fast alle Böden und Lagen. Anspruchslos.
Verwendung: Landschaft, Gärten und Parks. Schnittpflanze.
Sorten: 'Mas', männliche Auslese, größere Kätzchen als die Art. 'Pendula', Hängeform, 2 m.

Salix hastata 'Wehrhahnii'

Spieß-Weide
Salicaceae, Weidengewächse

Heimat: Arktisches und subarktisches Europa und Nordamerika, Gebirge Mittel- und Südeuropas. Männliche Form der europäischen *S. hastata.*

Wuchs: Dicht verzweigter Kleinstrauch, aufrechte Triebe.

Blatt: Eiförmig, 2–4 cm lang, unterseits bläulich grün, wechselständig.

Blüte: Kätzchen an 5 mm langen Stielen. Silbrige, später gelbe Kätzchen, zahlreich vor dem Laub, 3–5 cm lang; IV–V.

Standort: Durchlässige, auch steinige Gartenböden in sonniger Lage.

Verwendung: Einzeln im Steingarten oder Vorgarten.

Salix hastata 'Wehrhahnii'		Salix matsudana 'Tortuosa'
0,8–1,2/ 1,5–2 m		5–8/ 4–6 m
IV–V		IV–V
2–4/ 1,5–3 cm		5–10/ 0,8–2,0 cm
•		•

Salix matsudana 'Tortuosa'

Korkenzieher-Weide
Salicaceae, Weidengewächse

Heimat: Züchtung, die Art stammt aus Ostasien.

Wuchs: Kleinbaum oder Großstrauch mit spiralig gewundenen Ästen.

Blatt: Wechselständig, länglich lanzettlich, 5–10 cm lang, verdreht, mattgrün, im Herbst gelblich grün.

Blüte: Unscheinbar, grauweiße Kätzchen, vor dem Laubaustrieb; IV–V.

Standort: Nährstoffreiche, frisch feuchte Gartenböden in Sonne und Halbschatten.

Verwendung: Einzeln in großen Gärten und Parks, Triebe sind beliebtes Beiwerk in der Floristik.

Sonstiges: Auffälliges Ziergehölz.

Sambucus nigra
Schwarzer Holunder
Caprifoliaceae, Geißblattgewächse

Heimat: Nordafrika, Europa bis Sibirien.
Wuchs: Breiter Strauch bis 5 m, auch baumartig bis 10 m Höhe, breit ausladende Krone. Borke hellgrau, tiefrissig, Triebe dick, hellgrau, viele Lentizellen, weißes Mark.
Blatt: Gegenständig, unpaarig gefiedert, mattgrün, 10–30 cm lang, Einzelblättchen 3- bis 5-zählig, eiförmig bis elliptisch, 5–10 cm lang, zugespitzt, Duft unangenehm.
Blüte: Rahmweiß in flachen Doldenrispen, 10–15 cm breit, stark duftend; VI–VII.
Frucht: Steinfrucht. Rote bis schwarze Beere, 4–5 mm groß, innen mit Steinkernchen, essbar.
Standort: Stickstoffreiche, kalkhaltige Böden aller Lagen.
Verwendung: Einzeln oder in Gruppen in der Landschaft, Windschutz, Fruchtgehölz.
Sorten: 'Marginata', Blätter mit goldgelbem Rand. Fruchtsorten .
Sonstiges: Grüne Pflanzenteile sind giftig.

Sambucus racemosa
Roter Holunder, Trauben-Holunder
Caprifoliaceae, Geißblattgewächse

Heimat: Europa, Kleinasien bis Nord-China.
Wuchs: Breit aufrecht, überhängende Zweige. Triebe und Mark braun. Knospen groß, kugelig, gegenständig angeordnet.
Blatt: Unpaarig gefiedert, 10–20 cm lang, 5 lanzettliche Einzelblätter, 4–8 cm lang.
Blüte: Hellgelb, vor dem Blattaustrieb, Blüte röhrig, 4 mm, in radförmiger Rispe; IV–V.
Frucht: Rote Beeren, 4–5 mm dick, mit giftigen, kantigen Steinfrüchten.
Standort: Humose, durchlässige Böden in Sonne und Schatten; bis 1400 m ü.d.M.
Verwendung: Unterholz, einzeln auch in Parks und in der Landschaft.
Sonstiges: Früchte zur Saftgewinnung verwertbar, Samen sind aber giftig.

Sambucus nigra	Sambucus racemosa
3–10/ 3–5 m	1,5–4/ 2–4 m
VI–VII	IV–V
10–30/ 10–20 cm	10–20/ 10–15 cm
•	•

Skimmia japonica
Japanische Skimmie
Rutaceae, Rautengewächse

Heimat: Japan.
Wuchs: Breiter, immergrüner Kleinstrauch.
Blatt: Elliptisch, 8–12 cm lang, hellgrün, lederartig verdickt, wechselständig.
Blüte: 2-häusig, 2–8 mm, weiß, in 5–10 cm langen Rispen am Triebende; IV–V.
Frucht: Kugelige, längliche, 8 mm lange Steinfrüchte, leuchtend rot.
Standort: Durchlässige, humose, saure Böden im Schatten.
Verwendung: Einzeln, im Moorbeet zu Rhododendren.
Sorten: 'Rubella', männliche Form, daher keine Früchte, aber reiche Blüte.
Sonstiges: Versagt in Kalkböden.

Skimmia japonica		Sophora japonica
0,5–1,5/ 1–1,5 m		15–20/ 10–15 m
IV–V		VII–VIII
8–12/ 2–4 cm		10–25/ 5–10 cm
•		
		•

Sophora japonica
Japanischer Schnurbaum
Fabaceae, Hülsenfrüchtler

Heimat: China, Korea.
Wuchs: Rundkroniger Baum, 15–20 m hoch, Zweige glänzend dunkelgrün.
Blatt: Unpaarig gefiedert, 10–25 cm lang, Einzelblättchen 2–5 cm lang, eiförmig zugespitzt, hellgrün, im Herbst gelbgrün, wechselständig angeordnet.
Blüte: Gelblich weiß, schmetterlingsförmig an endständigen, 20–25 cm langen Rispen; VII–VIII.
Frucht: Grüne Hülsen, perlschnurartig eingeschnürt, 5–8 cm lang, grün, hängend.
Standort: Normale bis trockene, leicht alkalische Böden in voller Sonne.
Verwendung: Einzeln in großen Gärten und Parkanlagen.
Sorten: 'Pendula', malerisch gebogene, hängende Äste, als Hochstamm veredelt.
Sonstiges: Gute Bienenweide.

Sorbaria sorbifolia
Sibirische Fiederspiere
Rosaceae, Rosengewächse

Heimat: Ostasien.

Wuchs: Bis 2 m hoher, breit wachsender Strauch, viele Bodentriebe, wuchernd.

Blatt: Wechselständig, unpaarig gefiedert, bis 25 cm lang, Einzelblatt 5–10 cm lang, zugespitzt, im Herbst gelbgrün.

Blüte: Weiße Blütchen in 10–35 cm langen Rispen; VI–VII.

Frucht: Balgfrucht, 5 mm lang, wenig auffällig.

Standort: Anspruchslos, normale bis trockene Gartenböden in voller Sonne.

Verwendung: Einzeln oder in Gruppen in Gärten und Parks.

Sonstiges: Bildet mächtige Dickichte.

Sorbaria sorbifolia		Sorbus aria
2/ 2 m		6–15/ 4–6 m
VI–VII		V–VI
25/ 15 cm		8–12/ 4–6 cm
•		•

Sorbus aria
Gewöhnliche Mehlbeere
Rosaceae, Rosengewächse

Heimat: Europa, Nordafrika, Kleinasien.

Wuchs: Großstrauch, mehrstämmig, bis 15 m Höhe, breit eiförmige Krone. Borke grausilbrig und glatt, später dunkler, aufgerissen. Triebe rotbraun, Knospen groß, behaart, wechselständig angeordnet.

Blatt: Breit eiförmig, 8–12 cm lang, unterseits weißfilzig, im Herbst gelb-orange.

Blüte: Weiß, 2 cm groß, in 5–8 cm breiten Doldenrispe; V–VI.

Frucht: Längliche Apfelfrüchte, 1–1,5 cm, orangerot, fade.

Standort: Kalkböden in voller Sonne, verträgt Trockenheit.

Verwendung: Einzeln oder in Gruppen als Schutzpflanzung, an Böschungen, in Parks.

Sorten: 'Magnifica', eiförmige Krone, Blätter groß und weißfilzig, schmaler als die Art (Bild).

Sonstiges: Wertvolles Wildgehölz. Durch Feuerbrand gefährdet.

Sorbus aucuparia
Gewöhnliche Eberesche,
Vogelbeere
Rosaceae, Rosengewächse

Heimat: Europa über Kleinasien bis Sibirien.
Wuchs: Strauch- oder baumförmig, oft mehrstämmig, lockere Krone. Triebe grau, rutenförmig, Knospen wechselständig, seidig behaart. Borke grausilbrig.
Blatt: Grün, unpaarig gefiedert, 8–15 cm lang, Blättchen 2,5–6 cm, eiförmig, gesägt. Herbstfärbung gelb bis orange.
Blüte: Weiß, 1 cm breit, in flachen, 10–15 cm breiten Rispe; V–VI.
Frucht: Kugelige Apfelfrüchte, 8–10 mm groß, korallenrot.
Standort: Mischwälder, Heide und Moorgebiete, auf sauren bis neutralen Böden, sonnig.
Verwendung: Einzeln oder in Gruppen als Pioniergehölz.
Sorten: 'Edulis', Mährische Eberesche, mit größeren, verwertbaren Früchten (Saft, Marmelade); (Bild).
Sonstiges: Durch Feuerbrand gefährdet.

Sorbus aucuparia		Sorbus intermedia
10–15/ 6–10 m		*12–15/ 6–8 m*
V–VI		*V–VI*
12–20/ 6–12 cm		*6–10/ 3–7 cm*
•		•

Sorbus intermedia
Schwedische Mehlbeere,
Oxelbeere
Rosaceae, Rosengewächse

Heimat: Nordeuropa.
Wuchs: Bis 15 m hoher Baum, Krone kugelig, Stamm hellgrau, junge Triebe filzig.
Blatt: Wechselständig, eiförmig, 6–10 cm lang, Rand gelappt, unterseits graugrün.
Blüte: Weiß, 1 cm breit, in 8–10 cm breiten Doldenrispe; V–VI.
Frucht: Kugelige Apfelfrüchte, 1 cm groß, orangerot.
Standort: Anspruchslos, kann Kälte vertragen, neutrale Böden in voller Sonne.
Verwendung: Sichtschutzhecken, Straßenbaum, Landschaftsgehölz.
Sonstiges: Durch Feuerbrand gefährdet.

Sorbus torminalis
Elsbeere
Rosaceae, Rosengewächse

Heimat: Europa, Vorderasien, Nordafrika.
Wuchs: Baum mit geradem Stamm und breit rundlicher Krone. Borke graubraun, längsrissig geschuppt, Triebe rotbraun, Knospen eiförmig, gelbgrün.
Blatt: Wechselständig, breit eiförmig, 10 cm lang, mit 3 bis 4 eckigen Lappen, dunkelgrün, im Herbst orangerot bis lederbraun.
Blüte: Weiß, 1–2 cm groß, in lockeren, filzig behaarten Doldenrispen; V–VI.
Frucht: Apfelfrucht, eiförmig, bräunlich punktiert, 1–1,5 cm groß, essbar.
Standort: Warme Hänge auf kalkreichen Trockenhängen und Waldrändern.
Verwendung: Wildfruchtgehölz für Vogelschutz, Gärten, an Landstraßen.
Sonstiges: Durch Feuerbrand gefährdet.

Sorbus torminalis	Spiraea × arguta
10–20/ 8 m	*2/ 1,5 m*
V–VI	*IV–V*
6–14/ 5–10 cm	*3–4/ 0,7 cm*
•	•

Spiraea × arguta
Braut-Spierstrauch
Rosaceae, Rosengewächse

Heimat: Züchtung aus *S.* × *multiflora* × *S. thunbergii*.
Wuchs: Breitbuschig, bis 2 m hohe, überhängende Zweige. Triebe hell bis dunkelbraun.
Blatt: Wechselständig, hellgrün, schmal lanzettlich, bis 4 cm lang.
Blüte: Reinweiß, 8 mm breit, in kleinen Trugdolden entlang der ganzen Triebe, reich blühend; IV–V.
Standort: Tiefgründige, nährstoffreiche Gartenböden in voller Sonne.
Verwendung: Einzeln, in Gruppen oder als frei wachsende Hecke in Gärten und Parks.
Arten: *S.* × *cinerea* 'Grefsheim' ist ähnlich, aber graulaubiger und blüht eine Woche eher. *S. thunbergii* ist in allen Teilen zierlicher, blüht schon Anfang April.
Sonstiges: Unentbehrliche Frühlingsblüher.

Spiraea japonica

Japanischer Spierstrauch
Rosaceae, Rosengewächse

Heimat: Ostasien.
Wuchs: Steif aufrechter Kleinstrauch von 1–1,5 m Höhe, vieltriebig.
Blatt: Eiförmig, zugespitzt, 2–8 cm lang, unterseits graugrün, wechselständige Anordnung.
Blüte: Bis 10 mm breit, in 5–10 cm breiten, endständigen Doldentrauben, rosa; VI–IX.
Frucht: Kleine Balgfrüchte, spreizend, braun.
Standort: Alle kultivierten Gartenböden in Sonne und Halbschatten.
Verwendung: Einzeln, in Gruppen oder als frei wachsende Hecke in Gärten und Parks.
Sorten: 'Anthony Waterer', bis 0,8 m, Blätter oft gelb gestreift, karminrot. 'Little Princess', 0,3–0,6 m hoch, bis 0,8 m breit, hellrosa.

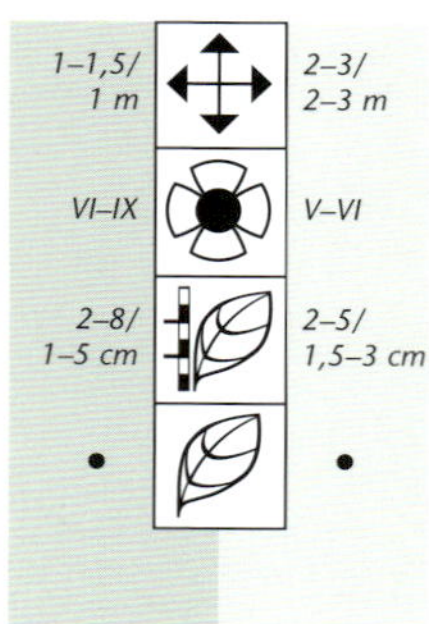

Spiraea × vanhouttei

Belgischer Spierstrauch, Pracht-Spiere
Rosaceae, Rosengewächse

Heimat: Züchtung aus *S. cantoniensis* × *S. trilobata.*
Wuchs: Dicht verzweigter Strauch, Triebe überhängend, braun.
Blatt: Rhombisch eiförmig, 2–4 cm lang, Basis keilig, 3- bis 5-lappig, unten bläulich grün. Herbstfärbung gelb-orange, wechselständige Anordnung.
Blüte: Weiß, 10 mm breit, in flachen, vielblütigen Doldentrauben an Kurztrieben; V–VI.
Frucht: Kleine Balgfrüchte, wenig auffallend.
Standort: Nährstoffreiche, durchlässige Gartenböden in sonnigen Lagen.
Verwendung: Einzeln, in Gruppen oder als Hecke in Gärten und Parks.
Sonstiges: In allen Teilen größer als *S. × arguta.*

Stephanandra incisa
Kranzspiere
Rosaceae, Rosengewächse

Heimat: Korea, Japan.
Wuchs: Breitbuschiger Strauch mit überhängenden Trieben.
Blatt: 3-lappig mit längerem Mittellappen, 2–6 cm lang, im Herbst rotbraun.
Blüte: Grünlichweiß, bis 10 mm breit, in lockeren, endständigen Rispen; VI–VII.
Frucht: Kleine, unscheinbare Balgfrüchte.
Standort: Nährstoffreiche, durchlässige Gartenböden in voller Sonne.
Verwendung: Einzeln oder in Gruppen in Gärten und Parks, anspruchslos.
Sorten: 'Crispa', nur 50–80 cm hoch, aber 0,8–1,5 m breit, mit bogenförmigen Trieben (Bild).
Sonstiges: Ein anspruchsloser Bodendecker für halbschattige Lagen.

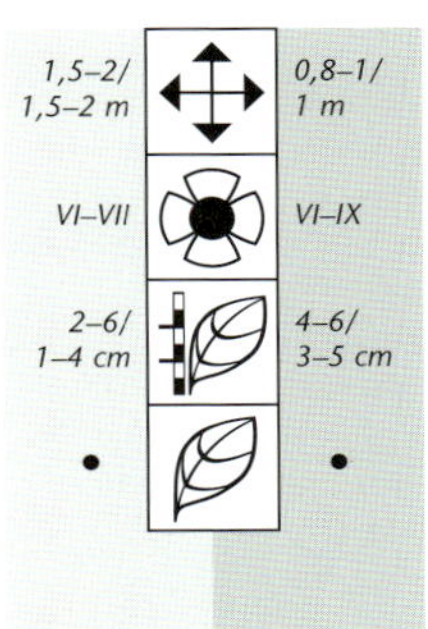

Symphoricarpos albus
Gewöhnliche Schneebeere
Caprifoliaceae, Geißblattgewächse

Heimat: Nordamerika: Von Alaska bis Kalifornien.
Wuchs: Durch viele Ausläufer dichter, leicht überhängender Strauch.
Blatt: Gegenständig angeordnet, eirundlich, 4–6 cm lang, bläulich grün, behaart.
Blüte: Rosa-weiße Glöckchen, bis 10 mm lang, an Achseln und Triebenden in Ähren; ab VI–IX.
Frucht: Kugelige, beerenartige Steinfrucht, 1–1,5 cm, schneeweiß, giftig.
Standort: Völlig anspruchslos an Boden, Klima und Standort.
Verwendung: Für Grünstreifen, Böschungen an Straßen und in Parks.
Weitere Arten: *S. albus* var. *laevigatus*, 1,5–2 m hoch, sonst wie die Art, aber Blättchen kahl. Häufig in Kultur.
Sonstiges: Nicht an Kinderspielplätze!

Symphoricarpos × chenaultii 'Hancock'

Bastard-Korallenbeere
Caprifoliaceae, Geißblattgewächse

Heimat: Züchtung aus *S. microphyllus* × *S. orbiculatus.*

Wuchs: Dichtbuschig verzweigter, vieltriebiger Kleinstrauch, niederliegend, breiter. Bildet unruhige, begehbare Flächen.

Blatt: Eirund, unterseits bläulich grün, 1–3 cm lang, gegenständig.

Blüte: Rosa trichterförmige Glöckchen in kurzen, endständigen Ähren; VI–VII.

Frucht: Rote, kugelige Steinfrucht, giftig!

Standort: Anspruchslos, für fast alle Böden und Lagen.

Verwendung: Als Flächendecker für öffentliche Anlagen in der Stadt.

Sonstiges: Kann scharfen Rückschnitt vertragen, Bewurzelung der bodennahen Triebe.

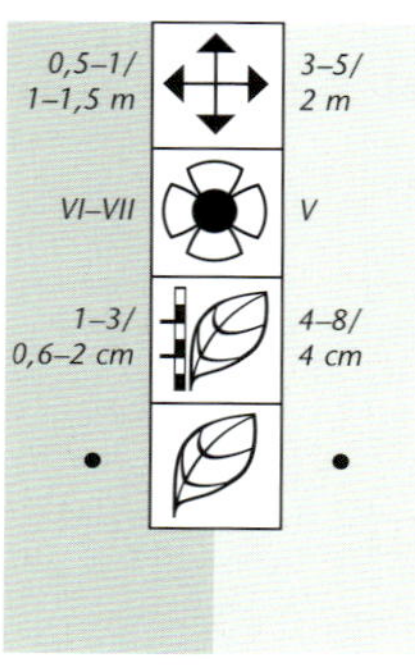

Syringa × chinensis

Chinesischer Flieder
Oleaceae, Ölbaumgewächse

Heimat: Züchtung aus *S.* × *persica* × *S. vulgaris.*

Wuchs: Breitbuschiger Strauch, 3–5 m hoch, Zweige dünn, locker überhängend.

Blatt: Eilanzettlich, 4–8 cm lang, zugespitzt, dunkelgrün, gegenständig.

Blüte: Röhrenblüten purpurlila, süßlich duftend, in Rispen meist an den Triebenden; V.

Frucht: 2-fächrige Kapsel, braun.

Standort: Nährstoffreiche Gartenböden in voller Sonne, wärmeliebend.

Verwendung: Einzeln oder in Gruppen im Hausgarten und im öffentlichen Grün.

Sorten: 'Saugeana', dunklere Blüte.

Sonstiges: Anspruchsloser Blütenstrauch.

Syringa meyeri
Meyers Flieder
Oleaceae, Ölbaumgewächse

Heimat: Nord-China.
Wuchs: Dichtbuschiger Strauch, viele Triebe aus der Basis.
Blatt: Elliptisch eiförmig, gegenständig, 2–4 cm lang, grün, unten heller.
Blüte: Violette, schmale Röhrenblüte in bis 10 cm langen Rispen, duftend; VI.
Frucht: 2-fächrige Kapsel, braun, unscheinbar.
Standort: Nährstoffreiche Böden in sonniger Lage.
Verwendung: Einzeln im Vorgarten und Steingarten.
Sorten: 'Palibin', noch niedriger im Wuchs, Knospe rot, geöffnete Blüte weißrosa (Bild).

Syringa meyeri		Syringa vulgaris
1–1,5/ 1 m		*4–6/ 4–6 m*
VI		*VI*
2–4/ 2 cm		*5–12/ 4–9 cm*
•		•

Syringa vulgaris
Gewöhnlicher Flieder
Oleaceae, Ölbaumgewächse

Heimat: Südosteuropa.
Wuchs: Aufrechter Großstrauch, vieltriebig, gabelig verzweigt, Knospen gegenständig. Graue, kahle Triebe. Borke graubraun, rissig, abblätternd.
Blatt: Breit eiförmig, zugespitzt, dunkelgrün, glattrandig, 5–12 cm lang.
Blüte: 4-zipflige Röhrenblüte, lila, in dichten, 10–15 cm langen Rispen; V–VI.
Frucht: 2-fächrige Kapsel, hält lange am Strauch (Entfernen ist sinnvoll).
Standort: Nährstoffreiche Gartenböden in voller Sonne.
Verwendung: Einzeln oder in Gruppen in Gärten und Parks.
Sorten: 'Andenken an Ludwig Späth', violettrot. 'Mme. Lemoine', weiß, gefüllt.
Sonstiges: Zusätzliche Düngung und Wässerung im Frühsommer günstig. Schnittpflanze. Auch zur Treiberei.

Tamarix parviflora
Kleinblütige Tamariske
Tamaricaceae, Tamarisken-gewächse

Heimat: Südosteuropa.
Wuchs: Strauch oder Baum mit stark überhängenden Zweigen, lockere Krone. Triebe dunkel violettbraun.
Blatt: Schuppenförmig, wechselständig, sich dachziegelig überdeckend, klein.
Blüte: Rosa, vierzählig, in 3–4 cm langen Trauben, am vorjährigen Holz; V–VI.
Frucht: Kleine Kapsel, 3–7 mm groß, unscheinbar.
Standort: Durchlässige, trockene Plätze in voller Sonne.
Verwendung: Einzelstellung in Vorgärten, an der Terrasse und in Parkanlagen.
Sonstiges: Salzresistent, trockenheitsliebend.

Tamarix parviflora		Tilia cordata
3–4/ 2–3 m		*20–25/ 10–20 m*
V–VI		*VI–VII*
0,1–0,2/ 0,1–0,2 cm		*3–12/ 3–12 cm*
•		•

Tilia cordata
Winter-Linde
Tiliaceae, Lindengewächse

Heimat: Europa, Vorderasien bis Sibirien.
Wuchs: Aufrechter Baum mit kegelförmiger Krone, 20–30 m hoch. Borke graubraun, längsrissig, Stamm dick und knorrig, Triebe olivgrün bis rotbraun.
Blatt: 2-zeilig angeordnet, breit herzförmig, asymmetrisch, 3–12 cm lang, grün, unterseits blaugrün, bräunliche Haarbüschel in den Aderwinkeln, Herbst gelb.
Blüte: Zwittrig, hellgelb, duftend, je 7–9 in Trugdolden an einem Tragblatt; VI–VII.
Frucht: Nussfrucht filzig, erbsengroß.
Standort: Frische, tiefgründige Böden, schwach sauer bis neutral, sonnig bis halbschattig.
Verwendung: Alleebaum für Parks, Schnitthecke.
Sorten: 'Greenspire', schwächerer Wuchs, dichte Krone.
Sonstiges: Auf Spinnmilben achten. Kein idealer Baum für das trockene Stadtklima.

Tilia platyphyllos
Sommer-Linde
Tiliaceae, Lindengewächse

Heimat: Nord- und Südeuropa.
Wuchs: Bis 40 m hoher Baum, breit eiförmige Krone, stark verzweigt. Borke grau, glatt, glänzend, später längsrissig. Triebe olivgrün, flaumig behaart.
Blatt: Wechselständig, bis 15 cm lang, breit herzförmig, unterseits weiße Bärtchen in den Aderwinkeln, gelbes Herbstlaub.
Blüte: Hellgelbe Zwitterblüten, zu 2–5 in hängenden Trugdolden; VI–VII.
Frucht: Filzige Nussfrucht, deutlich 5-kantig, 8–18 mm groß, verholzte Schale.
Standort: Tiefgründige, nährstoffreiche Lehmböden im Halbschatten, liebt Feuchtigkeit.
Verwendung: Einzeln, in Gruppen oder Alleen, in Parks.
Sorten: 'Pallida', Auslese aus *Tilia × vulgaris (T. cordata × T. platyphyllos).*
Sonstiges: Anspruchsvolle Baumart, nicht für die Stadt.

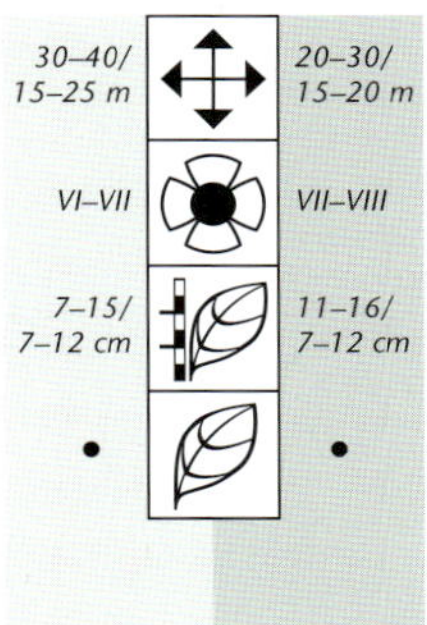

Tilia tomentosa
Silber-Linde
Tiliaceae, Lindengewächse

Heimat: Balkan, Kleinasien.
Wuchs: Hoher Baum, breit kegelförmige Krone, Äste aufstrebend, Jungtriebe graufilzig.
Blatt: Wechselständig, eiförmig zugespitzt, Basis herzförmig, 11–16 cm lang, oberseits dunkelgrün, unterseits weißfilzig, im Herbst gelbgrün.
Blüte: Weißgelb, stark duftend, zu 5–10 in hängenden Trugdolden, Hochblätter flaumig behaart; VII–VIII.
Frucht: Filzige Nussfrucht, eiförmig, gerippt, 10 mm lang.
Standort: Verträgt trockene Böden in sonniger Lage, stadtklimafest.
Verwendung: Einzeln, in Gruppen oder Alleen in Städten, am Straßenrand, Parks.
Sonstiges: Wärmeliebender Baum.

Ulmus glabra
Berg-Ulme
Ulmaceae, Ulmengewächse

Heimat: Europa, Vorderasien.

Wuchs: Mächtiger Baum bis 40 m Höhe, Krone ausladend, Stamm gerade. Borke grau, glatt, im Alter längsrissig, Triebe olivgrün bis rotbraun.

Blatt: Wechselständig, breit eiförmig, zugespitzt oder 3-spitzig, 8–12 cm lang, Basis asymmetrisch, oberseits rau behaart, mattgrün, im Herbst gelb.

Blüte: In Büscheln, Staubblätter dunkelrot, Narben rosa; III–IV.

Frucht: Geflügelte Nussfrüchte, 2–2,5 cm lang, breit elliptisch, in Büscheln.

Standort: Kalkhaltige, nährstoffreiche, frische bis feuchte Böden.

Verwendung: Landschaftsgehölz, einzeln in grundwassernahen Auwäldern, Parks.

Sorten: Wenig anfällig gegen das Ulmensterben (Pilzkrankheit) sind 'Dodoens', 'Lobel', 'Recerta'. 'Pendula', Hängeform 3–5 m hoch.

Ulmus glabra		Ulmus minor
25–40/ 10–20 m		*20–35/ 15 m*
III–IV		*III–IV*
8–16/ 4–7 cm		*4–10/ 2–5 cm*
•		•

Ulmus minor
(Syn. U. campestris)
Feld-Ulme
Ulmaceae, Ulmengewächse

Heimat: Europa, Kleinasien, Iran, Nordafrika.

Wuchs: Aufrechter Baum, breit gewölbte Krone, viele Ausläufer am Stamm. Borke graubraun, tiefgefurcht, Triebe dünn, rotbraun.

Blatt: 2-zeilig angeordnet, eiförmig zugespitzt, asymmetrisch, bis 10 cm lang, grün, im Herbst gelb.

Blüte: Violettbraun mit weißen Narben, in Büscheln, wenig auffällig; III–IV.

Frucht: Geflügelte Nussfrüchte in dichten Büscheln, erst grün, später hellbraun.

Standort: Feuchte Auwälder, nährstoffreiche, kalkhaltige Böden im Halbschatten, verträgt trockene, warme Lagen.

Verwendung: Landschaftsgehölz, für Parks im Einzelstand.

Weitere Art: *U. minor* var. *suberosa*, Kork-Feld-Ulme, Korkleisten.

Sonstiges: Wird vom Ulmensplintkäfer befallen!

Ulmus × hollandica 'Wredei'

Holländische Ulme, Bastard-Ulme
Ulmaceae, Ulmengewächse

Heimat: Züchtung.

Wuchs: Erst schmal aufrecht, später breiter, 4–5(–8) m hoch, säulenförmig.

Blatt: Im Austrieb leuchtend gelb, später grüngelb, breit eiförmig, 6–8 cm lang, Blattrand stark gewellt.

Blüte: In Büscheln meist zu 4. Staubblätter sind länger als die Blütenhülle. Staubblätter dunkelviolett, Narbe rosa; III–IV.

Frucht: Geflügelte Nussfrucht. Eiförmig bis verkehrt eiförmig, etwa 2 cm lang. Samen liegt oberhalb der Mitte.

Standort: Nährstoffreiche, frische schwach saure bis leicht alkalische Böden in sonnigen und halbschattigen Lagen.

Verwendung: Einzeln in Gärten und Parks.

Sonstiges: Frosthart. Bei zu trockenem Standort und starker Sonneneinstrahlung kommt es zu Laubverbrennungen.

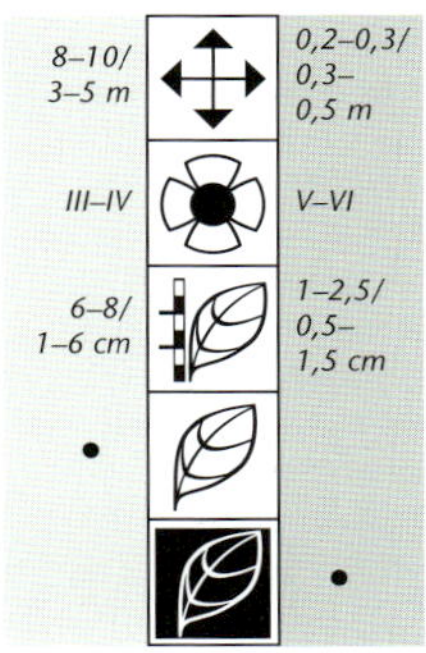

Vaccinium vitis-idaea

Kronsbeere, Preiselbeere
Ericaceae, Heidekrautgewächse

Heimat: Europa, Asien, Amerika.

Wuchs: Immergrüner Zwergstrauch, unterirdische Ausläufer bildend.

Blatt: Eiförmig, glänzend grün, lederartig, 1–2,5 cm lang, wechselständig, immergrün.

Blüte: Weiße Glöckchen in hängenden Trauben, 1 cm groß; V–VI.

Frucht: Rot glänzende, kugelige Beere, 6–8 mm, säuerlich, essbar.

Standort: Saure, nährstoffarme Humusböden im Schatten.

Verwendung: Bodendecker und Fruchtstrauch im Moorbeet. Früchte für Marmelade.

Weitere Sorten und Arten: 'Koralle', größere Beeren als die Art. *V. corymbosum,* Kulturheidelbeere, mit blauen Beeren, über 1 m hoch, sommergrün. *V. myrtillus,* heimische Heidelbeere, blaue Früchte.

Sonstiges: Nur für saure Böden.

Viburnum × burkwoodii

Burkwoods Schneeball,
Wintergrüner Schneeball
Caprifoliaceae, Geißblattgewächse

Heimat: Züchtung aus *V. carlesii* × *V. utile*.
Wuchs: Reich verzweigter, kugeliger Busch, Triebe braunfilzig.
Blatt: Gegenständig, eiförmig, bis 7 cm lang, oberseits glänzend grün, unterseits graugrün filzig, im Herbst oft orangerot, wintergrün.
Blüte: Hellrosa Röhrenblüten, 1 cm breit, innen weiß, in dichten Blütenbällen, stark duftend; III–IV. Nachblüte im Herbst.
Frucht: Schwarze Steinfrucht, länglich oval, 1 cm lang, giftig.
Standort: Nährstoffreiche, humose Gartenböden in voller Sonne.
Verwendung: Einzeln in Hausgärten und Parks.
Weitere Art: *V.* × *pragense*, Prager Schneeball, nur 2–3 m hoch, für kleinere Gärten.
Sonstiges: Herrlicher Blüten- und Duftstrauch.

Viburnum farreri

(Syn. V. fragrans)
Duftender Schneeball
Caprifoliaceae, Geißblattgewächse

Heimat: Nord-China.
Wuchs: Straff aufrechter, Strauch, sparrig verzweigt, Triebe rotbraun.
Blatt: Sommergrün, gegenständig angeordnet, länglich elliptisch, 4–10 cm lang, Blattgrund keilig, auffällige Aderung und gesägter Blattrand, im Herbst braun.
Blüte: Hellrosa Röhrenblüten, 1–2 cm lang, in dichten Rispen; auffälliger Duft nach Vanille, ab XI–IV, Hauptblüte III.
Frucht: Erst rote, später schwarze Steinfrüchte, 1 cm lang, selten.
Standort: Frische, tiefgründige Gartenböden in sonnigen und halbschattigen Lagen.
Verwendung: Einzeln in Hausgärten und Parks.
Sorte: *V. bodnantense* 'Dawn', ähnlich, aber in allen Teilen stärker, hellrote Blüten.
Sonstiges: Auffälliger Vorfrühlingsblüher und Duftstrauch.

V. × *burkwoodii*		*V. farreri*
1,5–2/ 1,5 m		2–3/ 2–3 m
III–IV + IX		III, XI–IV
5–7/ 5 cm		4–10/ 2,5–4 cm
•		
		•

Viburnum lantana
Wolliger Schneeball
Caprifoliaceae, Geißblattgewächse

Heimat: Europa bis zum Kaukasus.
Wuchs: Breit aufrechter, 3–4 m hoher Strauch, Triebe graufilzig, später graubraun. Knospen graufilzig, ungeschützt, nackt, gegenständig angeordnet.
Blatt: Eiförmig, zugespitzt, hellgrün, unterseits graufilzig, 8–14 cm lang.
Blüte: Im Herbst vorgebildet, weiß, 10 mm, in breiten Trugdolden, 6–10 cm breit; V–VI.
Frucht: Eilängliche Steinfrucht, erst grün-rot, später schwarz, bis 8 mm lang, giftig.
Standort: Kalkhaltige, trockene Böden in sonnigen Lagen.
Verwendung: Wind- und Sichtschutz, Böschungsbefestiger an warmen Gehölzrändern.
Sonstiges: Anspruchsloser Wildstrauch. Bei feuchtem Standort Blattlausbefall. Unterlage für viele edle Schneeball-Arten.

Viburnum lantana	Viburnum opulus
3–4/ 2–4 m	3–4/ 2–4 m
V–VI	V–VI
8–14/ 5–8 cm	8–12/ 6–10 cm
•	•

Viburnum opulus
Gewöhnlicher Schneeball
Caprifoliaceae, Geißblattgewächse

Heimat: Europa bis Nordasien.
Wuchs: Breit aufrechter Strauch bis 4 m Höhe. Triebe graubraun, Knospen rot.
Blatt: Gegenständig, breit eiförmig, 8–12 cm lang, 3- bis 5-lappig, ahornähnlich, grün, unten heller, im Herbst leuchtend rot. Blattstiel mit Nektardrüsen.
Blüte: Weiß, in bis 8–10 cm breiten Trugdolden, fertile Innenblüten sind von einem Kranz steriler Außenblüten umgeben, 1 cm breit; V–VI.
Frucht: Steinfrucht, rot, kugelig, 10 mm dick, giftig. Fruchtschmuck bleibt lange erhalten.
Standort: Feuchte, tiefgründige Humusböden, in Kalkböden, bevorzugt im Schatten.
Verwendung: Unter Bäumen am Waldrand, für Gehölzgruppen in feuchteren Zonen.
Sorten: 'Roseum', bekannter Schneeball, runde Blütenbälle.
Sonstiges: Auch Blattkäfer-Lochfraß.

Viburnum plicatum fo. tomentosum
Japanischer Schneeball
Caprifoliaceae, Geißblattgewächse

Heimat: Japan, nur aus Kultur bekannt.
Wuchs: Breiter Strauch mit waagerecht ausgebreiteten Ästen.
Blatt: Breit eiförmig, 4–10 cm lang, gegenständig, im Herbst dunkel weinrot.
Blüte: Flache Trugdolden, 6–10 cm breit, mit winzigen fertilen Innen- und reinweißen Außenblüten, 3–4 cm breit, steril; V–VI.
Frucht: Erst rote, später schwarze Steinfrüchte, 6–8 mm lang, giftig.
Standort: Leicht saure, humose Gartenböden in voller Sonne.
Verwendung: Einzeln oder in kleinen Gruppen in Gärten und Parks.
Sorten: 'Mariesii', niedrig, äußerst flach wachsend, reich blühend.
Sonstiges: Zur Blüte- und Fruchtzeit, sowie im Herbst eindrucksvoll.

Viburnum plicatum		Vitis coignetiae
2–3/ 2–3 m		6–8/ 4 m
V–VI		VI–VII
5–12/ 2–7 cm		20–30/ 20–30 cm
•		•

Vitis coignetiae
Rostrote Rebe
Vitaceae, Weinrebengewächse

Heimat: Japan, Korea, Sachalin.
Wuchs: Stark wachsender Kletterstrauch bis 6–8 m hoch, Ranker.
Blatt: Rundlich eiförmig, 20–30 cm breit, herzförmig, 3- bis 5-lappig, mattgrün, unten rostrot behaart, besonders an den Adern, im Herbst orangerot, wechselständig.
Blüte: In schmalen, rostrot filzigen Rispen; VI–VII.
Frucht: Bereifte Beeren, schwarzrot, kugelig, 0,8–10 mm groß.
Standort: Warme Plätze in tiefgründigen Böden, in Bäumen und Sträuchern kletternd.
Verwendung: Zur Begrünung von Wänden, Mauern und Klettergerüsten, sowie von Bäumen.
Sonstiges: Robuster, rasch wachsender Kletterer.

Weigela florida
Liebliche Weigelie
Caprifoliaceae, Geißblattgewächse

Heimat: Ostasien.
Wuchs: Breit aufrecht, überhängende Triebe, 2–3 m hoch, Triebe hellbraun, Lentizellen, gegenständige Knospen.
Blatt: Eiförmig zugespitzt, behaart, 4–11 cm lang, mattgrün.
Blüte: Becherförmig, 3–4 cm lang, 5-teilige Kronblätter, rosa, an endständigen Trugdolden; V–VI.
Frucht: 2-klappige, geschnäbelte Kapsel, 20–30 mm lang, braun.
Standort: Nährstoffreiche, tiefgründige Gartenböden in voller Sonne.
Verwendung: Einzeln oder in Gruppen in Hausgärten und öffentlichen Anlagen.
Sorten: Viele Sorten, z.B.: 'Bristol Ruby', karminrot (Bild). 'Eva Rathke', rot.
Sonstiges: Wenige Sorten lieben saure Böden ('Eva Rathke').

Weigela florida		Wisteria sinensis
2–3/ 2–3 m		*8–10/ 5 m*
V–VI		*IV–V*
4–11/ 2–5 cm		*20–30/ 10– 20 cm*
•		•

Wisteria sinensis
Chinesischer Blauregen, Glyzine
Fabaceae, Hülsenfrüchtler

Heimat: China.
Wuchs: Rasch wachsender, linkswindender Schlinger, Triebe graugrün, kann im Alter sogar mächtige Stämme bilden.
Blatt: Wechselständig, unpaarig gefiedert, 20–30 cm lang, gelbgrün, im Herbst gelb gefärbt. Blättchen eiförmig zugespitzt, 2–10 cm lang.
Blüte: Blauviolett, 1–2 cm groß, an 15–30 cm langen Blütentrauben; IV–VI.
Frucht: Graue, 100–150 mm lange Hülsen mit 1–3 giftigen Samen, hängend, selten.
Standort: Nährstoffreiche, sandig humose Böden in voller Sonne.
Verwendung: Stabile Klettergerüste an Wänden und Pergolen, benötigt viel Platz.
Sorten: 'Alba', weiß.

Vermehrung

von Andreas Bärtels

Nadelgehölze

Abies

Aussaat im November–Dezember oder nach den Spätfrösten ab Mitte Mai, Samen vor der Aussaat im Frühjahr 2 bis 4 Wochen bei Temperaturen von 2 bis 5 °C stratifizieren.
Vermehrung der Sorten durch seitliches Anplatten im Februar–März bei Temperaturen von 14 bis 18 °C unter Folientunnel im Haus, meist auf *Abies alba*.
Vermehrung der Zwergformen durch Stecklinge im Spätsommer mit ausgereiften Trieben oder im Frühjahr, wenn die Knospen gerade zu schwellen beginnen.

Araucaria araucana

Aussaat unter Glas bei Temperaturen von 20 bis 22 °C, Samen einzeln in Töpfe oder Multiplatten waagerecht auslegen oder mit der Spitze schräg nach unten stecken.

Cedrus

Aussaat Anfang Mai, in der Regel unter Glas. Samen vorher 6 bis 12 Stunden vorkeimen oder 1 bis 2 Monate kalt stratifizieren.
Vermehrung der Sorten durch seitliches Anplatten, in der Regel im Oktober im Haus unter Folientunneln.

Chamaecyparis

Samen in der Darre trocknen, trocken aufbewahren und ab März unter Glas aussäen, die feinen Samen nur dünn bedecken. Samen von *Chamaecyparis nootkatensis* vor der Aussaat jeweils 1 Monat bei Temperaturen von 20 bis 30 °C warm und anschließend bei 4 °C kalt stratifizieren.
Vermehrung der meisten Sorten durch Stecklinge von Mitte September bis Mitte November oder im Februar–März bei einer Bodentemperatur von maximal 16 °C. Schwer durch Stecklinge zu vermehrende Sorten werden von Dezember bis April oder im August–September durch seitliches Anplatten unter Glas veredelt, oft auf zweijährige Sämlinge von *Chamaecyparis lawsoniana*.

Cryptomeria japonica

Aussaat im März–April, in der Regel unter Glas, Samen vorher 12 bis 24 Stunden in kaltem Wasser vorkeimen.
Vermehrung der Sorten durch Stecklinge im September–Oktober oder durch Veredlungen im Winter.

× Cupressocyparis leylandii

Stecklinge im September oder im Februar–März bei Bodentemperaturen von maximal 15 bis 18 °C. Stecklinge an der Basis seitlich verwunden und 4 bis 12 Stunden in eine Wuchsstofflösung stellen.

Ginkgo biloba

Aussaat mit importiertem Saatgut im April unter Glas, nicht selten einzeln in Töpfe oder Multiplatten. Samen vorher 4 Wochen kalt stratifizieren oder 24 Stunden lang vorkeimen.

Juniperus

Aussaat im Herbst unmittelbar nach der Ernte oder im Frühjahr nach einer sofort einsetzenden Kaltstratifikation.
Vermehrung der Sorten durch Stecklinge von Ende Juli bis September, möglichst von jungen Mutterpflanzen, bei Bodentemperaturen von maximal 16 °C.
Bei einigen Sorten von *Juniperus × pfitzeriana, J. scopulorum* und *J. virginiana* sind Veredlungen im Spätsommer notwendig.

Larix

Aussaat im Herbst oder nach einer einmonatigen Kaltstratifikation Ende April bis Anfang Mai auf Freilandbeete.

Bei Hybriden, Zwerg- und Hängeformen Veredlungen im Winter unter Glas auf getopfte Unterlagen von *Larix kaempferi* oder *L. decidua*.

Metasequoia glyptostroboides

Aussaat im Februar–März unter Glas nach einer einmonatigen Kaltstratifikaton.
Vermehrung der Sorten durch Stecklinge von Langtrieben etwa Mitte Juni bei beginnender Verholzung an der Triebbasis.

Microbiota decussata

Stecklinge im September–Oktober oder im Februar von ausgereiften Triebspitzen.

Picea

Aussaat im März–April auf Freilandbeete, Samen vorher 4 bis 6 Wochen kalt stratifizieren.
Vermehrung der zwergwüchsigen Sorten meist durch Stecklinge von August bis Oktober oder von Februar bis April bei Bodentemperaturen von 12 bis 15 °C, verarbeitet werden diesjährige Triebe mit einem Ansatz von zweijährigem Holz.
Bei starkwüchsigen Sorten Veredlungen durch seitliches Anplatten, vorwiegend im August, meist auf getopfte Unterlagen von *Picea abies*.

Pinus

Aussaat im März–April auf Freilandbeete, Samen vorher, in Abhängigkeit von der Art und der Frische des Saatgutes, 1 bis 4 Monate kalt stratifizieren.
Vermehrung der Sorten durch seitliches Anplatten von Januar bis März auf getopfte Unterlagen verschiedener Arten, die optimale Bodentemperatur liegt bei 13 bis 14 °C.

Pseudotsuga menziesii

Aussaat in der Regel im Frühjahr auf Freilandbeete in geschützten Lagen, Samen vorher 24 Stunden wässern und die noch feuchten Samen bei 2 °C etwa 4 Wochen lagern.
Vermehrung der Sorten durch seitliches Anplatten im Winter unter Glas.

Sciadopitys verticillata

Aussaat im Frühjahr unter Glas, Samen vorher entweder 3 Monate bei 17 bis 20 °C warm oder bei 1 bis 10 °C kalt stratifizieren.
Vermehrung der Sorten durch Stecklinge im Juli–August oder im Februar–März.

Sequoiadendron giganteum

Aussaat im März–April unter Glas, Samen vorher etwa 10 Wochen bei 4 °C stratifizieren.
Vermehrung der Sorten durch Stecklinge Mitte September oder durch Veredlungen im Winter.

Taxodium distichum

Aussaat im März–April, meist unter Glas, Samen vorher 2 bis 3 Monate bei 3 °C stratifizieren.

Taxus baccata

Aussaat nach einer 12- bis 18-monatigen Stratifikation im Herbst oder im März–April im Freiland, unter Glas oder Freiland-Tunnel.
Vermehrung der Hybriden und Sorten meist durch Stecklinge von Februar bis April oder von Oktober bis Dezember.
Durch seitliches Anplatten werden vorwiegend *Taxus baccata* 'Dovastoniana'-Formen vermehrt.

Thuja occidentalis

Aussaat meist im April–Mai auf Freilandbeete, Samen vorher 4 bis 6 Wochen bei 4 °C stratifizieren.
Vermehrung der Sorten durch Stecklinge, möglichst von jungen Mutterpflanzen, im September–Oktober bei Bodentemperaturen unter 18 °C.

Thujopsis dolabrata

Aussaat im März–April, in der Regel unter Glas.
Vermehrung der Sorten durch Stecklinge von Spitzentrieben junger Mutterpflanzen im September–Oktober.

Tsuga canadensis

Aussaat im März–April auf schattierte Freilandbeete, Samen vorher 1 bis 4 Monate bei 1 bis 5 °C stratifizieren.
Die Vermehrung der Sorten erfolgt durch Stecklinge von September–November oder im Februar–März bei Bodentemperaturen von 12–15 °C.

Laubgehölze

Acer

Aussaat im Freiland, bei *Acer campestre* und *Acer negundo* unmittelbar nach der Ernte, bei anderen Arten im September–Oktober oder im März–April nach 4 bis 6 Monaten Stratifikation bei 3 bis 5 °C.
Vermehrung der Sorten durch Okulation im Freiland von Juni–August in Kronenhöhe auf Unterlagen der jeweiligen Art oder durch Handveredlungen im Sommer oder Winter.
Vermehrung der Sorten von Fächer-Ahornen (*Acer japonicum, Acer palmatum*) durch seitliches Anplatten im Juli–August oder im Februar–März auf getopfte Unterlagen von *Acer palmatum* im Gewächshaus unter Folienabdeckung.

Actinidia arguta

Aussaat im Herbst oder nach einer Kaltstratifikation im Frühjahr unter Glas.
Möglich ist auch eine Vermehrung durch Steckholz oder Stecklinge.

Aesculus

Aussaat im Freiland im Herbst oder nach einer feucht-kühlen Lagerung bei 5 °C in Foliensäcken im Frühjahr. Samen mit dem Nabel nach unten in Rillen legen.
Vermehrung der Sorten durch Okulation im zeitigen Frühjahr in einen Kreuzschnitt oder seitliches Anplatten mit entblätterten Triebspitzen im Juli–August.
Vermehrung von *Aesculus parviflora* ist auch durch Wurzelschnittlinge und Anhäufeln möglich.

Ailanthus altissima

Aussaat im Herbst oder nach 3 bis 4 Monaten Stratifikation bei 3 bis 5 °C im Frühjahr.

Akebia quinata

Samen nach der Ernte sofort auswaschen, im Herbst oder nach 3 bis 4 Monaten Stratifikation im Frühjahr unter Glas aussäen.

Alnus

Samen ausklengen, luftig und trocken lagern, im März im Freiland ausäen, nur dünn bedecken.

Vermehrung der Sorten durch Reiserveredlungen im Winter unter Glas.

Amelanchier

Früchte vor der Vollreife ernten, Samen auswaschen, 3 bis 4 Monate bei 2 bis 3 °C stratifizieren, im März–April im Freiland aussäen.
Vermehrung von *Amelanchier laevis* und großfrüchtigen Sorten durch Okulation im Sommer oder durch Reiserveredlungen im Winter.

Aralia elata

Samen sofort auswaschen, trocknen lassen, im November–Dezember stratifizieren. Im März–April des übernächsten Jahres aussäen.

Arctostaphylos uva-ursi

Aussaat im Herbst oder Frühjahr in Handkisten unter Glas in ein Substrat mit einem pH-Wert von 4,0 bis 4,5.
Vermehrung der Sorten durch Stecklinge von Dezember bis Februar.

Aristolochia macrophylla

Aussaat nach trockener Lagerung im Frühjahr bei Bodenwärme unter Glas.

Aronia melanocarpa

Samen vor der Reife im Juni–Juli ernten, unmittelbar nach dem Auswaschen aussäen oder im Frühjahr nach 3 bis 4 Monaten Kaltstratifikation.

Berberis

Samen nach der Fruchternte sofort auswaschen, 4 bis 6 Monate stratifizieren, im März–April im Freiland aussäen.
Vermehrung von immergrünen Sorten durch Kopf- und Teilstecklinge von ausgereiften Trieben im September–Oktober bei einer Bodenwärme von 16 bis 17 °C.
Vermehrung von sommergrünen Sorten durch krautige Stecklinge im Juli–August, sie bewurzeln sich auch ohne Bodenheizung unter Folienzelten.

Betula

Aussaat bald nach der Ernte oder nach luftig-trockener Lagerung bei etwa 16 °C im Freiland, Samen nur dünn bedecken.

Vermehrung der Sorten durch Winterhandveredlung mit ein- bis zweijährigen Zweigen auf getopfte Unterlagen von *Betula pendula* unter Glas.

Buddleja

Krautige Stecklinge von Juli bis Oktober oder im März–April von überwinterten Jungpflanzen.

Buxus sempervirens

Aussaat in der Regel nicht üblich, deshalb Vermehrung durch Stecklinge von ausgereiften Trieben im Spätsommer unter Folie oder auch im Spätherbst im temperierten Gewächshaus.

Callicarpa bodinieri var. giraldii

Stecklinge im Juli–August, eine seitliche basale Verwundung, Bodenheizung und Wuchsstoffe sind notwendig.

Calluna vulgaris

Zweige kurz vor der Samenreife abschneiden und in dünner Schicht auf ein Substrat aus Heideerde, Torf und Sand mit einem pH-Wert von 4,0 bis 4,5 auslegen, die Samen fallen aus und keimen.
Vermehrung der Sorten durch Stecklinge, in der Regel im Juli–August bei Bodenwärme unter Glas.

Calycanthus floridus

Aussaat im Spätherbst oder über Winter stratifizieren und im Frühjahr unter Glas bei Bodenwärme aussäen.

Campsis radicans

Wurzelschnittlinge im Herbst ernten, in Handkisten auslegen und im Gewächshaus aufstellen.

Caragana arborescens

Aussaat nach trockener Lagerung mit unbehandeltem oder vorgequollenem Saatgut im Mai unter Glas.

Carpinus betulus

Aussaat im Herbst noch vor der Vollreife oder nach 4 bis 6 Monaten Stratifikation bei beginnender Keimung im Februar–März.

Vermehrung der Sorten durch seitliches Anplatten auf getopfte Unterlagen im August–September unter Glas.

Caryopteris × clandonensis

Kopfstecklinge von Freilandpflanzen im August–September oder früher von angetriebenen Mutterpflanzen.

Castanea sativa

Das Saatgut über den Winter in Foliensäcken bei 2 bis 3 °C lagern, dann im Frühjahr mit der flachen Seite nach unten in 5 cm tiefe Rillen legen.

Catalpa bignonioides

Aussaat nach trockener Lagerung im Februar–März bei leichter Bodenwärme unter Glas.
Vermehrung der Sorten durch Handveredlung auf den Wurzelhals von *Catalpa bignonioides*. Reiser mit scharfem Messer nur flach anschneiden.

Celastrus orbiculatus

Die Samen von ihrem Arillus befreien, noch im Herbst oder nach 3 Monaten Kaltstratifikation im Frühjahr aussäen.
Bei Formen mit definiertem Geschlecht Vermehrung durch Wurzelschnittlinge.

Cercidiphyllum japonicum

Aussaat nach trockener Lagerung in Handkisten unter Glas, die optimale Keimtemperatur liegt bei 21 bis 25 °C.
Vermehrung der Sorten durch Handveredlungen im Februar–März unter Glas.

Cercis siliquastrum

Aussaat im Frühjahr unter Glas, die hartschaligen Samen vorher in Ritzmaschinen bearbeiten oder vorquellen lassen.

Chaenomeles

Früchte nach der Ernte zerkleinern, dann die Samen auswaschen und sofort oder nach 2 bis 3 Monaten Stratifikation im Freiland aussäen.
Vermehrung der Sorten durch krautige Stecklinge im Mai–Juni unter Sprühnebel und bei Bodentemperaturen von 15 bis 16 °C.

Chamaecytisus purpureus

Aussaat nach trockener Lagerung mit unbehandeltem oder vorgequollenem Saatgut im Frühjahr im Freiland.

Chamaespartium sagittale

Aussaat nach trockener Lagerung mit unbehandeltem oder vorgequollenem Saatgut im Frühjahr im Freiland.

Chimonanthus praecox

Aussaat im Frühjahr unter Glas, Samen vorher jeweils 3 Monate warm und kalt stratifizieren.

Cistus laurifolius

Aussaat im Frühjahr unter Glas.

Clematis

Samen von den langen Griffeln befreien, trocken lagern und im März–April im Freiland aussäen.

Vermehrung der Sorten in der Regel durch Winterhandveredlungen im Januar–Februar, bei der Reiser von angetriebenen Mutterpflanzen mit einem Blattpaar durch seitliches Anplatten auf Wurzelstücke von *Clematis vitalba* verwendet werden.

Stecklinge mit einem Blattpaar von angetriebenen Mutterpflanzen im März, von Freilandpflanzen im Juni bei Bodentemperaturen von 15–20 °C.

Colutea arborescens

Aussaat nach trockener Lagerung mit unbehandeltem oder vorgequollenem Saatgut im Frühjahr im Freiland.

Cornus

Früchte nach der Ernte 2 Wochen in Haufen anrotten lassen, die Samen auswaschen und im Herbst oder nach einer Stratifikation im Frühjahr im Freiland aussäen.

Vermehrung der Sorten von *Cornus alba, Cornus sanguinea* und *Cornus sericea* durch Steckholz von kräftigen, einjährigen Zweigen Ende Januar im Kalthaus, ab März–April auf Freilandbeete.

Stecklinge von angetriebenen Mutterpflanzen im Mai–Juni, von Freilandpflanzen 4–6 Wochen nach dem Austrieb.

Corylopsis

Fruchtkapseln vor der Vollreife ernten, Samen sofort aussäen oder vorher 5 Monate warm und 3 Monate kalt stratifizieren.

Corylus

Die Aussaat erfolgt im Freiland, entweder im Oktober–November oder im März nach 2 bis 6 Monaten Stratifikation bei etwa 4 °C.

Vermehrung von Ziergehölz-Sorten im Winter durch Handveredlungen auf *Corylus avellana*, die Veredlungen topfen und bei etwa 16 °C unter Folientunnel im Haus aufstellen.

Vermehrung der Fruchtsorten und *Corylus maxima* 'Purpurea' durch Absenker, Ableger und Abrisse, gelegentlich auch durch Steckholz unter Glas bei einer Bodentemperatur von 20 °C.

Cotinus coggygria

Samen von den fedrigen Griffeln befreien, 5 bis 7 Monate stratifizieren, im März–April im Freiland aussäen.

Cotoneaster

Früchte vor der Vollreife ernten, zerkleinern, die Samen auswaschen und gleich oder nach einer sofort eingeleiteten Stratifikation im Frühjahr ausäen.

Vermehrung der Sorten immergrüner Arten durch Kopf- und Teilstecklinge von leicht verholzten Trieben im August–September.

Vermehrung der Sorten sommergrüner Arten durch krautige Stecklinge im August–September.

Vermehrung von *Cotoneaster salicifolius* und *Cotoneaster × watereri* in der Regel durch Handveredlungen im Februar–März unter Glas, meist auf *Cotoneaster bullatus*, fertige Veredlungen eintopfen.

Crataegus

Früchte anrotten lassen, Samen auswaschen und gleich stratifizieren, im kommenden Frühjahr oder erst im Herbst aussäen.

Vermehrung von *Crataegus × lavallei* und *Crataegus persimilis* 'MacLeod' durch Okulation im Sommer oder Reiserveredlungen im Winter im Freiland auf *Crataegus laevigata* oder *Crataegus monogyna*.

Cydonia oblonga
Früchte anrotten lassen, Samen auswaschen, gleich aussäen oder 1 bis 2 Wochen warm, anschließend 4 Monate kalt stratifizieren.

Cytisus
Aussaat nach trockener Lagerung oder mit vorbehandeltem Saatgut (vorquellen oder anritzen) im Mai im Freiland.
Vermehrung von *Cytisus × praecox* und *Cytisus scoparius*-Hybriden durch Stecklinge im März–April mit vorjährigen Zweigen oder im Juli–August mit krautigen Trieben ohne Wuchsstoffanwendung.

Daphne
Früchte im Juni–Juli ernten, Samen sofort aussäen, Handelssaatgut 2 bis 3 Monate warm und 4 Monate kalt stratifizieren, im Frühjahr aussäen.
Vermehrung von immergrünen und zwergwüchsigen Arten durch ausgereifte Stecklinge im August–September von virusfreien Mutterpflanzen.

Davidia involucrata
Samen 3 bis 5 Monate warm stratifizieren und bei beginnender Keimung unter Glas aussäen oder weitere 3 bis 4 Monate kalt stratifizieren.

Decaisnea fargesii
Samen auswaschen, gleich unter Glas aussäen oder bis zum Frühjahr stratifizieren.

Deutzia
Aussaat nach trockener Lagerung im Frühjahr in Handkisten. In der Regel aber durch krautige Kopf- und Teilstecklinge im Juli–August, direkt in Multiplatten stecken und unter Glas überwintern. 10 bis 20 cm lange Steckhölzer an der Basis seitlich verwunden, mit Fungiziden behandeln und im Frühjahr im Freiland stecken.

Elaeagnus angustifolia
Aussaat im Freiland im November oder im Frühjahr nach 4 Monaten Warm- und 2 bis 4 Monaten Kaltstratifikation.
Vermehrung immergrüner Hybriden und Sorten durch Stecklinge im Juni–August, notwendig sind eine seitliche basale Verwundung, Wuchsstoff und Bodenheizung.

Enkianthus campanulatus
Aussaat nach trockener Lagerung im Frühjahr in Handkisten unter Glas oder durch halbreife Stecklinge.

Erica
Aussaat wie bei *Calluna* oder Sorten durch Stecklinge von Juni bis August mit einjährigen Trieben oder vorjährigen Triebbüscheln.

Euonymus
Aussaat im Oktober–November nach einer kurzen Warmstratifikation oder im März–April nach einer Kaltstratifikation.
Vermehrung von *Euonymus fortunei*-Sorten durch Stecklinge von Juni bis November im Haus oder unter Freiland-Folientunnel.

Exochorda racemosa
Aussaat im Frühjahr im Freiland oder unter Glas, Samen vorher 1 bis 2 Monate kalt stratifizieren.

Fagus sylvatica
Aussaat im April im Freiland, Samen vorher 2 bis 3 Monate luftig lagern, danach bis zur Aussaat in durchlöcherten Folienbeuteln bei –10 °C lagern.
Vermehrung der Sorten durch Handveredlung im Februar–März auf getopfte oder eingemooste, zwei- bis dreijährige Sämlinge bei Bodentemperaturen von 15 °C.

Fallopia baldschuanica
Im Winter vorjährige Zweige zu 25 cm langen Steckhölzern verarbeiten, diese im Frühjahr direkt in Töpfe stecken.

Fargesia murielae
Teilung bei beginnender Rhizombildung im Frühsommer, Weiterkultur der Teilpflanzen im Freiland oder in Containern.

Forsythia × intermedia
Im Winter vorjährige Zweige zu Steckhölzern schneiden. Die oberen Enden werden in Baumwachs getaucht und im Frühjahr im Freiland gesteckt.

Fothergilla major

Früchte vor der Vollreife ernten, Samen vor der Aussaat im Freiland oder unter Glas 12 Monate warm-kalt stratifizieren.
Eine Vermehrung ist auch durch Stecklinge im Mai–Juni möglich.

Frangula alnus

Samen auswaschen, sofort bei 4 bis 8 °C stratifizieren, im Frühjahr aussäen. Handelssaatgut vorher warm stratifizieren.

Fraxinus

Aussaat im Freiland im Oktober oder im März–April nach einer mehrmonatigen Warm-Kalt-Stratifikation.
Vermehrung der Sorten durch Freilandokulation im Sommer oder Reiserveredlungen im Winter im Freiland oder unter Glas als Handveredlungen.

Gaultheria

Aussaat ab Ende Januar unter Glas bei hoher Luftfeuchtigkeit und einer Luftemperatur von 18–20 °C.
Vermehrung von *Gaultheria mucronata* (= *Pernettya mucronata*) in der Regel durch Stecklinge im November–Dezember mit ausgreiften Trieben, Stecklinge an der Basis seitlich verwunden, nicht mit Wuchsstoffen behandeln.

Genista lydia

Aussaat Ende März–Anfang April unter Glas. Saatgut vorher 3 Monate bei 4 bis 5 °C stratifizieren oder mit heißem Wasser behandeln.

Gleditsia triacanthos

Aussaat im April–Mai unter Glas, ab Mai im Freiland. Die Samen vorher in Ritzmaschinen behandeln und anschließend vorquellen lassen.
Vermehrung der Sorten durch Pfropfen hinter die Rinde oder andere Reiserveredlungen im Freiland oder als Winterhandveredlungen.

Hamamelis

Ausaat im März unter Glas oder Folie. Saatgut vorher 3 Monate warm und 5 Monate kalt stratifizieren.
Vermehrung von *Hamamelis* × *intermedia* durch Veredlung im Juli–August oder im Februar–März im Haus unter Folientunnel auf getopfte oder eingemooste Unterlagen.

Hebe ochraceae

Stecklinge im August–September mit weitgehend verholzten Trieben.

Hedera

Samen nach der Fruchternte im Februar bis April vom Fruchtfleisch befreien und sofort auf Freilandbeete aussäen.
Eine Vermehrung der Sorten ist ganzjährig durch Kopf- und Teilstecklinge möglich.

Hibiscus syriacus

Winterhandveredlungen auf ein- bis zweijährige Sämlinge der Art, Veredlungen anschließend eintopfen und unter Glas kultivieren.

Hippophae rhamnoides

Samen anrotten lassen, auswaschen, nach 2 bis 3 Monaten Stratifikation nicht vor April–Mai aussäen, optimale Keimtemperatur 18 bis 20 °C.

Holodiscus discolor

Aussaat im November–Dezember in Handkisten im Kalthaus, die Samen nur dünn bedecken.

Hydrangea

Vermehrung von *Hydrangea anomala* subsp. *petiolaris* durch Kopf- und Teilstecklinge im April–Mai von vorgetriebenen, im Mai–Juni von Freilandpflanzen.
Vermehrung von *Hydrangea aspera* subsp *sargentiana* durch Stecklinge im März–April von vorgetriebenen Mutterpflanzen oder von Mai bis September von Freilandpflanzen.
Vermehrung von *Hydrangea paniculata* 'Grandiflora' durch Steckholz, dieses an der Basis seitlich verwunden, unter Freiland-Folientunnel oder unter Folientunnel im Haus stecken.

Hypericum calycinum

Kopf- und Teilstecklinge im Februar–März von angetriebenen, von Juni bis September von Freilandpflanzen.

Idesia polycarpa
Aussaat unter Glas, im Herbst ohne Vorbehandlung, im Frühjahr nach einer Stratifikation.

Ilex
Samen von *Ilex aquifolium* nach der Ernte 8 bis 12 Monate bei wechselnden Temperaturen warm stratifizieren, im Herbst oder Frühjahr aussäen.
Vermehrung der Sorten, auch die von *Ilex* × *meserveae*, durch Stecklinge im August oder bei Bodenwärme von November bis Februar. Stecklinge an der Basis seitlich verwunden.
Vermehrung von *Ilex crenata*-Sorten durch Stecklinge im Juli–August, möglichst von jungen Mutterpflanzen, an der Basis seitlich verwunden und mit Wuchsstoff behandeln.

Jasminum nudiflorum
Steckholz von zweijährigen Zweigen 15 bis 20 cm lang schneiden, bis zum Stecken im Frühjahr im Kühlhaus lagern.

Juglans
Nüsse bei 0 bis 4 °C stratifizieren, im Frühjahr in 10 cm tiefe Rillen waagerecht auf eine der beiden Nahtseiten legen.
Vermehrung der Fruchtsorten durch ein maschinelles Veredlungsverfahren oder durch Plattenokulation im Freiland.

Kalmia latifolia
Nach der Ernte im Oktober–November in Handkisten aussäen, diese bei –2 bis –4 °C im Kühlhaus und ab Februar im Haus aufstellen.

Kerria japonica
Kopf- und Teilstecklinge von krautigen Trieben von Juni bis September oder Ausläufer aufnehmen und weiterkultivieren.

Koelreuteria paniculata
Aussaat unmittelbar nach der Ernte im Herbst oder im Frühjahr nach einer dreimonatigen Stratifikation bei etwa 4 °C.

Kolkwitzia amabilis
Krautige Stecklinge im Mai–Juni, an der Basis seitlich verwunden und mit Wuchsstoff behandeln.

Laburnum
Die Aussaat erfolgt nach trockener Lagerung mit vorgequollenem Saatgut im Mai im Freiland.
Vermehrung von *Laburnum* × *watereri* 'Vossii' durch Steckholz oder Handveredlungen im Februar–März oder Okulation im Sommer auf *Laburnum anagyroides*.

Lavandula angustifolia
Krautige Stecklinge im Mai von unter Glas kultivierten Jungpflanzen, später auch von Freilandpflanzen.

Lespedeza thunbergii
Aussaat im Frühjahr unter Glas, Saatgut vorher 8 bis 15 Minuten mit heißem Wasser behandeln.

Ligustrum
Samen auswaschen und gleich oder nach 2 bis 3 Monaten Stratifikation im Frühjahr im Freiland aussäen.
Sorten können durch Steckholz vermehrt werden. Starke Zweige auf Längen von etwa 30 cm schneiden, das Steckholz dann bis zum Stecken Ende April in einem Kühlhaus lagern.

Liquidambar styraciflua
Aussaat im März unter Glas. Die Samen werden vorher 3 Monate bei 2 bis 4 °C stratifiziert.

Liriodendron tulipifera
Samen gleich nach der Ernte bis zur Aussaat im April unter Glas in geschlossenen Behältern bei 2 bis 5 °C lagern.

Lonicera
Früchte anrotten lassen, Samen auswaschen und gleich oder nach 2 bis 3 Monaten Stratifikation im Freiland aussäen.
Vermehrung von sommergrünen, kletternden Arten durch Kopf- und Teilstecklinge im April–Mai von angetriebenen Mutterpflanzen.
Vermehrung von kleinblättrigen, immergrünen Arten durch Stecklinge im April–Mai von angetriebenen Mutterpflanzen, im Juni–Juli von Freilandpflanzen.

Lycium barbarum

Samen aus den fleischigen Beeren auswaschen und sofort aussäen oder bis zur Aussaat im Frühjahr stratifizieren.

Magnolia

Samen nach der Ernte vom Arillus befreien, bei 4 °C stratifizieren. Im Frühjahr unter Glas bei 20 °C aussäen.
Vermehrung von Hybriden und Sorten durch Reiserveredlungen im Winter im temperierten Haus unter Glas oder Folie, auf eingewurzelte Unterlagen von *Magnolia kobus*.

Mahonia

Früchte im Frühsommer ernten, die Samen auswaschen und gleich aussäen oder bis zur beginnenden Keimung stratifizieren.
Vermehrung der Sorten durch Stecklinge mit einem langen basalen Schnitt im August–September.

Malus

Saatgut bis zum November–Dezember luftig und trocken lagern, dann bei 2 bis 4 °C bis zur Aussaat im Frühjahr stratifizieren.
Vermehrung der Sorten und Hybriden durch Okulationen im Sommer und Reiserveredlungen (im Freiland und als Winterhandveredlungen), meist auf Sämlingsunterlagen.

Mespilus germanica

Aussaat im Frühjahr mit stratifiziertem Saatgut.
Vermehrung von großfrüchtigen Sorten durch Okulation im Sommer oder Reiserveredlungen im Winter auf *Crataegus monogyna* oder *C. laevigata*.

Morus alba

Früchte ernten, dann für 24 Stunden in Wasser legen, zerquetschen und die Samen auswaschen. Samen vor der Aussaat im Frühjahr 1 bis 3 Monate bei 1 bis 5 °C stratifizieren.

Nothofagus antarctica

Aussaat mit importiertem Saatgut im Frühjahr unter Glas oder krautige Stecklinge im Juni–Juli in Multiplatten stecken, bewurzelte Stecklinge unter Glas überwintern.

Pachysandra terminalis

Stecklinge mit halbreifen Triebspitzen von Juli bis September, optimale Bodentemperatur ist 12 bis 15 °C.

Paeonia suffruticosa-Sorten

Veredlungen unter Glas durch stumpfe Geißfußschnitte im August–September auf Wurzelstücke von *Paeonia lactiflora*.

Parrotia persica

Saatgut vor Aussaat im Frühjar unter Glas 5 Monate warm und 3 Monate kalt stratifizieren.

Parthenocissus

Aussaat im März–April, in der Regel unter Glas, Samen vorher 1 bis 2 Monate bei 5 °C stratifizieren.
Steckholz von kräftigen Zweigen an der Basis verwunden und im Februar–März im Freiland oder unter Folientunnel im Kalthaus stecken.
Vermehrung von *Parthenocissus tricuspidata* 'Veitchii' durch Handveredlungen im Januar–Februar auf bewurzeltes Steckholz von *P. quinquefolia*, Veredlungen in Kisten einschlagen, unter Glas aufstellen.

Philadelphus

Aussaat mit unbehandeltem Saatgut im Frühjahr unter Glas, in der Regel aber durch Steckholz, dieses an der Basis verwunden, 11 bis 24 Stunden in eine Wuchsstofflösung stellen und auf Freilandbeete oder in Töpfe stecken.

Phyllostachys nigra

Im Winter oder zeitigen Frühjahr Rhizome in Teilstücke mit 2 Augen schneiden, in Container stecken, diese frostfrei aufstellen.

Pieris japonica

Ausaat im Winter in ein Substrat mit einem pH-Wert von 4 bis 4,5. Die Handkisten unter Glas bei hoher Luftfeuchtigkeit aufstellen.
Vermehrung von Sorten durch Stecklinge, ab April von unter Glas kultivierten, ab Ende Juni von Freilandpflanzen.

Platanus × hispanica

Steckholz mit einem Ansatz von zweijährigem Holz schneiden, vor dem Stecken im Frühjahr mit Wuchsstoff behandeln.

Populus

Bei *Populus tremula*, gelegentlich auch bei *P. alba* und *P. canescens* Aussaat unmittelbar nach der Samenreife im Mai–Juni unter flachen, etwa 0,5 m hohen Freilandtunnel.

Vermehrung der Sorten durch Reiserveredlung im Frühjahr im Freiland oder im Winter auf bewurzelte Unterlagen von *Populus × canadensis*. Steckholz im Februar–März schneiden und sofort auf Freilandbeete stecken.

Potentilla fruticosa

Kopf- und Teilstecklinge von Juni bis August von gesunden Mutterpflanzen, Überwinterung der bewurzelten Stecklinge im Kalthaus.

Prunus

Nach der Ernte Samen vom Fruchtfleisch befreien und bis zur Aussaat im Frühjahr im Freiland stratifizieren.

Vermehrung von Obstarten und Sorten sommergrüner Zierarten durch Freiland-Okulationen im Sommer, Reiserveredlungen im Freiland oder Handveredlungen im Winter auf Unterlagen von *Prunus avium*, *Prunus* 'Colt' oder *Prunus cerasifera*-Sorten.

Vermehrung von *Prunus triloba* durch Kopf- und Teilstecklinge von jungen, angetriebenen Mutterpflanzen im März, von Freilandpflanzen im Juni–Juli.

Vermehrung der Sorten immergrüner Arten durch Kopf- und Teilstecklinge, an der Basis seitlich verwunden, mit Wuchsstoff behandeln und von August bis November stecken.

Vermehrung von *Prunus cerasifera*-Sorten und anderer Pflaumenunterlagen durch Abrisse oder Steckholz.

Pterocarya fraxinifolia

Aussaat unmittelbar nach der Ernte im November–Dezember oder im Frühjahr nach 3 Monaten Kaltstratifikation unter Glas.

Pyrus

Aussaat von Handelssaatgut im Frühjahr im Freiland, Saatgut vorher 6 bis 10 Wochen bei 3 bis 4 °C stratifizieren.

Vermehrung von Obstarten und Zierformen durch Freiland-Okulation im Sommer, Reiserveredlung im Freien und Winterhandveredlungen.

Quercus

Aussaat im Herbst oder nach einer feuchtkühlen Lagerung im April–Mai auf Freilandbeete in 5 bis 6 cm tiefe Rillen.

Vermehrung der Sorten durch Handveredlungen im Winter oder im August mit Reisern von zweijährigen Zweigen auf getopfte Unterlagen von *Quercus robur*.

Rhamnus catharticus

Samen nach der Fruchternte auswaschen, sofort bei 4 bis 8 °C stratifizieren, im Frühjahr im Freiland aussäen.

Rhododendron

Aussaat im Frühjahr in Handkisten unter Glas in ein Substrat mit einem pH-Wert von 4,0 bis 4,5, Saatgut nach der Ernte kühl, trocken und luftig lagern.

Vermehrung von sommergrünen Sorten durch sehr weiche Stecklinge im Mai–Juni, am besten von angetriebenen Mutterpflanzen, Stecklinge an der Basis seitlich verwunden.

Vermehrung der Sorten von *Rhododendron degronianum* subsp. *yakuhimanum* und großblumigen Hybriden häufig durch Veredlung im Oktober–November auf bewurzelte oder unbewurzelte Stecklinge von *Rhododendron* 'Cunningham's White' oder *Rhododendron* INKARHO-Sorten.

Vermehrung von Sorten der *Rhododendron forrestii* Repens-Gruppe und von *R. williamsianum* in der Regel durch krautige Stecklinge im Juni–Juli oder mit ausgereiften Trieben im Oktober–November.

Rhus thypina

Aussaat im Frühjahr auf Freilandbeete, Samen vorher mit kochendem Wasser übergießen.

Vermehrung der Sorten durch Wurzelschnittlinge, dazu im Herbst Wurzeln in 10 bis 15 cm lange Stücke schneiden, in Handkisten stecken und im temperierten Haus aufstellen.

Ribes

Früchte zur Vollreife ernten, mazerisieren und die Samen auswaschen, im Herbst oder nach 3 bis 6 Monaten Stratifikation im Frühjahr aussäen.

Sorten können durch Steckholz vermehrt werden. Dazu Starktriebe zu Steckholz verarbeiten und bis zum Stecken im Frühjahr kühl lagern.

Robinia pseudoacacia
Aussaat im Frühjahr auf Freilandbeete, vorher die hartschaligen Samen in Ritzmaschinen bearbeiten oder vorquellen.
Vermehrung der Sorten durch Reiserveredlung im Frühjahr im Freiland in Bodennähe oder im Winter als Handveredlungen auf getopfte oder wurzelnackte Unterlagen.

Rosa
Vor der Aussaat im Frühjahr auf Freilandbeete das Saatgut 12 Wochen warm und 10 Wochen kalt stratifizieren.
Vermehrung von Gartenrosen durch Okulation im Sommer im Freiland auf den Wurzelhals einjähriger Sämlinge verschiedener *Rosa canina*-Sorten.
Vermehrung von *Rosa multiflora* und *R. rugosa* durch Steckholz, ab Januar unter Folientunnel, ab März im Freiland stecken.

Rubus
Samen auswaschen, sofort stratifizieren, im Frühjahr auf Freilandbeete aussäen.
Vermehrung von Fruchtsorten durch Ausläufer oder Wurzelschnittlinge, dazu etwa 5 mm dicke Wurzeln in Stücke schneiden, in Kisten stecken und im Kalthaus aufstellen.

Salix
Aussaat unmittelbar nach der Ernte im Mai–Juni wie bei *Populus*.
Vermehrung von starkwüchigen Sorten durch Steckholz. Dieses im Winter schneiden, im Kühlhaus lagern, im Frühjahr auf Freilandbeete stecken, vorher 24 Stunden wässern.
Vermehrung von Zwergweiden und kleinblättrige Sorten durch Kopf- und Teilstecklinge mit leicht verholzten Trieben im Juli–August; sie werden an der Basis seitlich verwundet.
Vermehrung von Hängeformen von *Salix caprea* durch Winterhandveredlungen in Kronenhöhe auf *Salix vinimalis* oder *S.* × *sericea*-Sorten.

Sambucus
Früchte bei Vollreife ernten, das gereinigte Saatgut sofort einer Warm-Kalt-Stratifikation unterziehen, im März–April aussäen.
Vermehrung von Zier- und Fruchtsorten durch Steckholz von Starktrieben.

Skimmia japonica
Aussaat im Herbst oder im Frühjahr unter Glas, Samen vorher trocken und kühl lagern.
Stecklinge von ausgereiften Triebspitzen von Juli bis September in Multiplatten stecken.

Sophora japonica
Handelssaatgut in Ritzmaschinen behandeln oder vor der Aussaat unter Glas oder nach den Spätfrösten im Freiland 8 Stunden in lauwarmem Wasser einweichen.

Sorbaria sorbifolia
Aussaat im Frühjahr im Freiland oder unter Glas, Samen vorher trocken und kühl lagern.
Möglich ist auch eine Vermehrung durch Wurzelschnittlinge.

Sorbus
Aussaat unmittelbar nach der Ernte oder März–April im Freiland, frisches Saatgut 3 bis 4 Monate bei 1 °C stratifizieren, bei höheren Temperaturen ist eine längere Stratifikationszeit notwendig.
Vermehrung der Sorten durch Okulation im Sommer in Bodennähe, Reiserveredlung im Frühjahr im Freiland oder Handveredlungen im Winter.

Spiraea
Aussaaten werden nur selten praktiziert.
Stecklinge von angetriebenen Mutterpflanzen bewurzeln sich besser als solche von Freilandpflanzen.
Vermehrung von starkwüchsigen Sorten durch Steckholz, dieses im Frühwinter schneiden, kühl lagern und im Frühjahr im Freiland stecken.

Stephanandra incisa
Krautige Kopf- und Teilstecklinge im Juni–Juli, seitliche Verwundung und Anwendung von Wuchsstoffen sind nicht notwendig.

Symphoricarpos

Aussaat im Freiland, entweder im Herbst oder im Frühjahr. Wenn Aussaat im Frühjahr, dann vorher 3 bis 4 Monate warm und 4 bis 6 Monate kalt stratifizieren.
Vermehrung der Sorten durch Steckholz oder Stecklinge von Juni bis September mit krautigen Trieben.

Syringa

Saatgut jeweils 2 Monate warm und kalt stratifizieren, im März–April im Freiland oder unter Folientunnel aussäen.
Vermehrung von *Syringa × chinensis* durch Steckholz, dieses an der Basis seitlich verwunden, mit Wuchsstoff behandeln, im Frühjahr im Freiland stecken.
Die Vermehrung der Sorten von *Syringa vulgaris* erfolgt vorwiegend durch Okulation im Sommer oder durch Handveredlungen im Winter.

Tamarix parviflora

Steckholz an der Basis seitlich verwunden, mit Wuchsstoff behandeln, unter Freilandtunnel oder Tunnel unter Glas stecken.

Tilia

Saatgut vor der Vollreife ernten, sofort bei 4 °C stratifizieren, im Frühjahr das zuvor gebeizte Saatgut im Freiland ausäen.
Vermehrung von *Tilia*-Hybriden durch Okulation etwa Mitte Juli in Bodennähe auf *Tilia cordata*. Möglich sind auch Reiserveredlungen im Freiland und Winterhandveredlungen.
Vermehrung von *Tilia tomentosa* und *Tilia*-Hybriden oft auch durch Absenken zweijähriger Zweige.

Ulmus

Aussaat unmittelbar nach der Samenreife im Mai–Juni, die Keimung erfolgt noch im gleichen Jahr.
Vermehrung der Sorten und Hybriden durch Reiserveredlungen im Frühjahr im Freiland oder als Handveredlungen, meist auf *Ulmus glabra*. Möglich ist auch die Vermehrung durch Stecklinge und Steckholz von jungen Mutterpflanzen.

Vaccinium

Früchte reif ernten, mazerisieren, die Samen auswaschen, bei Zimmertemperaturen trocken und bis zur Aussaat im März–April unter Glas kühl lagern.
Vermehrung der Sorten von *Vaccinium corymbosum* durch Steckholz, dieses ab März im Kalthaus oder unter Freiland-Folientunnel stecken.

Viburnum

Früchte vor der Vollreife ernten, Samen auswaschen, trocknen, bei 1–3 °C in einer luftdichten Verpackung aufbewahren und nach einer Warm-Kalt-Stratifikation im Frühjahr auf Freilandbeete aussäen.
Vermehrung von *Viburnum-opulus*-Sorten auch durch Steckholz oder Absenker möglich.
Vermehrung von *Viburnum × burkwoodii* und *V. plicatum* durch Kopulation oder seitliches Anplatten im August unter Glas, meist auf *Viburnum opulus*.

Vinca

In der Regel durch Teilstecklinge von Juni bis September.

Vitis coignetiae

Aussaat unmittelbar nach der Ernte oder im Frühjahr nach einer Stratifikation bei 1 bis 5 °C.

Weigela florida

Aussaat im Frühjahr unter Glas, Saatgut bis dahin bei Zimmertemperaturen lagern.
Vermehrung der Sorten durch Steckholz, dieses vor dem Stecken im Frühjahr auf Freilandbeete mit Wuchsstoff behandeln.

Wisteria

In der Regel Handveredlungen im Januar–Februar auf 10 cm lange Wurzelstücke der Art. Veredlungen im Haus unter Folientunnel bei 10 bis 12 °C Bodenwärme aufstellen.

Anhang

Synonymverzeichnis

Synonym	Gültige Schreibweise
Abies nobilis	*Abies procera*
Acer ginnala	*Acer tataricum* subsp. *ginnala*
Aralia mandshurica	*Aralia elata*
Cornus stolonifera	*Cornus sericea* 'Flaviramea'
Crataegus prunifolia	*Crataegus persimilis* 'MacLeod'
Cytisus purpureus	*Chamaeacytisus purpureus*
Fallopia aubertii	*Fallopia baldschuanica*
Fargesia spathacea	*Fargesia murieliae*
Genista sagittalis	*Chamaespartium sagittale*
Malus × zumi	*Malus siebildii*
Pernettya mucronata	*Gaultheria mucronata*
Platanus × acerifolia	*Platanus × hispanica*
Platanus × hybrida	*Platanus × hispanica*
Polygonum aubertii	*Fallopia baldschuanica*
Rhamnus frangula	*Frangula alnus*
Rhododendron yakushimanum	*Rhododendron degronianum* subsp. *yakushimanum*
Rhus typhina	*Rhus hirta*
Rosa pimpinellifolia	*Rosa spinosissima*
Stranvaesia davidiana	*Photinia davidiana*
Thamnocalamus spathaceus	*Fargesia murieliae*
Ulmus campestris	*Ulmus minor*
Viburnum fragrans	*Viburnum farreri*

Literaturverzeichnis

Aas, G.: Bäume. Gräfe und Unzer, München 1987.

Amann, G.: Bäume und Sträucher des Waldes. Neumann, Melsungen 1976.

Bärtels, A.: Gartengehölze. Verlag Eugen Ulmer, Stuttgart 1981.

Bärtels, A.: Gehölzvermehrung. Verlag Eugen Ulmer, Stuttgart 1989.

BdB-Handbuch I: Laubgehölze. Grün ist leben, Pinneberg 1990.

BdB-Handbuch II: Nadelgehölze, Rhododendron und Heidepflanzen. Grün ist leben, Pinneberg 1990.

BdB-Handbuch V: Gehölzsortimente. Grün ist leben, Pinneberg 1984.

Boerner, F.: Blütengehölze für Garten und Park. Verlag Eugen Ulmer, Stuttgart 1985.

Bolliger, M. et al.: Strauchgehölze. Mosaikverlag, München 1985.

Buff, W., Dunk, K.: Giftpflanzen in Natur und Garten. Paul Parey, Berlin 1988.

Erhardt, W. et al.: Zander. Handwörterbuch der Pflanzennamen. 16. Auflage. Verlag Eugen Ulmer, Stuttgart 2000.

Gelderen, D.M., Hoey-Smith: Das große Buch der Koniferen. Paul Parey, Berlin 1986.

Haberer, M.: Kletterpflanzen. Falken, Niedernhausen 1984.

Kreuzer, J.: Gartenpflanzen-Lexikon I. Thalacker Medien, Braunschweig 1995.

Kreuzer, J.: Gartenpflanzen-Lexikon VI. Thalacker Medien, Braunschweig 1995.

Krüssmann, G.: Handbuch der Nadelgehölze. Paul Parey, Berlin 1983.

Krüssmann, G.: Laubgehölze, Parey, Berlin 1965.

Menzel, I. u. P.: Das Kletterpflanzenbuch. Verlag Eugen Ulmer, Stuttgart 1988.

Olbrich, G.: Bäume und Großsträucher. Patzer Verlag, Berlin 1960.

Olbrich, G.: Zier- und Blütensträucher. Patzer Verlag, Berlin o. Jahr.

Roloff, A., Bärtels, A.: Gehölze. Verlag Eugen Ulmer, Stuttgart 1996.

Bildquellen

Für das Titelbild wurden folgende Fotos verwendet:
Großes Foto: GBA/Lawson, Au.
Kleines Foto, Querformat: Eberhard Morell, Dreieich.
Kleines Foto: Gisela Caspersen, Hamburg.

Im Buch wurden folgende Bilder verwendet:
Andreas Bärtels, Waake: Seite 8/9; 15 r; 16 l; 33 r; 40 r; 49 r; 54 r; 57 l; 63 l; 64 l; 68 l; 71 r; 76 l; 80 l; 83 l; 94 r; 97 l; 103 r; 104 r; 105 l; 111 r; 115 r; 119 l; 125 r; 126 r; 131 r; 137 l; 137 r; 140 r; 141 l; 142 l; 146 r; 148 l; 152 r; 154 r; 157 r; 160 r; 162 l; 162 r.
Eberhard Morell, Dreieich: Seite 5; 12 l; 14 r; 22 l; 32 l; 34/35; 56 r; 59 r; 61 l; 69 r; 80 r; 81 r; 87 r; 94 l; 96 r; 99 r; 100 r; 103 l; 105 r; 106 l; 112 r; 114 r; 116 r; 118 l; 120 l; 121 l; 122 r; 123 l; 123 r; 124 r; 127 l; 135 r; 140 l; 141 r; 145 l; 148 r; 149 l; 150 l; 154 l; 155 l; 156 r; 157 l; 168 r; 170 r.
Dr. Helmut Pirc, A-Wien: Seite 10 l; 17 r; 18 l; 21 l; 23 r; 37 l; 39 l; 41 l; 49 l; 51 l; 57 r; 58 l; 65 r; 70 l; 70 r; 71 l; 78 l; 85 r; 86 r; 90 r; 91 l; 92 l; 93 l; 97 r ; 101 r; 107 l; 107 r; 109 r; 110 r (auch Seite 3); 111 l; 112 l; 116 l; 117 l; 119 r; 122 l; 125 l; 126 l; 127 r; 128 l; 132 r; 133 r; 151 l; 153 r; 155 r; 159 r; 160 l; 165 r; 166 l; 167 l; 168 l; 171 l.
Hans Reinhard, Heiligkreuzsteinach: Seite 147 r.
Nils Reinhard, Heiligkreuzsteinach: Seite 55 r.
Alle übrigen Fotos stammen vom Autor.

Register

Im folgenden Register werden nur die gebräuchlichsten deutschen Pflanzennamen aufgelistet. Pflanzen, die im Text nicht ausführlich vorgestellt werden, die aber in einer Pflanzenbeschreibung erwähnt werden, sind mit Sternchen* versehen.

Mehr Literatur.

Etwa 313 Stauden werden in diesem Buch vorgestellt. Botanische Eigenschaften, Standortpräferenzen der Pflanze und weitere Verwendungsangaben können nachgeschlagen werden. Die Beschreibungen geben unkomplizierte Orientierung für die artgerechte Pflanzenverwendung. Die Standorte werden nach Sieber (geändert durch Götz) klassifiziert und beschrieben. Auf einfache, aber einprägsame Art und Weise vermittelt der Autor Pflanzenkenntnisse, die für Hobby und Beruf wertvoll sind. Ein nützliches Nachschlagewerk für alle, die Stauden kennenlernen wollen!

Taschenatlas Stauden. 313 Stauden für Garten und Landschaft. M. Haberer. Etwa 192 S., 354 Farbfotos und 12 Zeichnungen. ISBN 3-8001-5311-4.

PlantaPro Gehölze für Garten und Landschaft. P. Dietze u. a. 2000. 1 CD-ROM. Etwa 5000 Farbfot., 1800 Gehölzarten. ISBN 3-8001-3187-0.

Der „Zander" gibt Sicherheit bei der wissenschaftlich korrekten botanischen Bezeichnung der Pflanzen. Da die Aufgabengebiete in Botanik und Pflanzenbau immer stärker auch im Ausland liegen werden, bietet der „Zander" nun auch die englischen und französischen Trivialnamen der wichtigsten Pflanzen. Auch die „Einführung in die botanische Namenskunde" liegt 3-sprachig vor. Die Angaben zur Pflanzengeographie wurden so modifiziert, dass sie international verständlich sind. Die Autoren der Pflanzennamen werden mit den weltweit üblichen Abkürzungen genannt (nach Brummit & Powell).

Zander. Handwörterbuch der Pflanzennamen. W. Erhardt u.a. 16. Auflage 2000. 990 Seiten. ISBN 3-8001-5080-8.

Zitruspflanzen. P. Klock. 2001. 95 Seiten, 68 Farbfotos, 8 Zeichnungen. ISBN 3-8001-3174-9.